낯선 시간의 매혹

낯선 시간의 매혹

프랑스 중세·르네상스 시

김준현·손주경

KOREA
UNIVERSITY
PRESS
고려대학교
출판문화원

본 저서는 대한민국 교육부와 한국연구재단의 재원으로
대학 인문역량 강화사업(CORE)의 지원을 받아 수행됨

{서문}

오래된 시(詩)의 새로움

프랑스 중세·르네상스 시가 주는 매혹들

프랑스 시에 대해 이야기할 때 종종 사람들이 19세기 시인들을 떠올리곤 하는 것에는 이유가 없지 않다. 특별히 샤를 보들레르(Charles Baudelaire), 아르튀르 랭보(Arthur Rimbaud), 폴 베를렌(Paul Verlaine)과 같은 상징주의 시인들을 거론하는 것은, '사랑의 사막'이라 칭해지는 현대적 공간, 즉 '도시' 안에서 삶을 영위할 수밖에 없었던 이들 시인들의 면면이 소위 '저주받은 시인'의 초상에 부합하는 것이었기 때문이며, 간혹 맛보았던 지복(至福)의 순간을 다시 붙잡기 위해 또 소생시키기 위해 저마다 '끝없는 실패담'을 시를 통해 이어나갔기 때문이다.

현대시의 시조(始祖)라 칭해도 별반 모자람이 없을 19세기 '도시의 시인'들에게서 발견되는 특별한 시적 상태 앞에서, 사람들은 때로는 매혹을 때로는 전율과 흥분을 느끼며 부지불식간에 그들의 시를 기억의 공간 안에 간직하곤 했다. 지금 현재를 살아가는 우리들이 19세기의 '저주받은 시인'들의 시를 읽고 공감할 수 있는 것은 필경 그들의 시가 정체를 파악할 길 없는 거대한 도시 안에서 지금의 우리도 느끼고 경험하는 알 수 없는 두려움, 당혹스러움, 혼란과 갈등, 망설임,

충격 체험들의 단장(斷章)을 예고하는 동시에 상세히 예시하고 있었기 때문일 것이다. 또 이런 이유에서 20세기 초 김억이나 양주동과 같은 이들이 상징주의 시인들의 시를 가장 먼저 우리말로 번역, 소개했던 것임에 틀림없다.

프랑스 시가 국경을 넘어 전 세계에 전파되고, 프랑스어로 씌어졌던 시의 번역이 낯선 이방인들의 공감을 자아냈던 것은 분명 19세기 이후의 일이다. 그렇다면 19세기 이전의 시인들과 그들이 남긴 수많은 시들은 현재를 살아가는 우리에게 아무런 의미가 없는 것이며 일체의 감흥을 얻을 수 없는 것일까? 물론 그렇지 않다. 19세기 상징주의 시인들보다 조금 앞서 작품 활동을 했던 시인들, 흔히 낭만주의 시인들로 불리는 라마르틴(Lamartine), 비니(Vigny), 뮈세(Musset), 위고(Hugo)의 시 역시 독자들을 매혹하고 기억에서 쉽게 사라지지 않는 여운을 남긴다. 라마르틴의 「고독」이나 「호수」를 읽을 때, 무심하게 흘러가는 덧없는 시간 앞에서 "인간에는 머물 기슭이 없음"을 토로하는 시인의 애절함을 우리가 온몸으로 느낄 때, 「늑대의 죽음」에서 인간이란 어떤 존재인지를 자문하는 시인의 마음에 우리가 공감할 때, 「슬픔」에서 자신의 젊음을 허비한 것을 통탄하는 뮈세의 심정과 독자의 심정이 하나가 될 때, 「검은 밤바다」에서 폭풍우와 격랑에 휩싸여 사라진 선원들을 기다리는 미망인들과 그들에 대한 흩어지는 기억들을 우리가 바라볼 때, 낭만주의 시인들의 특별한 시적 상태를 우리가 오롯이 맛보고 있다는 것을 누가 부정할 수 있을까? 또 앙드레 셰니에(André Chénier)와 같은 시인의 「젊은 여죄수」를 읽을 때, 아직 삶의 첫 잔에 입술을 댔을 뿐인 젊은 여인의 애절한 토로에 누가 애틋함을 맛보지 않을 것인가…

흔히 중세는 암흑의 시기이자 황폐한 조락기의 화신처럼 여겨지곤 했다. 참혹한 전쟁, 난폭한 남성 전사의 세계, 불행한 결혼, 감금되어 고통받는 여인들, 이단 심문과 박해 등 겉으로 드러나는 많은 실상들이 중세에 대한 부정적인 인식과 일반적인 통념이 과히 틀리지 않다는 것을 말해주는 것도 사실이다. 하지만 중세 문학의 시선으로, 시의 눈길로 중세를 바라보면, 중세에 대해 가지고 있던 기존의 생각들을 바꿀 수 있는 어떤 계기가 만들어진다. 중세 문학을 알게 되고 이해하는 데서 오는 기쁨은 중세 이후 문학의 흐름이 어떻게 변용되고 변화하는지에 대해서도 관심을 갖게 해줄 것이며, 때로는 중세 문학을 통해 또 때로는 후대의 문학을 통해 먼 과거인 중세와 지금을 살아가는 우리의 감성들이 어떻게 만나고 연결되는지를 파악하는 길을 열어줄 것이다.

물론 이렇듯 새로운 발견의 기회는 르네상스 시들을 통해서도 만들어진다. 라블레나 몽테뉴와 같은 산문작가들을 먼저 떠올리게 되는 르네상스는 무엇보다도 시의 시대였다. 대수사파 시인들(Grands Rhétoriqueurs)의 기법에 대한 집착을 극복하면서 저자의 등장을 선언한 클레망 마로(Clément Marot)와 여성의 목소리를 전면에 등장시킨 루이즈 라베(Louise Labé), 언어가 지닌 내적 역량의 극한을 보여준 모리스 세브(Maurice Scève), 기존의 시를 거부하며 시의 개혁을 주장하고 실천했던 뒤 벨레(Joachim Du Bellay)와 롱사르(Pierre de Ronsard), 롱사르가 마련한 선선에 참여했던 레미 벨로(Rémy Belleau)와 장 앙투안 드 바이프(Jean-Antoine de Baïf), 세련된 언어를 개척한 필리프 데포르트(Philippe Desportes)와 비극적 세계를 그려낸 아그리파 도비녜(Agrippa d'Aubigné), 그리고 바로크의 탄생을 선언한 테오필 드 비오(Théophile de

Viau). 서로 협조하거나 경쟁하거나 혹은 대립하였던 이들 시인들에게서 우리가 발견할 수 있는 것은 시의 가치를 확인하고 시인의 역할을 재정립하려는 다양한 시도들이지만, 이 시도들은 무엇보다도 인간의 권위에 대한 새로운 인식을 언어로 기록해내려는 단단한 의지에 기반하고 있다. 다양성이 보장하는 풍요로움을 시대정신으로 삼은 르네상스를 만들어간 그들은 고대문헌 안에서 발견한 인간의 가치를 시적 언어에 의지하여 옮겨내려는 고귀한 시도들을 기꺼이 감행해낸다. 그래서 이들이 다룬 사랑, 정치, 역사, 우정, 자연 등의 다양한 소재들은 시와 시인의 훌륭함에 대한 시선을 제시할 뿐만 아니라 무한한 역량을 지닌 인간과 인간을 둘러싼 확장된 세계에 대한 새로운 전망을 제시하면서 이후의 프랑스 시가 걸어갈 여정을 미리 마련한다. 이런 르네상스 시인들에게 인문주의 시인이라는 명칭을 부여하는 것이 결코 과도하지는 않을 것이다. 인문에 내재된 가치를 의심하면서도 한편으로는 그것을 절실히 필요로 하는 오늘날의 우리가 르네상스 시인들의 작품에 관심을 가질 충분한 이유가 있는 셈이다.

이 책은 중세 시와 르네상스 시의 두 부분으로 대별된다. 먼저 1부 '중세'편은 남프랑스 트루바두르들의 시를 시작으로 중세 말기 전 유럽에 확산되었던 '죽음의 춤'까지, 모두 여섯 개의 장으로 구성되었다. 먼저 제1장 〈트루바두르—'사랑'의 재발견〉에서는 12세기 남프랑스에서 활동했던 트루바두르들의 시와 그들에 관한 전기를 통해, '시와 사랑' 사이에 문자 그대로 '새로운' 가교를 만들었던 시인들의 노력을 살펴보았으며, 시적 창작의 원동력이자 한 인간의 존재 이유로까지 확장되는 '사랑'의 재발견을 짚어보았다. 두 번째로 제2장 〈바느질 노래—여성들의 기다림과 슬픔〉에서는 13세기 전반부에 유행했던 작품들이자 자수를 놓으며 사랑하는 연인을 기다리거나 사랑의 슬픔을 토로했던 여인들의 '이야기 노래'를 통해, 오래되고 소박한 노래가 불러일으키는 기이한 매력의 흔적, 그리고 그 흔적들에서 짐작되는 중세 여성의 위상을 다루는 데 주안점을 두었다. 그리고 세 번째로 제3장 〈장 보델—나병 시인의 고별시〉에서는 천형과도 같은 나병으로 인해, 자신의 정든 삶의 터전과 벗들을 떠날 수밖에 없게 된 13세기 시인 장 보델이 남긴 작별의 노래를 통해, 자신의 수치를 신 앞에서 다시 태어나는 소생의 기회로 삼고자 했던, 나아가 한 개인을 문학의 대상이자 시의 주제로 만드는 데 이른 시인의 부단한 노력을 파악하는 기회를 마련하고자 했다.

제4장 〈뤼트뵈프—도시의 시인, 가난의 시학〉에서는 장 보델과 같은 시기, 끔찍한 질병으로 인해 부서진 삶의 드라마가 아니라, 일상의 삶에서 끊임없이 맛보았던 '빈곤'을 마치 원맨쇼처럼 열어 보였던 13세기 시인 뤼트뵈프를 통해, 현대적인 감성과 다르지 않은 어떤 주관성이 갖가지 불행 속에서 어떻게 표출되는지, 나아가 이 개인적인 삶의 비극이 어떻게 고유한 자기 인식으로 이행되는지를 검토하였다. 또 제5장 〈프랑수아 비용—오해와 진실, 그리고 시〉에서는 중세 말기의 대표적인 시인 가운데 한 명인 프랑수아 비용과 그의 시집 『유언의 노래』를 통해, 정형화된 감정의 토로가 아닌 생생한 한 개인의 주관성이 어떻게 자신과 그를 둘러싼 세계에 대한 파악으로 이어질 수 있었는지를 짚어보았다. 마지막으로 제6장 〈죽음의 춤—한 번은 출 수밖에 없는 춤〉에서는 중세 전반에 걸쳐 사람들의 뇌리에서 떠나지 않았던 '죽음'이 어떻게 태동되었으며, 점차 어떤 양상으로 전개되고 이행되었는지를 살펴보았다.

2부 '르네상스'편은 클레망 마로, 모리스 세브, 아마디스 자맹, 조아생 뒤 벨레, 피에르 드 롱사르, 아그리파 도비네 등 여섯 시인들의 시 세계를 조망해보는 총 여섯 장으로 구성되었다. 먼저 제7장 〈클레망 마로—여인의 몸에서 태어난 저자〉에서는 시인으로서의 독창성과 자율성을 확보하면서 '저자'로서의 위상을 확보하려는 마로를 만나게 된다. 16세기 전반기에 유행했던 블라종이라는 장르를 마로가 선택한 여러 이유들을 추적하면서 우리는 종교적이고 정치적인 목적뿐만 아니라 예술가로서의 "뛰어난 감수성"을 드러내면서 후세의 기억에 남을 시인의 위상을 새겨놓으려는 마로의 의도를 확인할 수 있게 된다. 제8장 〈모리스 세브—카오스의 시인〉에서는 여인에 대한 사랑이 초래한 비극을 안과 밖이 겹쳐진 세계 안에 새겨놓으려 한 세브의 시적 모험을 분석한다. 자신의 자아를 타자로 간주하고, 타자였던 여인을 자신의 자아와 동일시해야 했으며, 그것을 통해 경계가 무너진 세계 안에서 말이 말을 자유롭게 추적하는 공간을 구축한 세브의 시도에서 현대시의 속성에 대한 예고를 엿볼 수 있다. 제9장 〈아마디스 자맹—스승의 그림자 뒤에 선 시인〉에서는 시인으로서의 명성을 얻기 위해 스승이 개척한 길을 따르면서도 자신만의 독창성을 확보해야만 했던 제자 시인의 시적 여정을 쫓아간다. 자맹은 지속적인 사랑에 대한 욕망이 갑작스럽게 단절되는 세계를 구축해가면서 스승이 제시한 승리자의 목소리보다는 불행한 자신의 초상을 시에 남겨놓은 방식을 선택한다. 극복할 수 없는 불행의 흔적으로 자신만의 세계를 그려 나가야만 했던 제자 시인의 시적 고민을 살필 수 있다.

제10장 〈조아생 뒤 벨레—유배당한 시인의 초상〉에서는 친근하고 자연스런 어조에 실린 우울한 감정들을 노래한 시인으로 간주되어온

뒤 벨레를 소개하면서 자신의 내면적 감정에서 시의 샘을 발견하기를 희망했던 한 시인과 조우하는 계기를 마련한다. 자연이 시인에게 요구하는 비밀에 대한 포착이라는 무거운 사명을 스스로 짊어졌으며, 낯섦과의 조우가 아니라면 '나'를 노래의 대상으로 삼을 수 없다는 운명에 괴로워하면서도 그 괴로움을 시의 공간 안으로 불러들여야만 했던 한 근대 시인의 면모를 확인할 수 있다. 제11장 〈피에르 드 롱사르—새로운 사랑을 위한 낡은 세계에 대한 복수〉에서는 시에 대한 기존의 관점을 갱신하면서 르네상스 시 세계를 화려하게 꽃피운 롱사르를 다룬다. 그는 장미의 아름다움을 노래하면서 만물이 서로를 반영하고 있다는 어떤 '진실'을 발견할 것을 권고하고, 한탄에 빠진 자신의 곤궁한 모습을 소개하면서도 낯익은 공간을 버리고 정신을 불로 정화할 것을 요구한다. 그것만이 새로운 꽃의 탄생을 보장할 수 있을 것이기 때문이다. 기존의 세상에 실재하지 않았던, 그리고 모든 것의 파괴에서 새롭게 창조되는 욕망을 노래한 롱사르에게서 시적 창조에 대한 새로운 비전을 제시하는 시인의 탄생을 목격할 수 있다. 끝으로 제12장 〈아그리파 도비네—세상의 비극을 기억하라〉에서는 종교전쟁이 초래한 비극적인 현실을 역사의 한 장으로 기록하려는 한 시인의 시도를 다루게 된다. 자신을 '전사'로 간주하는 이 시인은 모든 자연성이 파괴된 세계를 제시하고 피로 넘쳐흐르는 죽음의 장면들을 생생하게 옮겨놓는 일을 자처한다. 질서, 조화, 균형에 근거한 유토피아를 더 이상 희망하지 않는 그의 거칠기 그지없는 글쓰기는 불행에 대한 기억을 생생하게 새겨놓는 세기말 시인의 면모를 제시한다. 시인이란 무릇 시대의 비극에 전쟁을 선포하고, 망각의 어리석음에 도전을 선언하는 자이어야 한다고 아그리파 도비네가 생각했기 때문일 것이다.

분명 나이 든 텍스트, 오래된 시는 읽는 이에게 낯선 인상과 거리감을 주게 마련이다. 하지만 생소한 과거의 시, 처음 접하는 지난날의 목소리들은 어떤 설명하기 힘든 감흥과 예상하지 못했던 즐거움을 주기도 한다. 그런데 이러한 거리감, 가까이하기 힘든 것처럼 보이기도 하는 간격이 '시간'에 대한 어떤 성찰과 경험의 장이 되기도 하며, 나 자신에게로 더 잘 돌아오기 위한 것인 동시에 나 자신으로부터 더 멀어지는 기회를 제공한다는 점을 기억할 필요가 있다. 비단 마르셀 프루스트(Marcel Proust)의 대하소설 『잃어버린 시간을 찾아서』(*À la recherche du temps perdu*)를 떠올리지 않더라도, 먼 과거의 시와 노래 안에서 자신이 공감하는 부분을 찾고, 지금의 문제를 다시 생각해보고, 자신을 다시 발견하는 특별한 순간이 '아득한 과거의 시'를 통해 만들어지기 때문이다. 이 책에서 소개된 프랑스 중세 및 르네상스 시인들의 매혹적인 노래가 미처 이야기되지 못했던 수많은 다른 시인들과 그들의 작품에 눈길을 돌릴 수 있는 계기의 순간이 되기를 진정 바라 마지않는다.

2018년 11월 25일

김준현·손주경

차례

서문 • 8

{중세편} .... 김준현

제1장 트루바두르
'사랑'의 재발견 • 17

제2장 바느질 노래
여성들의 기다림과 슬픔 • 41

제3장 장 보델
나병 시인의 고별시 • 60

제4장 뤼트뵈프
도시의 시인, 가난의 시학 • 87

제5장 프랑수아 비용
오해와 진실, 그리고 시 • 111

제6장 죽음의 춤
한 번은 출 수밖에 없는 춤 • 137

{르네상스편}..손주경

제7장 클레망 마로

여인의 몸에서 태어난 '저자' • 167

제8장 모리스 세브

카오스의 시인 • 186

제9장 아마디스 자맹

스승의 그림자 뒤에 선 시인 • 204

제10장 조아생 뒤 벨레

유배당한 시인의 초상 • 228

제11장 피에르 드 롱사르

새로운 사랑을 위한 낡은 세계에 대한 복수 • 252

제12장 아그리파 도비녜

세상의 비극을 기억하라 • 280

참고문헌 • 302

{중세편}

•

김준현

{제1장}

트루바두르

'사랑'의 재발견

기욤 9세
(Guillaume IX)
(Ms. Français 12473, fol. 128)

'사랑'의 새로운 발견

근대 이후 도시의 시인들이 그들의 '저주받은 운명'을 새롭게 인식하면서 폐허와 죽음 속에 침잠하지 않고 자신들의 이상을 계속 추구했던 것처럼, 흔히 음유시인(吟遊詩人)으로 칭해지는 중세의 트루바두르들(troubadours) 역시 '사랑'에 대한 새로운 각성 속에서 그들이 희구하던 소망들을 수많은 시도들을 통해 끊임없이 추구했고, 그 흔적들은 당대뿐만 아니라 오늘날에도 '기억의 공간' 속에 오롯이 남아 있다. 12세기, 남프랑스에서 활동했던 시인들인 트루바두르들은 '사랑'을 '새롭게' 구상하고 종래와 다른 '새로운' 표현을 통해 그들이 '발견한', 아니 그들이 창안했다고도 말할 수 있는 그런 사랑을 노래했다. 따라서 트루바두르들의 시를 읽고 그들의 시를 감상하는 것은 서구의 '사랑'이 어떻게 새로운 변화를 통해 형성, 변천되었는지를 파악하는 것이며, 시의 지극히 오래된 원천에 몸을 담그는 것과 다르지 않다는 점을 기억해둘 필요가 있다.

12세기 초에서 13세기 말에 이르기까지, 트루바두르들은 독창적인 표현 방식 하나를 창안하고 실천했으며, 당대뿐만 아니라 후대에도 여전히 영향력을 유지하게 될 많은 흔적들을 자신들의 시에 남겨두었다. 이들은 '시와 사랑' 사이에 특별한 가교(架橋) 하나를 가설했고, 이전까지 특별히 주목받지 못했던 '사랑'이라는 인간적인 욕망에 그 끝을 알 수 없는 '깊이'를 부여했다. 트루바두르들의 새로운 인식과 부단한 노력의 결과, 어느덧 '사랑'은 시인의 시적 창작의 근간이 되며, 시인 자신의 '존재 이유'가 된다. 나아가 '사랑'은 개인의 자기 초월의 동인(動因)으로 자리잡게 되기에 이르며, 이러한 의의를 부각시키기 위해 종종 '12세기의 사랑의 발명'이라는 말이 이야기되기도 했던 것이 사실이다.[1]

트루바두르들의 시, 그들의 사랑 노래는 중세의 경우 '아버지의 언어'이자 공용어라 부를 수 있었던 라틴어로 쓰여진 것이 아니라는 점에서 무엇보다도 주목을 끈다. 잘 알려진 것처럼, 로마 제국의 언어인 라틴어는 유럽 남부 전역에서 공용어로 사용되었지만, 점차 속어 라틴어는 고전 라틴어와 차별적인 언어가 되어 갔다. 8세기 말에서 9세기 초가 되면, 라틴어에서 파생된 새로운 언어가 각 지역별로 사용되기에 이르며, 근대 유럽의 로망어 역시 이렇게 만들어졌다. 트루바두르들의 시는 당시 새로 태동된 젊은 로망어를 사용해 만들어진 것이었고 내용면에서도 가히 혁신적인 것에 해당했다. 트루바두르들의 시는 성인(聖人)과 성녀(聖女)의 삶을 이야기하는 종교적인 내용의 투박한 시, 이를테면 열다섯 줄의 시행으로 성녀 욀랄리의 순교를 교화적인 어조로 이야기하는 『성녀 욀랄리 연송(延頌)』(*Séquence de sainte Eulalie*)의 아래와 같은 구절이나,

욀랄리는 더할 나위 없는 처녀였다네
아름다운 몸매에 영혼은 더욱 아름다웠다네
신의 적들은 그녀를 꺾으려 애썼다네,
그들은 그녀가 악마들을 섬기게 만들려고 했다네 […][2]

위인의 업적을 중심으로 그들의 용맹함과 비범함을 노래한 종래의 영웅 서사시 혹은 무훈시(武勳詩, chanson de geste)와도 차별화된다. 무훈시는 봉건 전사의 세계, 샤를마뉴(Charlemagne) 황제나 기욤 도랑주(Guillaume d'Orange) 등의 업적이 전면에 부각되는 '남성의 세계'를 극명하게 보여주는 문학 장르였으며, '여성', '연애', '사랑' 등은 여기서 매우 경미한 위치를 차지했다. 일례로 가장 유명한 무훈시 가운데 하나인 『롤랑의 노래』(*Chanson de Roland*)의 몇 대목, 영웅의 비장한 면모가 강조되는 구절을 읽어보자.

롤랑 경, 간신히 또 가까스로
큰 고통을 겪으며, 자신의 뿔피리 올리팡을 분다.
입으로는 선혈(鮮血)을 토해내고,
뇌의 관자놀이가 터진다.[3]

황제의 회군을 청하는 뿔피리를 분 뒤, 롤랑은 격심한 고통 속에서도 분전(奮戰)을 계속하며 기사들을 독려하기를 멈추지 않는다.

"우리는 이곳에서 순교할 것이오. 이제 분명히 깨닫거니와, 우리가 목숨을 건질 가망은 거의 없소. 그러니, 죽기에 앞서, 스스로의 몸값을 비싸게 매기지 않는 이에게는 수치가 돌아갈 것이오! 제공께서는 잘 갈아 둔 검으로 적을 힘껏 무찌르시오. 공들의 죽음과 삶을 모두 지키시도록 끝까지 싸우시오. 그러면 우리의 정든 프랑스가, 우리들로 말미암아 수치를 당하는 일은 없을 것이오! 우리들의 주군이신 샤를르 폐하께서 이 싸움터에 당도하시면, 우리들이 사라센 군사들을 어떻게 주멸하였는지 깨달으실 것이오. 또한 우리들 각자가 사라센 군사 열다섯을 대적하였음도 아시게 될 것이오. 그리하여 우리들 모두에게 축복을 내리실 것이오."[4]

봉건 전사의 무훈이 주군에 대한 충성과 연계된 것인 데 반해, 트루바두르들은 '사랑의 신에게 충성을 다하는 전사'로 변모하게 된다. 따라서 트루바두르들의 시에서 나타나는 충성스러운 '사랑'은 일종의 '사랑의 기법'에 다름 아니었다. 에스파냐의 아랍 시인들의 '불가능한 사랑'('l'amour odhrite')를 닮은,[5] 트루바두르들의 사랑의 기법인 'fin' amor'는 마치 봉건(封建) 군주인 것처럼 사랑하는 여인을 '나의 주군(主君)'('mi dons')이라 부르며 섬기고 그 여인의 호의를 구하는 남성의 '정련되고 정화된, 완벽한 사랑'을 의미한다.

다른 즐거움들 그녀 앞에서 응당 몸을 굽히며,
또 모든 고귀함들 필히 욕망에 몸을 맡기니
내 주군에 대한, 그 분의 다정한 환대와
그 분의 우아하고 아름다운 눈길을 받기 위해.
또 그는 백 년을 더 살게 되리니
그 사랑의 즐거움을 얻게 되는 이.

그 분에게서 얻는 즐거움으로 병자는 건강해질 수 있을 것이고
그녀의 분노는 건강한 이를 죽음에 이르게 할 수 있으리니
또 가장 현명한 이도 어리석은 자가 될 것이며
가장 아름다운 이도 그 아름다움을 잃게 되리니
가장 우아한 자도 저열한 자가 될 것이니
또 가장 저열한 자도 고아한 자 되리니.[6]

그러나 이 사랑의 기법이 체계적인 하나의 이론을 구축하거나 'fin' amor'에 대한 일관된 설명을 확립하고 제시한 것은 아니다. 시인에 따라, 세대에 따라, 시에 따라, 트루바두르들이 들려주는 노래는 다양했다. 그러나 단 한 가지, 그들이 염두에 두었던 '사랑'의 요체만은 최초의 트루바두르로 칭해지는 기욤 9세(Guillaume IX)부터 이후의 많은 시인들에 이르기까지 전혀 바뀌지 않았다.

최초의 트루바두르, 기욤 9세

> 푸아티에 영주는 세상에서 가장 정중한 이들 가운데 한 명이었고 귀부인들을 유혹하는 데 으뜸가는 이들 가운데 한 명이었다. 무기를 들면 용맹한 기사였고, 여인을 유혹하는 데에는 모자람이 없었다. 그는 시를 짓고 이를 노래하는 데 매우 능숙했다. 또 그는 귀부인들을 유혹하기 위해 세상 곳곳을 오랫동안 돌아다녔다.[7]

위에서 인용한 기욤 9세의 전기는 그를 용맹한 인물인 동시에 우내

의 돈주앙 혹은 카사노바와 같은 인물로 기술한다. 또 이러한 전기의 내용에 부합하듯, 전해지는 그의 시 가운데에는 매우 외설적인 내용이 이야기되는 것도 없지 않다. 일례로 기욤 9세는

> 두 마리 말에 나 안장을 얹었으니, 좋고 훌륭한,
> 두 필의 말 모두 훌륭하고 무장(武裝)에 익숙하고 용감하네,
> 허나 모두 거느릴 수 없네, 하나가 다른 하나를 용납하지 않기에.[8]

라는 말을 통해 일면 자신이 가진 두 마리 말, 거친 전투마와 순한 의장마에 대한 이야기를 하는 것처럼 보이지만, 시의 마지막에 가서는 동료들에게 두 마리 가운데 어떤 말을 택해야 할지 모르겠다는 고민을 토로하며 "아네스 부인일지 아르센 부인일지"라고 구체적인 이름을 밝힘으로써,[9] 실상 그의 고민이 두 여성 가운데 누구를 골라야 하는지에 대한 것이었음을 밝히는 고약한 시를 쓰기도 했다. 하지만 기욤 9세는 방탕하고 음란한 시를 아무런 거리낌없이 이야기하는 일면을 지닌 동시에, 미셸 쟁크의 지적처럼, "봄날의 자연에 대한 감각적인 동요, 대담한 용기와 두려움 사이에 놓인 남성 연인의 고통, 부서지기 쉬운 사랑, 욕망의 전율" 등을 간파했던 최초의 시인이기도 했다.[10] 이를 기욤 9세는 아래와 같이 노래한다.

> 새로운 계절의 달콤함 속에,
> 나무에는 잎이 돋아나고, 새들은
> 저마다 자신만의 언어로 노래하네
> 새로운 노래의 선율에 맞추어

따라서 즐기는 것 합당하리
저마다 가장 원하는 것을

모든 것이 내게 즐겁고 아름다운 저 곳에서
전령도 봉인된 편지도 오는 것 볼 수 없네
그렇기에 내 마음 잠들지도 못하고 웃을 수도 없네
또 나는 감히 앞으로 갈 수 없으니
내가 알기 전까지는, 우리 화해가
내가 바라던 것과 같은지.

우리 사랑도 이와 같으니,
나무 위에서 흔들리는
산사나무 가지와 같네,
밤이면 비와 서리에 흔들리는,
어린 가지의 푸른 잎 위로
태양빛이 퍼지는 아침이 올 때까지.

나는 지금도 떠올린다네,
우리가 싸움을 끝마쳤던 어느 날 아침을.
그녀는 지극히 큰 선물을 내게 보냈지,
그녀의 사랑 그리고 그녀의 반지를.
신이여, 제게 충분한 삶을 허락하소서
내 두 손 그녀의 외투 아래 둘 수 있을 때까지![11]

'욕망'과 '고통'

하지만 트루바두르들의 사랑은 육체적인 사랑이 배제된 '정신적인 사랑'(amour platonique)을 의미하는 것은 아니었다. 그런 만큼 트루바두르들의 사랑은 근본적으로 모순되는, 역설적인 것이었다. '사랑', 이 욕망은 욕망의 충족을 갈망하는 것이지만, 욕망을 채우고 나면 사랑은 사라지고 소멸하게 된다. 하지만 욕망을 채우지 못하면 죽음과도 같은 고통을 겪어야만 한다. 따라서 일면 기이하게도, 트루바두르들은 사랑의 삶을 살아가기 위해, 욕망의 만족이 아닌 욕망의 불만족, 넘치는 향유와 충족을 지향하는 대신 결여와 결핍의 추구를 지향한다. 이 때문에 그들의 시는 전적인 즐거움을 의미하는 'joie'가 아닌 'joi', 즉 '즐거움과 고통', '괴로움과 환희'가 중첩된 면모를 드러내고, 시인의 욕망과 시적 언어가 동일한 양상을 표출하게 된다. 조프레 뤼델이 가슴 저리게 탄식하는 것 역시 이와 다르지 않다.

> 신이시여, 오고 가는 삼라만상을 만드셨던,
> 저 먼 곳의 사랑을 만드셨던 분이여,
> 제게 힘을 주소서, 왜냐하면 제가 갖고 있으니,
> 저 먼 곳의 사랑을 보고픈 욕망을,
> 직접, 그리도 즐거운 저 처소에서,
> 방과 정원이
> 내게 늘 어느 궁전 같을!
>
> 그의 말 옳으니, 먼 곳의 사랑을 내가

탐하고 갈구한다 이르는 이,
어떤 다른 즐거움도 나를 이토록 기쁘게 하지 못하니,
먼 곳의 사랑이 주는 즐거움만큼.[12]
허나 내가 희구하는 것 내게 금해졌으니,
이는 나의 대부께서 그런 운명을 던지셨기에,
사랑하도록 그러나 사랑받지 못하도록.[13]

이들의 사랑 노래는 전적으로 즐거운 감정의 표현이 아니라 불행한 사랑, 만족될 수 없는 사랑, '사랑하면서도 사랑받을 수 없는' 사랑, 고통과 즐거움이 뒤섞인 그런 사랑의 노래라는 점에서 주목을 끌며, 아래에 인용하는 세르카몽(Cercamond)의 시가 말하는 것도 동일하다.

부드러운 미풍(微風) 거칠어져,
나뭇잎들 가지에서 떨어지고
또 새들 저마다의 노래소리를 바꿀 때,
나, 여기서, 나는 한숨지으며 노래하니,
나를 묶고 붙잡는 사랑을.

아아! 사랑에서 얻은 것이라고는
오직 고통과 슬픔뿐,
또 어떤 것도 내가 욕망하는 것보다
더 얻기 힘든 것은 없구나,
또 어떤 것도 내가 가질 수 없는 것보다
더 나를 부럽게 하는 것은 없구나.[14]

트루바두르들이 남긴 거의 대부분의 사랑 노래는 흥미롭게도 '자연'에 대한 환기에서 늘 시작하곤 한다. '시냇물과 샘물이 맑게 흐를 때, 시인은 응당 저마다 희구하는 즐거움을 누리게 된다고' 말하며, '들장미가 피어나고 새들이 달콤한 노래를 되풀이하고 다듬을 때, 자신도 먼 나라의 사랑을' 다시 떠올린다고 이야기한다.[15] 자신의 사랑을 이야기하기에 앞서 '자연'을 이야기하는 이유는 무엇일까? 그것은 오늘날 풍경처럼 자연을 대하는 것과 달리, 중세 시인들이 염두에 둔 자연은 직접 만지고 느낄 수 있는 것, 자신의 온몸으로 맛볼 수 있는 변화였기 때문이다. 그렇기에 만물이 소생하는 새봄의 정경에서 시인은 필연적으로 자신이 갈망하는 사랑의 소생을 이끌어내게 된다는 점을 다음과 같이 노래한다.

다시 새롭게 꽃 피고
풀밭과 정원들 푸르러지고,
시냇물과 샘물들 맑게 빛나고,
미풍과 바람부는 것 우리 보게 되니,
저마다 즐기는 것이 옳으리
자신이 향유하는 즐거움을.[16]

트루바두르들은 새봄의 정경을 벗어나 그들의 사랑의 영역을 더욱 확장시킨다. 어느덧 트루바두르들은 만물이 움트는 봄의 정경을 불모의 겨울로 대체하기 시작한다. 이러한 변화는 바로, 이번에도 다시 미셸 쟁크의 언급을 인용하자면, "사랑하는 여인을, 오직 봄에만, 수액이 올라오고 모든 것이 사랑을 열망하는 때에만 노래해야 할까? 아니다, 내 마음은 한결같고, 나는 그녀를 언제나 사랑한다"라는 시인의 관점의 변화에 기인한 것이다. 이제 트루바두르들의 '한결같은 사랑'은 신춘(新春)을 지나 쓸쓸한 가을, 춥고 황량한 겨울로 계속 확장된다. 아래의 베르나르 드 방타두르(Bernart de Ventadour)의 시는 이러한 인식의 전환이 진행 중이라는 사실을 잘 보여준다.

> 내 마음 그리도 즐거움으로 가득하니,
> 그 즐거움 내게서 모든 것을 바꾸어 놓네.
> 하얀, 붉은, 노란 꽃
> 추위는 내게 이렇듯 보이니,
> 그것은 바람과 비
> 내 행복을 크게 늘리고,
> 이로써 내 노래 드높아져 우뚝 솟게 되며,
> 나의 재능 향상된다.
> 내 마음에 이토록 가득하니,
> 사랑과 즐거움, 그리고 감미로움,
> 얼음은 내게 꽃인 것처럼,
> 눈(雪)은 녹음(綠陰)처럼 보인다.[17]

쓸쓸하고 황량한 계절, 모든 것이 죽은 듯 여겨지는 때에도 시인의 사랑은 늘 소생하는 봄과 같으며, 그는 서리와 얼음, 추위와 겨울을 '하얀 꽃, 붉은 꽃, 노란 꽃'처럼 갓 피어나는 한 떨기 꽃인 양 보게 된다. 또 '눈을 푸르른 녹음'처럼 받아들여 자신의 싱그러운 사랑이 피어날 배경으로 그린다. 이러한 새로운 인식은 트루바두르 랭보 도랑주(Rambaud d'Aurenga)에게 이르면 더없이 확고해진다. 시인은 '거꾸로 된 꽃'('la flor envèrsa')이 빛나는 이유를 다음과 같이 노래한다.

> 그것은 이렇듯 내가 이것을 바꾸었기 때문이니
> 언덕은 내게 아름다운 평원으로 보이며
> 서리는 꽃으로 여겨지며
> 온기(溫氣)가 냉기(冷氣)를 자르는 것처럼 생각되고
> 천둥은 내게 노래와 지저귐이고
> 막대기는 내게 나뭇잎이 달린 듯 보인다.
> 나 이처럼 단단히 즐거움에 묶여 있기에
> 어떤 것도 내게는 추하게 보이지 않는다.[18]

한편 트루바두르들은 시 또한 응당 자신이 표현하는 사랑을 닮아야만 한다고 생각했다. 일면 이러한 내용과 형식의 일치, 감정과 시작법의 연계가 의외의 것처럼 보일 수도 있지만, 여기에서도 트루바두르들이 '사랑'에 걸었던 모든 기대와 의미가 발견된다. 트루바두르들은 도취와 아픔이 섞인 그들의 사랑을 팽팽하게 긴장된 문체(文體)로, 감미로운 소리뿐만 아니라 귀에 거슬리는 거친 소리와 각운(脚韻)들로, 매우 난해한 불명료함을 통해 표현하기에 이른다. 이들의 시는 그들이 노래하고자 했던 사랑만큼이나 복잡하고 미묘한 것이었으며, 흔히 중세 문학에서 연상하는 '소박하고 단순한 것', '민중적이고 자발적인 것'과는 거리가 먼, 특별히 '선택받은 자'를 위한, 깊은 '해석'이 필요한 '정교한' 문학이었다.[19] 따라서 자신들이 현재 겪고 있는 사랑을 시로 화신(化身)시키려고 했던 트루바두르들의 시도는 오늘날의

'가상현실'(virtual reality) 혹은 '증강현실'(augmented reality)과도 어떤 부분에서는 맥을 같이한다고 말할 수 있을 정도였다.

트루바두르들에 대한 '전기'와 '석명'

시와 자신의 사랑을 일체화하려 했던 이들의 시도는 그들의 생애를 산문으로 적은 '전기(傳記)'(vida)를 통해, 또 그들의 특정 작품이 어떤 맥락에서 또 어떤 동기에서 만들어진 것인지를 풀이하는 '석명(釋明)'(razo)을 통해, 더욱 널리 회자되었고 사람들의 기억 한 편에 각인되었다. 일례로 12세기 중반에 태어나 13세기 초 사망한 것으로 추정되는 트루바두르 기옘 드 카베스타니(Guilhem de Cabestany)의 '전기'는 시인이 쓴 어떤 시로 인해 영주가 자신의 부인과 시인이 서로 사랑하는 사이였음을 알게 되었다고 전한다.

> 그 지역에는 소리몽드라는 이름의 귀부인이 있었는데, 그녀는 레몽 드 카스텔-루시용의 아내였다. 그는 매우 힘있는 귀족이었으나 냉혹하고 난폭한, 잔인하고 거만한 사람이었다. 기옘 드 카베스타니는 귀부인을 진정 사랑했고, 그의 노래들에서 그녀를 칭송했으며, 그녀를 자신의 노래들의 주제로 삼았다. 또 젊고 고귀한, 아름답고 매혹적인 이 귀부인은 다른 누구보다도 그가 잘 되기를 바라마지 않았다. 그런데 이 사실이 레몽 드 카스텔-루시용의 귀에 들어갔다. 그러자 그는 격노하고 질투심에 사로잡혀, 내막을 알아보게 했고, 이 것이 사실임을 알게 되자 아내를 엄중히 감시하도록 했다.[20]

기엠 드 카베스타니는 사랑하는 여인을 처음 본 날을 노래하는 시를 쓰기도 했고,

> 그대를 처음 보았던 날, 부인이시여,
> 흔쾌히 그대를 보는 것을 내게 허락해주셨을 때
> 저는 마음속에서 다른 생각 일체를 멀리했으며
> 그대를 향한 내 모든 욕망들 확고해졌답니다
> 그것은 내 마음에 그대가, 부인이시여, 그런 갈망을 주셨기에,
> 부드러운 웃음과 꾸밈없는 눈길과 더불어,
> 나 자신을 또 다른 모든 것을 잊게 만들 정도로.[21]

시에서 직접 "나 당신을 사랑합니다"("E car vos am,")라고 여인에 대한 자신의 사랑을 솔직히 고백하기도 했다. 또 그녀에 대한 사랑과 생각으로 많은 시를 짓곤 했다는 사실을 다른 시에서 이야기하기도 했다.

> 종종 사랑이 내게 불러일으키는 그윽한 생각에,
> 부인이시여, 나 그대에 대한 많은 즐거운 노래들을 지었답니다
> 생각에 잠겨, 그대의 값진 또 매혹적인 몸을 바라봅니다
> 나 내가 드러내는 것 이상으로 욕망하는.[22]

욕망의 대상인 여인에 대한 사랑을 이야기하는 시가 인구에 회자되고 이를 통해 소문이 영주의 귀에 들어가는 것은 지극히 당연한 수순처럼 여겨진다. 그런데 어느 날 영주는 은밀한 곳에서 시인을 죽이고, 시인의 목을 벤 뒤 그의 심장을 꺼내 불에 구워 요리해 아무런 영

문을 모르던 아내에게 먹인다. 그리스 신화에서도 종종 이야기되는 복수극처럼 말이다.

> 이윽고 귀부인이 음식을 다 먹었을 때, 레몽 드 카스텔-루시용은 아내에게 말했다. "당신이 무엇을 먹었는지 아시오?" 아내는 대답했다. "모르겠습니다. 다만 훌륭하고 감미로운 음식이었습니다." 그러자 그는 아내에게 그녀가 방금 먹었던 것이 기옘 드 카베스타니의 심장이었음을 이야기했다. 또 그녀에게 이 사실을 믿게 하기 위해, 그녀 앞에 시인의 잘린 머리를 가져 오게 했다. 귀부인이 잘린 머리를 보고 모든 정황을 이해했을 때, 그녀는 시력과 청각을 잃게 되었다. 다시 정신을 차렸을 때, 여인은 말했다. "나으리, 당신께서는 지극히 훌륭한 음식을 제게 주셨고, 그 결과 저는 다른 음식은 결코 먹을 수 없을 것입니다." 남편은 이 말을 듣자, 검을 들고 그녀에게로 달려왔고, 검으로 그녀의 머리를 치고자 했다. 하지만 그녀는 발코니로 달려가 아래로 몸을 던졌고, 그렇게 목숨을 잃었다.[23]

이 이야기가 루시용과 카탈로니아 전역에 널리 퍼지자, 영주 레몽의 주군이었던 아라곤 왕은 레몽의 모든 것을 몰수하고 그를 감옥에 가두었다. 왕은 죽은 시인과 영주의 부인을 위해 무덤을 만들어주었고, 레몽은 결국 감옥에서 생을 마감했다고 '전기'는 이야기한다. 물론 이 이야기는 다음에 이야기할 조프레 뤼델의 경우와 마찬가지로 전적인 허구에 해당하며, 실상 기옘 드 카베스타니는 그가 섬기던 영주보다 더 오래 살았다고 실제 사료는 이야기한다.

'머나 먼 사랑'을 노래했던 트루바두르이자 명문 귀족 출신으로 블

조프레 뤼델과
트리폴리 백작 부인
(BN, Ms. 854)

라이(Blaye)의 영주였던 조프레 뤼델(Jaufré Rudel)의 몽환적인 '전기' 역시 사람들을 매료시키곤 했다. 그는 동방에서 돌아온 순례자들의 입에서 트리폴리(Tripoli) 백작 부인에 관한 이야기를 듣고는 그녀에 대한 사랑에 불타오르며, 마침내 그녀를 만나보고 싶은 욕망에 끌려 먼 바닷길을 항해하기에 이른다. 선상(船上)에서 그는 병에 걸렸고, 거의 죽어가는 상태로 트리폴리에 도착하게 된다. 하지만 그의 '전기' 역시, 시인이 썼던 몇몇 시에서 이야기된 세부 내용들, 이를테면 "나 저 곳의 순례자가 되고 싶어라, 그러면 내 지팡이와 두건이 아름다운 그녀 두 눈의 주시를 받았으련만"과 같은 구절,[24] 혹은 "그녀를 위해,

사라센인들의 땅에서, 포로로 불리기를 나 바라노니" 등의 구절에 기초해 만들어진 것처럼 보인다.[25]

> 블라이의 조프레 뤼델은 명문 귀족 출신으로 블라이의 영주였다. 그는 안티오키아(Antioche)에서 돌아온 순례자들에게서 트리폴리(Tripoli) 백작 부인의 미덕을 전해 듣고는, 그녀를 만나본 적도 없었건만 백작 부인에게 반하게 된다. 그리고 그녀를 두고 많은 시를 지었으니, 곡조는 아름다우나 가사는 소박했다. 또 그녀를 만나보고 싶은 욕망에 끌려, 십자군에 참가해 바닷길을 항해했다. 선상(船上)에서 그는 병에 걸렸고, 트리폴리에 도착했을 때, 주변 사람들이 죽었나고 여길 지경인 채로 어느 여인숙에 옮겨졌나. 사람들이 이 사실을 백작 부인에게 전하자 그녀가 그를 찾아왔고, 그가 누워 있는 침상까지 와서 그를 자신의 두 팔로 안았다. 그러자 그는 그녀가 백작 부인임을 알아차렸고, 청각과 후각을 되찾았으며, 그녀를 볼 수 있을 때까지 그의 생명을 유지시켜주신 데 대해 신께 찬사를 바쳤고, 그렇게 그녀의 품안에서 숨을 거두었다. 그녀는 지극한 예우를 다해 그를 성당 수도원에 묻어주었고, 그런 연후 그의 죽음에서 받았던 괴로움 때문에 그날로 수녀가 되었다.[26]

이러한 '전기'와 '석명'은 실상 트루바두르들의 시를 원천으로 삼아 만들어진 가상의 이야기였지만, 그들의 시와 더불어 무수한 청중들에게 매혹의 힘을 배가시켰으며 수많은 변용(變容)들을 낳게 된다. 여러 청중들에게 목소리를 통해 들려졌던 중세 작품들이 이후 기록되어 오늘날의 우리에게까지 전해지게 된 것처럼, 트루바두르들이 썼던 시와 그들의 삶의 일화들 역시 오랜 시간이 흐른 뒤, 즉 13세기 말과 14세기에 이르러서야 아름다운 필사본들 안에 한데 모여 기록되고 전해지게 된다. 입에서 입으로 전해지면서 당대의 많은 이들이 트루바두르들이 남긴 시와 삶의 일화들을 기억 속에 간직했으며, 문자로 기록된 시와 일화들 또한 독자들의 기억 속에 강한 인상을 남기게 된다. 사랑과 고통이 동시에 공존하며 듣는 청중들에게 그들의 복잡한 감정 상태를 그대로 전달했던 트루바두르들의 사랑 노래, 그리고 그들의 기쁨과 슬픔을 오롯이 투사(透寫)한 '전기'와 '석명'들을 통해, 사라진 과거의 목소리들은 변함없이 기억의 공간 속에 제 자리를 잡고 새로운 변주들을 만들어낼 수 있었다.

'사랑'의 기법

남프랑스의 트루바두르들이 처음으로 인식하고 구상했던 이 새로운 '사랑'은 12-13세기를 사로잡으며, 나아가 중세 전반에 영향력을 행사한 '사랑의 기법'이 되는 동시에 근본적인 '시학(詩學)'의 위상을 차지하게 된다. 또 이들의 새로운 '사랑의 기법'은 급속도로 북프랑스, 이탈리아, 독일을 비롯한 유럽 전역으로 확산되기에 이르며, 후일 소설의 전신(前身)이 되는 여러 기사 이야기들(roman)의 얼개와 전개에서도 중요한 자리를 차지하게 된다. 트루바두르들이 주창했던 '정련된 사랑'('fin' amor')의 요체와 반향은 12세기 후반 안드레아스 카펠라누스(André le Chapelain)가 로마 시인 오비디우스(Ovide)의 작품(*Ars amatoria*)을 모델로 삼아 만든 『합당한 사랑의 기법에 대하여』

(*De arte honeste amandi*)에서도, 크레티앵 드 트루아(Chrétien de Troyes)가 남긴 아서(Arthur) 왕 세계와 원탁의 기사들의 이야기에서도, 13세기의 대화시(Jeux-partis)나 알레고리를 통해 젊은이들에게 사랑의 노정(路程)뿐만 아니라 사랑에 관한 갖가지 간접적인 성찰들을 알려준 기욤 드 로리스(Guillaume de Lorris)와 장 드 묑(Jean de Meun)의 『장미 이야기』(*Roman de la Rose*)에서도, 중세 후기의 '사랑의 법정'(cour d'amour)에서도 발견된다.

> 다른 노래하는 이들보다 더 훌륭하게
> 내가 노래하는 것, 이는 경이로운 일이 아니니,
> 그것은 내 마음 사랑을 향해 나를 더 이끌기 때문
> 또 내가 사랑의 계명에 더 순종하게 만들어진 까닭이라.
> 마음과 몸, 지식과 분별력
> 힘과 능력을 나 사랑에 두었어라.
> 또 그 고삐 이처럼 나를 사랑을 향해 이끌기에
> 나는 다른 그 어떤 것을 향해서도 가지 않는다네.[27]

후일 낭만주의가 '중세'를 재발견하게 될 때, 위의 베르나르 방타두르(Bernard de Ventadour)의 시에서 충분히 짐작되듯, 사랑에 모든 것을 헌신한 트루바두르들의 시, 그들의 숭고하면서도 희생적인 사랑, 극심한 고통 속에서도 뜨거운 열성을 전혀 잃지 않는 사랑은 많은 이들을 매료시켰고, 하이네(Heine), 스윈번(Swinburne), 브라우닝(Browning), 에드몽 로스탕(Edmond Rostand) 등 무수한 작가들이 트루바두르의 시와 기법을 기억하곤 했다. 요컨대 서구 문명에서 발견되는 갖가지 사랑의 단면들과 형식들은 다름 아닌 트루바두르들의 시, 그들의 사랑 노래에서 출발한 것이라 할 수 있다.

12세기에 이루어졌던 '사랑에 대한 새로운 인식'과 성찰들은 '역사'와는 다른 방식으로 지나간 과거를 재구성하고 먼 과거의 감성들을 파악하게 해준다. 당시의 말 그리고 그 말들로 그려졌던 한 세계가 사라진 지금도 트루바두르들의 시, 나아가 중세 문학은 '타자(他者)' 안에서 '나'를 경험하고 발견하는 특별한 순간을, '아득한 과거'에서 '지금 여기'를 인식하는 계기를 만들어주며, 그 안에서 과거와 현재의 선조성(線條性)을 짚어보게 만든다.

{주}..

1. Michel Zink, "Un nouvel art d'aimer", in *L'Art d'aimer au Moyen Âge*, Paris, Philippe Lebaud, 1997, p. 10.
2. "Buona pulcella fut Eulalia./Bel auret cor, bellezour anima./Uoldrent la veintre li Deo inimi,/Uoldrent la faire diaule servir..."(*Les Séquences de sainte Eulalie*, éd. Roger Berger et Annette Brasseur., Genève, Droz, 2004, vv. 1-4.) 현대 프랑스어 번역은 다음과 같다: "Eulalie était une jeune fille parfaite./Son corps était beau, son âme plus belle encore,/Les ennemis de Dieu voulurent la vaincre,/Ils voulurent lui faire servir les diables..."(Michel Zink, *Bienvenue au Moyen Âge*, Équateurs, 2015, p. 17에서 재인용.)
3. "Li quens Rollant, par peine e par ahans,/Par grant dulor, sunet sun olifan./Parmi la buche en salt fors li cler sancs:/De sun cervel le temple en est rumpant."
4. 『롤랑전』, 이형식 옮김, 궁리, 2005, pp. 116-117.
5. 옛 아랍시의 주제 가운데 하나로 '연인들이 하나가 되는 것을 막는 사랑'을 의미한다. 이에 대해서는 Amina Alaoui, "Poésie et musique arabo-andalouse: un chemin initiatique", *La pensée de midi*, 2, 2009, p. 87을 참조.
6. "Tots jòis li deu umiliar,/E tota ricors obesir,/Midòns, per son bèl aculhir/E per son

bèl plasent esgard;/E deu òm mais cent ans durar/Qui·l jòi de s'amor pòt sasir.//Per son jòi pòt malauts sanar,/E per sa ira sans morir/E savis òm enfolesir/E bèls òm sa beutat mudar/E·l plus cortés vilanejar/E tots vilans encortesir."(Paul Fabre, *Anthologie des troubadours XIIe-XIVe siècle*, Orléans, Paradigme, 2010, p. 53.)

7. "Lo coms de Peitieus si fo uns dels majors cortes del mon e del[dels] majors trichador [trichadors] de dompnas, e bons cavalliers d'armas e larcs de dompnejar; e saup ben trobar e cantar. Et anet lonc temps per lo mon per enganar las domnas."(Vida de Guillaume IX d'Aquitaine dans *Biographies des troubadours*. Textes provençaux des XIIIe et XIVe siècles, Jean Boutière et Alexander-Herman Schutz éd., Paris, Nizet, 1964, p. 1-2.)
8. "Dos cavalhs ai a ma sselha ben e gen:/bon son et adreg per armas e valen./e no.ls puesc amdos tener, que l'uns l'autre non cossen."(*Troubadour Lyrics*, ed. Frede Jensen, Peter Lang, 1998, p. 62, vv. 6-9.)
9. "res non sai ab qual mi tengua de N'Agnes o de N'Arsen."(*Ibid*., v. 24.)
10. 미셸 쟁크, 『중세, 사랑과 매혹의 노래』, 김준현 옮김, 고려대학교출판문화원, 2018, p. 68.
11. "Ab la doçor del temps novèl/Fòlhon li bòsc e li aucèl/Chantant chascuns en lor lati(n)/Segon lo vèrs del novèl chant:/Adonc està ben qu'òm s'aisí/D'aiçò dont òm a plus talant.//De lai dont m'es plus bon e bèl,/Non vei messagièr ni sagèl, /Per que mon còr non dòrm ni ri;/Ni non m'aus traire adenant,/Trò que sacha ben de la fi(n)/S'el' es aissí com ieu demand.//La nòstr' amor vai enaissí /Com la branca de l'aube- spi(n)/Qu'està sobre l'arbr' en tremant,/La nuèch, a la pluèj' ez al gèl,/Trò l'endeman, que·l sòls s'espand/Per las fuèlhas verds e·l ramèl.//Enquèr me membre d'un mati(n)/Que nos fesem de guèrra fi(n),/E que·m donèt un don tan grand,/Sa drudari' e son anèl:/Enquèr me lais Dieu vieure tant/Qu'aja mas mans sotz son mantèl!" 현대 프랑스어 번역은 다음과 같다: "Dans la douceur du temps nouveau,/Feuillent les bois, et les oiseaux/Chantent chacun en son latin/Suivant la chanson du nouveau chant;/Il est donc bien que l'on jouisse/De ce dont on a le plus envie.//De là-bas où tout m'est bon et beau,/Je ne vois venir ni messager ni lettre scellée,/Aussi mon coeur ne dort ni ne rit,/Et je n'ose aller plus avant/Jusqu'à ce que je sache si notre accord/Est tel que je le souhaite.//Il en va de notre amour/Comme de la branche de l'aubépine/Qui est sur l'arbre, tremblante,/La nuit, à la pluie et au gel;/Mais le lendemain, le soleil se répand/À travers les feuilles vertes sur le rameau.//Il

me souvient encore d'un matin/Où nous avions mis fin à la guerre;/Elle me fit un don si grand,/Son amour et son anneau:/Que Dieu me laisse vivre encore assez/Pour que j'aie mes mains sous son manteau!"

12. 먼 곳의 사랑을 노래한 조프레 뤼델의 노래에서, 그가 사랑하는 여인은 전통적으로 트리폴리 백작 부인으로 이야기되곤 했다. 그러나 이에 대한 해석은 열려 있으며, 연구자들에 따라서는 이 귀부인을 성모 마리아로 또 그의 사랑을 신성한 신비 체험의 상징으로 여기는 해석을 제시하는 이도 있었다.
13. "Dieus, que fetz tot quant ve ni vai/E formet sest'amor de lonh,/Mi don poder, que cor ieu n'ai,/Qu'ieu veia sest,amor de lonh,/Veraiamen, en tals aizis,/Si que la cambra e'l jardis/Mi resembles totz temps palatz!/Ver ditz que m'apella lechai/Ni deziron d'amor de lonh,/Car nulhs autres jois tan no'm plai/Cum jauzimens d'amor de lonh./Mas so qu'ieu vuelh m'est atahis/Qu'enaissi'm fadet mos pairis/Qu'ieu ames e non fos amatz."(Jaufré Rudel, «Lancan li jorn son lonc en mai», dans Giorgio Chiarini, Il *canzoniere di Jaufre Rudel*, L'Aquila, Japadre, 1985 [réimprimé: Jaufre Rudel, L'amore di lontano, Giorgio Chiarini éd., Rome, Corocci, 2003], p. 85.)
14. "Quant l'aura doussa s'amarzis/E'l fuelha chai de sul verjan/E l'auzèlh chanjan lor latis,/E ieu de çai sospir e chan/D'amor que'm te lassat e pres,/Qu'ieu anc no l'agui en poder.//Las! qu'ieu d'Amor non ai conquís/Mas cant lo trebalh e l'afan,/Ni res tan grèu no's convertís/Com fai çò qu'ieu vau deziran;/Ni tal enveja no'm fai res/Cum fai çò qu'ieu non pòse aver."(*Anthologie des troubadours*, éd. Pierre Bec, Paris, Union Générale d'Éditions, 1979, p. 98.)
15. Michel Zink, *Bienvenue au Moyen Âge*, Paris, Équateurs, 2015, pp. 57-59를 참조.
16. "Pos vezem de novel florir/Pratz, e vergiers reverdezir,/Rius e fontanas esclarzir,/Auras e vens,/Ben deu cascus lo joi jauzir/Don es jauzens."(Guillaume IX, «Pos vezem de novel florir», dans Vers, Mario Eusebi éd., Parme, Pratiche, 1995, p. 62. (Et Michel Zink, *Les Troubadours. Une histoire poétique*, Paris, Perrin, 2013, p. 61.))
17. "Tant ai mo cor ple de joya,/Tot me desnatura./Flor blancha, vermelh'e groya/Me par la frejura,/C'ab lo ven et ab la ploya/Me creis l'aventura,/Per que mos chans mont'e poya/E mos pretz melhura./Tan ai al cor d'amor,/De joi e de doussor,/Per que'l gels me sembla flor/E la neus verdura."(Bernard de Ventadour, «Tant ai mo cor ple de joya», dans *Bernard de Ventadour, troubadour du XIIe siècle. Chanson d'amour*, éd. Moshé Lazar, Paris, Klincksieck, 1966, pp. 180-183.)
18. "Car enaissí m'o envèrse/Que bèl plan me semblan tèrtre/E tenc per flor lo

conglapí,/E·l cauds m'es vis que·l freg trenque,/E·l tròn me son chant e ciscle,/ E paro·m folhat li giscle;/Aussí·m soi fèrm laçats en jòi/Que ren non vei que·m sia cròis."(Paul Fabre, *Anthologie des troubadours XIIe-XIVe siècle*, Orléans, Paradigme, 2010, p. 163.)

19. Michel Zink, *Les troubadours. Une histoire poétique*, Paris, Perrin, 2013, pp. 11-13을 참조.
20. "Il y avait, dans sa contrée, une dame qui avait nom madame Saurimonde, femme de Raimon de Castel-Roussillon, qui était fort puissant et noble, mais méchant, farouche, cruel et orgueilleux. Guillem de Cabestaing aimait la dame d'amour, la célébrait dans ses chants et faisait d'elle le sujet de ses chansons. Et la dame, qui était jeune, noble, belle et charmante lui voulait plus de bien qu'à toute autre créature au monde. Et cela fut dit à Raimon de Castel-Roussillon; et lui, en homme furieux et jaloux, fit une enquête sur l'affaire, apprit que c'était vrai, et fit garder étroitement sa femme."(J. Boutière et A. H. Schutz, *Biographies des troubadours*, Paris, A. G. Nizet, 1973, p. 534.)
21. "Le premier jour où je vous vis, Madame,/Quand il vous plut de me laisser vous voir,/J'éloignai mon coeur de toute autre pensée/Et tous mes désirs pour vous s'affermirent;/Car vous m'avez mis au coeur, Madame, telle envie,/Avec un doux sourire et un simple regarde,/Que vous m'avez fait oublier moi-même et tout le reste."(*Anthologie des troubadours*, ed. Paul Fabre, Paradigme, 2010, p. 326.)
22. "La douce pensée que me donne souvent l'amour,/Madame, me fait dire de vous maintes chansons plaisantes;/En pensant je contemple votre corps précieux et séduisant/Que moi je désire plus que je ne le montre;"(*Anthologie des troubadours*, ed. Paul Fabre, Paradigme, 2010, p. 330.)
23. "Et quand la dame l'eût mangé, Raimon de Castel-Roussillon lui dit: «Savez-vous ce que vous avez mangé?» Elle répondit: «Non, sinon que c'était un mets bon et savoureux.» Et il lui dit que ce qu'elle venait de manger était le coeur de Guillem de Cabestaing; et, pour qu'elle le crût, il fit apporter la tete devant elle. Lorsque la dame vit et entendit tout cela, elle perdit la vue et l'ouïe. Revenue à elle, elle dit: «Seigneur, vous m'avez donné un si bon mets que jamais je n'en mangerai d'autre.» Lorsqu'il entendit ces mots, il courut sur elle avec son épée et voulut l'en frapper à la tête; mais elle courut à un balcon, se laissa tomber en bas, et c'est ainsi qu'elle mourut."(J. Boutière et A. H. Schutz, *Biographies des troubadours*, Paris, A. G. Nizet, 1973, pp. 534-535)

24. 중세어 원문은 다음과 같다: Lanqand li jorn son lonc en mai: "Ai! quar me fos lai pelegrís,/Si que mos fustz e mos tapís/Fos pels sieus bèlhs uèlhs remiratz!"(*Anthologie des troubadours*, éd. Pierre Bec, Paris, Union Générale d'Éditions, 1979, pp. 82-83) 현대 프랑스어 번역은 다음과 같다: "Je voudrais être pèlerin là-bas, pour que mon bâton et ma couverture fussent contemplés par ses beaux yeux"

25. 중세어 원문은 다음과 같다: "Que lai el renh dels Sarrazís/Fos ieu per lièis chaitius clamatz;"(*Anthologie des troubadours*, éd. Pierre Bec, Paris, Union Générale d'Éditions, 1979, pp. 82-83) 현대 프랑스어 번역은 다음과 같다: "Pour elle, au pays des Sarrasins, je voudrais être appelé captif"

26. "Jaufré Rudel de Blaye était de haute noblesse, prince de Blaye. Et il s'enamoura de la comtesse de Tripoli sans la voir, pour le bien qu'il en entendait dire aux pèlerins qui revenaient d'Antioche. Et il fit sur elle mains poèmes avec de belles mélodies et de pauvres paroles. Et par désir de la voir, il prit la croix et s'embarqua sur la mer. Il tomba malade sur le navire et, à Tripoli, fut transporté pour mort dans une auberge. On le fit savoir à la omtesse et elle vint à lui, jusqu'à son lit, et elle le prit entre ses bras. Et il omprit que c'était la comtesse, il recouvra l'ouïe et l'odorat, il loua Dieu de l'avoir maintenu en vie jusqu'à ce qu'il l'eût vue, et ainsi il mourut entre ses bras. Et elle le fit ensevelir à grand honneur dans le couvent des Templiers, et puis le jour même elle se fit nonne pour la douleur qu'elle eut de sa mort (*e pois, en aquel dia, ella se rendet morga, per la dolor qu'ella n'ac de la mort de lui*)."(«Vida» de Jaufré Rudel, dans Jean Boutière et Alexander Herman Schutz, *Biographies des troubadours*. Textes provençaux des XIIIe et XIVe siècles, Paris, Nizet, 1964, pp. 16-19.)

27. "Non es meravelha s'ieu chant/Mièlhs de nul autre chantador,/Que plus mi tra·l còrs ves amor/E mièlhs soi faits a son comand./Còr e còrs e saber e sen/E fòrç' e poder i ai mes;/Si·m tira ves amor lo fre(n)s/Que ves autra part non m'aten."(Paul Fabre, *Anthologie des troubadours XIIe-XIVe siècle*, Orléans, Paradigme, 2010, p. 115.)

{제2장}

바느질 노래

여성들의 기다림과 슬픔

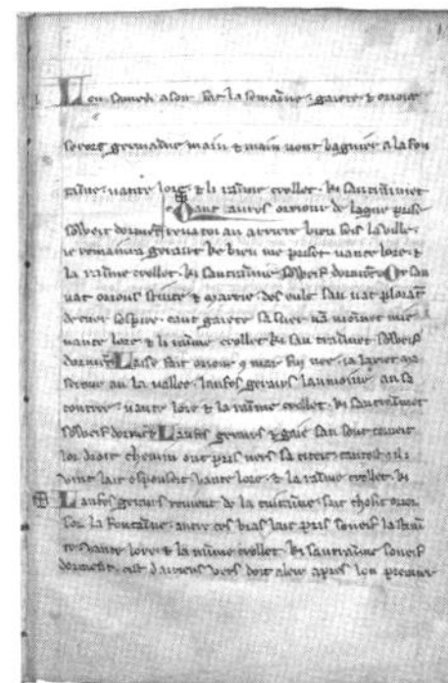

가이에트와 오리우르
(Gaiete et Oriour)
(BN, Ms. Français 20050)

갓 태어난 '오래된' 노래

먼 과거로부터 내려온 듯한 인상을 주는 한 편의 노래, 무척 오래된 언어로 이야기되었던 듯한 어조를 강조하는 시들이 있다. 개인적인 기억을 떠올리게 하는 동시에 어렴풋한 집단적 기억을 풍기는 것처럼 보이는 노래, 매우 친숙한 것처럼 여겨지면서도 잡으려 하면 결코 붙잡을 수 없는 그런 시들이 한 권의 필사본에 한데 모여 오늘날 우리에게 전해진다. 만들어질 당시부터 오래된 인상을 주는 노래들, 이것이 바로 바느질 노래의 주된 특징 가운데 하나였다.

무훈시(chanson de geste)를 닮은 고풍스러운 작시법을 따르는 이 시들은 대개 간결하고 소박한 모습을 보인다. 늘 그런 것은 아니지만, 빈번한 경우 반복적인 후렴구와 선율이 뒤따르며, 자신의 감정을 직접 토로하는 일인칭 '나'가 아닌 제삼자가 화자로 등장하고 바라보는 이의 시각에서 어떤 '여인'의 이야기가 화자의 감정과 함께 기술된다. 이러한 특징으로 인해, 이 오래된 시들은 '이야기 노래'(chanson d'histoire)로 명명되며, 경우에 따라서는 '바느질 노래'(chanson de toile)로 불리곤 했다. 왜냐하면 이런 종류의 시들에서, 여주인공들은 종종 천에 수를 놓으며 사랑하는 연인을 기다리거나 '사랑'으로 인해 아픈 마음을 달래기 때문이다. 일례로 장 르나르(Jean Renart)의 작품에서 한 대목을 들어보자.[1]

> 어머니, 그가 말했다, 저희에게 노래를 하나 들려주세요, 기쁘게 해 주실 겁니다. 그녀는 기꺼이, 더없이 훌륭하게 노래를 했다. "사랑하는 아들아, 지난날, 귀부인들과 왕비들은 바느질 노래를 부르며 그들의 휘장을 바느질하곤 했단다."[2]

아들의 청에 따라 어머니가 들려주는 노래는 아래와 같다.

> 딸과 어머니가 앉아 자수를 놓고 있었네
> 황금실로 금빛 십자가를 꾸미며
> 그 마음 정중한 어머니가 말했네
> 아름다운 오드는 동을 얼마나 진정 사랑했는지!
> "알아두거라, 딸아, 바느질을 하며 실을 자으며
> 자수에 황금 십자가를 수놓으며
> 동의 사랑은 잊어야 적절하니
> 아름다운 오드는 동을 얼마나 진정 사랑했는지!"[3]

또 어머니와 오빠의 권유에 따라 리에노르(Lïenor)가 부르는 바느질 노래는 다음과 같다.

고약한 남편의 발치에 앉아, 아름다운 아이
무릎에 영국산 천을 올려두고
실로 아름답게 바느질을 하고 있었네
아아! 아아! 다른 곳에서 온 사랑
내 마음 거기에 묶여 있고 사로잡혀 있구나
뜨거운 눈물 그녀의 뺨을 적셔 흐르니
아침에도 저녁에도 그녀 매질을 당하네
그것은 그녀 다른 땅에서 온 전사를 사랑하기 때문이니
아아! 아아! 다른 곳에서 온 사랑
내 마음 그곳에 묶여 있고 사로잡혀 있어라.[4]

바느질 노래들은 실제로 오래된 것이거나 아니면 짐짓 오래된 것처럼 보이려고 만들어진 것이었다. 달리 말한다면 태어난 처음 순간, 혹은 쓰여진 처음 순간부터 이미 '늙은' 노래인 셈이다. 종종 13세기 산문 이야기들 속에 삽입된 바느질 노래들은 당대의 최신 유행을 반영하는 노래였기 때문이 아니라 유행에서 벗어난 이야기였기에 기이한 매력을 행사하곤 했다. 이런 점에서 본다면 이러한 매혹은 17세기 몰리에르(Molière)의 희극 『인간혐오자』(*Le Misanthrope*)에 나오는 다음 대목을 떠올리게도 한다. 주인공 알세스트(Alceste)는 자신에게 겉멋에 빠진 시를 평해달라 청한 오롱트(Oronte)에게, '당대의 고약한 취향이 반영된 말장난과 가식'보다는 자연스러운 예전의 투박한 노래가 더 가치있다는 이야기를 다음과 같이 말한다.

거칠긴 했어도 우리 조상들의 취향이 더 나았다고요.

제가 보기엔 요즘 사람들이 감탄해 마지않는 모든 것보다
제가 들려드릴 옛 노래가 더 나은 것 같습니다.
[…]
운율도 빈약하고 문체도 낡긴 했지만
양식 있는 자라면 비난해 마지않을 저 하찮은 시들보다
그래도 이 시가 훨씬 낫지 않습니까?
사랑의 정열을 순수하게 이야기하고 있지 않나요?[5]

바느질 노래들은 '노래'라는 말 자체에서부터 드러나듯, 원래 부르기 위해 또 들려지기 위해 만들어진 것이었다. 하지만 바느질 노래들의 인기는 별로 크지 않았던 것으로 추측되며, 기껏해야 1220-1250년 사이에만 어느 정도의 인기를 누렸던 것으로 보인다. 대부분의 경우, 바느질 노래들은 어느 젊은 처녀가 생각에 잠긴 것처럼 앉아 있는 정경으로 시작되거나 아니면 움직이지 않은 채로 하던 일이 아닌 다른 것을 생각하는 장면에서 출발하곤 한다. 이윽고 연인 혹은 다른 이가 그녀를 찾아오지만, 젊은 여인은 거의 미동조차 하지 않은 채 마치 정지된 화면처럼 자리를 지킨다. 과거 남프랑스 트루바두르들의 사랑 노래가 입에서 입으로 전해지다 마침내 한 권의 필사본 안에 수록되어 모이게 되듯, 바느질 노래들 역시 글로 쓰여 남겨지게 된다. 앞에서 이미 살펴보았던 것처럼, 작자 미상의 바느질 노래들은 대부분 단편적으로 인용된 채 산문 이야기 속에 삽입되어 전해졌으며, 오직 한 권의 필사본만이 몇 편의 바느질 노래들을 한데 묶어 전했다.[6]

불행한 '결혼'의 노래

후대에 전해지는 바느질 노래 가운데 먼저 '불행한 결혼'이라는 전통적인 주제와 관련되는 한 편의 바느질 노래의 시작 부분을 읽어보도록 하자.

> 아름다운 이자보, 잘 길러진 처녀
> 제라르를 사랑했고, 그도 마찬가지로 그녀를 사랑했네
> 그는 그녀에게 결코 좋지 못한 청은 하지 않았네
> 대신 그는 그녀를 그렇게나 진정 사랑해
> 그의 명예보다 그녀를 더 아꼈다네
> 그리고 제라르는 즐거움을 기다리네.[7]

두 연인의 서로에 대한 사랑은 깊고 굳건했지만, 이자보의 부모는 그녀의 의사와 상관없이 딸을 가신 중 한 명에게 시집보낸다. 사랑하는 여인의 결혼 소식을 알게 된 제라르는 슬픔에 잠겨 신음하면서 그녀에게 하소연하지만, 이자보는 죄받을 사랑보다는 남편에게 충실한 아내의 미덕을 지켜야만 한다고 답한다. 이자보의 이러한 대답에도 불구하고 제라르는 자신의 심경을 감추지 않고 계속해서 토로하지만 그녀의 마음은 흔들리지 않는다. 제라르의 고통은 조금도 줄어들지 않으니, 결국 그는 슬픔과 고통에 짓눌린 채로 십자군 원정을 떠나기로 마음먹는다. 떠나기 전 그는 사랑하는 여인을 마지막으로 만나며 두 사람은 녹음이 우거진 정원에서 부드럽게 입을 맞추고 함께 풀밭 위로 쓰러진다.

그녀의 남편 이런 무분별한 행태를 보고
여인이 쓰러져 죽은 것으로 정말 생각했다네
연인 곁에서. 어찌나 미움과 경멸이 컸던지
그는 힘과 기력을 잃어버렸네
그리고 이런 혼란 속에서 고통으로 인해 숨을 거두었네
그리고 제라르는 즐거움을 기다리네.[8]

남편의 장례식이 행해지고 애도의 기간이 지나간 다음, 제라르는 마침내 이자보를 아내로 맞아들인다. 현대인의 관점에서 본다면, 이 작품의 결말은 사랑하는 두 연인이 마침내 혼례를 올리고 하나가 되는 더없이 다행스러운 마무리가 아닐 수 없다. 하지만 십자군을 떠나기에 앞서 마지막으로 만난 두 연인의 입맞춤과 쓰러짐, 그리고 이 광경을 본 남편의 갑작스러운 죽음은 다소 비논리적이며 개연성이 없는 것처럼 보일 소지가 충분하며, 경우에 따라서는 오랫동안 헤어질 수밖에 없었던 밀롱과 유부녀였던 그의 연인이 여인의 남편의 죽음으로 마침내 결혼하게 되는 내용이 기술되는 12세기 여성 시인 마리 드 프랑스(Marie de France)의 단시 「밀롱」(Milon)의 마지막 대목을 떠올리게도 한다.

그러나 이 작품은 보기보다는 훨씬 더 조밀하게 구성된 것이라는 점을 짚어둘 필요도 있을 것 같다. 남편이 아닌 다른 이를 사랑하는 여인인 이자보의 입장은 '결혼', 달리 말한다면 중세 내내 성행했던 불행한 결혼의 원인이었던 '강제된 결혼' 이전에 이미 사랑하는 사람이 있었다는 것으로 풀이된다. 어떻게 남편이 여인의 과거에 대해 알지 못했을지에 대한 의문은 두 연인의 사랑이 지극히 순결한, 불명예스러운 일은 결코 없었던 사랑이었다는 말로 설명된다. 결혼 이후 불륜의 사랑, 죄악의 사랑을 거부하던 여인이 무엇 때문에 지난날의 연인 제라르를 만나게 된 것일지에 대한 궁금증은 동방으로 떠나기 전 마지막으로 한 번 여인을 만나기를 청하는 젊은 기사에게 베푸는 작은 호의였음이 쉽게 짐작된다. 그리고 남편의 돌연한 죽음으로 모든 장애물이 사라졌기에, 두 연인은 결혼할 수 있게 된다.

그런데 이렇듯 다행스런 결말에도 불구하고 우리가 살펴본 위의 바느질 노래는 별로 행복할 수 없었던 중세 결혼의 실상, 중세 여인의 위상을 암시한다는 점에서는 서글픈 시이기도 하다. 이러한 서글픔은 다른 바느질 노래에서도 쉽게 발견된다. 또 이자보와 제라르의 사랑에 대한 모든 내용을 기술했던 위의 바느실 노래와는 달리, 싱딩수의 바느질 노래들은 단편적인 내용만이 이야기되는 '불완전'한 노래라는 점도 기억해둘 필요가 있다.

르노와 에랑부르

'단편적'이고 '불완전'한 바느질 노래의 일례로 아름다운 에랑부르(Erembourg)의 이야기를 읽어보도록 하자.

> 5월, 날이 길어진다 말하는 때 찾아와
> 프랑스의 프랑크 사람들 궁정에서 귀환할 때,
> 르노(Renaud)가 가장 앞서서 오네.
> 애랑부르(Erembourg)의 집 앞을 그가 지나갔네,

하지만 그럼에도 그는 눈을 들어 보지도 않네.

아아! 르노, 내 사랑![9]

일반적인 바느질 노래들과는 달리, 이 작품은 주인공인 여인의 이름으로 시작하지 않는다. 이런 점에서 보면 아래의 두 번째 시절이 작품의 서두가 되었어야 정상으로 보인다.

아름다운 에랑부르, 햇살 받으며 창가에 있네,
무릎에는 색색 비단 올려 놓고.
궁정에서 돌아오는 프랑스의 프랑크 사람들을 바라보네,
그리고 선두에 있는 르노를 보네:
목소리 높여 마음 속에 간직했던 이야기를 말했네
아아! 르노, 내 사랑![10]

그리고 이어지는 세 번째 시절에서, 에랑부르는 지난날 있었던 정경을 떠올린다.

르노, 나의 님아, 이런 시절도 있었답니다,
그대가 내 아버지의 탑 아래를 지날 때,
내가 말을 건네지 않으면 그대 슬퍼했을 그런 시절이.
- 당신의 처신이 잘못되었소, 황제의 딸이여:
당신은 다른 사람을 사랑했고, 우리를 잊어버렸지.
아아! 르노, 내 사랑![11]

첫 번째 시절에서 세 번째 시절까지 이야기되는 내용은 실상 하나의 정경을 시각을 달리한 모습으로 반복 재현한 것과 다르지 않다. 첫 번째 시절에서 여주인공 에랑부르는 등장하지 않으며, 그 이유는 우리가 르노의 시선을 따라 한 장면을 보게 되기 때문이다. 즉 르노가 에랑부르를 바라보고 있지 않기 때문에, 여인의 모습을 우리는 보지 못한다. 반대로 두 번째 시절에서는 여주인공의 시선이 중심이 된다. 그녀는 르노가 지나가는 것을 바라보고 있다. 그리고 세 번째 시절에서는 현재의 모습과 과거의 모습 하나가 중첩된다. 지난날 여인이 말을 걸었을 때 르노는 그녀를 바라보며 화답했지만 지금 르노는 여인을 무시한 채 지나가고 있다. 그리고 르노가 여인을 바라보지 않는 이유가 "당신은 다른 사람을 사랑했고"라는 한마디 말로 요약된다. 이에 에랑부르는 자신이 다른 사람을 사랑한 적이 결코 없었음을 적극적으로 소명하며, 마침내 르노의 마음을 돌리는 데 성공한다.

르노 경 계단을 올라갔네
넓은 어깨, 늘씬한 허리
그의 머리카락은 살며시 곱슬거리는 금발
그처럼 아름다운 젊은이 세상 어디에도 없네.
에랑부르 그를 바라보네, 눈물을 떨구기 시작하네.
아아! 르노, 내 사랑!

르노 경 탑으로 올라갔네
꽃으로 수를 놓은 자리 깔린 침상에 앉았네
그의 곁에 앉아 있네 아름다운 에랑부르:

이우고 그들의 첫 사랑 다시 시작되네
아아! 르노, 내 사랑![12]

두 사람의 첫 사랑이 다시 시작된다고 화자는 이야기한다. 그러나 이렇듯 다시 시작되는 첫 사랑이 한결같은 사랑으로 이어질 수 있을지는 의문스럽다. 왜냐하면 두 사람의 사랑은 언제든 남성 주인공의 사소한 오해나 근거없는 의심으로 인해 부서질 수 있는 위태로운 것이기 때문이다. 그렇기에 독자들은 은연중에 행복한 결말을 기뻐하기보다는 여인의 수동적인 처지와 남성의 전횡에 서글픈 느낌을 받게 되곤 한다.

아름다운 도에트

그렇다면 아름다운 도에트(Doette)라는 여주인공이 등장하는 한 편의 바느질 노래는 어떤 여인의 운명을 우리에게 일러주게 될까? 먼저 작품의 시작 부분을 읽어보도록 하자.

아름다운 도에트 창가에 앉아 있네
한 권의 책을 읽네, 하지만 마음은 책에 없다네
그녀는 제 애인 둔을 떠올린다네
다른 곳으로 마상경기를 떠난 이를
그런데 나 이에 슬픔을 느끼네…[13]

그러던 중, 연인을 섬기던 시종 기사 한 명이 그녀가 있는 곳으로 말을 달려오는 것을 본 도에트는 서둘러 계단을 내려가기 시작한다. 물론 슬픈 소식은 전혀 예상하지 못한 채로 말이다.

아름다움 도에트 먼저 그에게 물었네
"내 님은 어디 계신가요, 오래전부터 뵙지 못했던 그분은?"
고통에 사로잡혀, 시종 기사는 연민의 울음을 터뜨리네.
아름다운 도에트 정신을 잃고 쓰러졌네.
그리고 나 이에 슬픔을 느끼네…[14]

도에트가 정신을 차렸을 때, 시종 기사는 다가와 연인인 둔이 마상 창시합에서 목숨을 잃었다는 사실을 전한다. 당시 마상 시합은 격렬함으로 인해 빈번히 사망자를 양산했으며 그렇기에 교회의 단죄를 받기도 했지만, 기사들은 이를 결코 포기하지 않았다는 점을 덧붙여 두자. 이제 도에트는 자신에게 남겨진 무한한 슬픔의 나날들을 예감하며, 죽은 연인을 위해 성 베드로 성당의 수녀가 될 것임을 알린다.

아름다운 도에트 수도원을 설립했네
커다란, 그리고 이후 더 커다랗게 되는 수도원을
그녀는 이곳에 남자들과 여자들 모이기를 바랬다네
사랑으로 인해 불행과 아픔을 겪은 이들이
그리고 나 이에 슬픔을 느끼네…
그대 사랑을 위해 나 성 베드로 성당의 수녀가 되리니.[15]

사랑의 고통과 불행을 맛본 이들이 모이는 수도원은 점점 더 커져만 가며, 이를 반향하듯 후렴구는 계속해서 슬픔을 토로한다. 바느질 노래는, 그 후렴구가 암시하듯, 대개 연인들의 운명에 대해 선망 어린 마음을 갖게 하지 않는다는 점에서 더욱 슬픈 노래가 된다.

가이에트와 오리우르, 두 자매의 사랑

이번에는 두 자매 사이의 사랑, 더없이 친밀했던 혈연 간의 유대가 어떻게 우연히 찾아든 사랑으로 인해 끊어지는지를 보여주는 한 편의 바느질 노래를 살펴보도록 하자. 다소 길지만 노래의 전문을 옮기면 다음과 같다.

> 토요일 저녁, 한 주가 끝난다.
> 가이에트와 오리우르, 한 핏줄의 자매가
> 손에 손 잡고 샘으로 몸을 씻으러 간다.
> 바람 일어도, 무성한 나뭇가지 휘어져도
> 사랑하는 이들 평온히 잠잔다.
>
> 젊은 제라르 창술(槍術) 연습에서 돌아와,
> 샘가의 가이에트를 눈여겨 보았고,
> 두 팔로 그녀를 안았네, 부드럽게 감싸 안았네
> 바람 일어도, 무성한 나뭇가지 휘어져도
> 사랑하는 이들 평온히 잠잔다.

"오리우르, 물을 다 길었으면,
네 발길을 돌리렴, 마을로 가는 길을 너 알고 있으니.
나는 제라르와 함께 남아 있으련다, 그는 나를 무척 사랑하니."
바람 일어도, 무성한 나뭇가지 휘어져도
사랑하는 이들 평온히 잠잔다.

그때 오리우르는 떠난다, 창백해진 채 슬퍼하며,
두 눈에서는 눈물 떨어지고, 마음으로는 탄식하며,
그것은 제 누이 가이에트 때문, 그녀와 함께 가지 못해서.
바람 일어도, 무성한 나뭇가지 휘어져도
사랑하는 이들 평온히 잠잔다.

"아아!, 오리우르는 말한다, 내 운명 참으로 슬프기도 하구나!"
내 누이를 골짜기에 두고 왔네,
젊은 제라르가 그의 영지로 누이를 데려가는구나.
바람 일어도, 무성한 나뭇가지 휘어져도
사랑하는 이들 평온히 잠잔다.

젊은 제라르와 가이에트는 떠났네,
그들은 도시로 곧장 가는 길을 택했네.
도착하자마자, 그는 그녀와 혼례를 올렸네.
바람 일어도, 무성한 나뭇가지 휘어져도
사랑하는 이들 평온히 잠잔다.[16]

우연히 마주친 기사 제라르와 순박한 처녀 가이에트의 결혼을 노래하는 이 노래의 결말은 분명 행복한 결말이며 그렇기에 행복한 노래가 되어야 한다. 그렇지만 이 노래 안에서 은밀한 몇 가지 슬픔, 짐작되는 몇 가지 서글픔들을 발견하기는 어렵지 않으며, 그런 만큼 이 노래는 더없이 슬픈 노래이기도 하다. 이 노래에는 늘 함께 하던 누이와 떨어지게 된 오리우르의 슬픔이 깃들어 있으며, 또 한 편으로는 제라르에게 선택받은 대상이 자신이 아니었다는 점에서 만들어진 서글픔도 있다. 아울러 그녀의 슬픔에는 가이에트의 앞으로의 운명에 대한 비극적인 전망 하나도 들어 있기에 슬픔은 배가된다. 우연히 가이에트를 발견한 제라르는 오리우르에게는 한 마디 말도 없이 누이를 데리고 간다. 오리우르와 마차가지로 우리 역시, 제라르의 가이에트에 대한 사랑이 어떤 정도인지, 단순한 열정의 발로였던 것은 아닐지, 그가 혼인의 의미를 충실히 지키는 남편일지를 알지 못한다. 나아가 오리우르뿐만 아니라 독자들 역시 제라르라는 한 남성, 그에 대해서는 아무것도 알지 못한다.

슬픈 '사랑'의 노래

마지막으로 불행한 결혼의 희생자인 여인이 늘 고통 속에 살아가는 모습 하나를 직접적으로 그리는 작자 미상의 바느질 노래 한 편을 읽어보도록 하자. 자신의 의사와 무관하게 부친인 왕에 의해 늙은 영주와 결혼하게 된 여인은, 탑에 감금되어 아침에도 저녁에도 밖으로 나가지 못하는 처지를 한탄한다.

어느 정원, 물은 맑고 조약돌 하얀
그런 샘물 곁에서
왕의 딸 앉아 있네, 손을 뺨에 댄 채,
자신의 다정한 연인을 부르고 탄식하네
아아, 사랑하는 영주 기
당신을 사랑한 것이 내게서 웃음과 위안을 앗아갔어라.[17]

아내의 탄식을 듣게 된 못된 남편은 정원으로 와 허리띠를 풀러 그녀를 호되게 매질한다. 멍이 들 정도로 매질을 가한 남편은 자신의 발치에 쓰러진 아내를 보고는 곧 자신의 어리석은 행동을 뉘우친다. 왜냐하면 그녀는 자기가 섬기던 왕의 딸인 공주였기에… 그리고 그날 밤 연인이 그녀를 찾아온다.

이제 그녀의 연인 찾아와 그녀를 위로하였다네
그들은 나뭇가지와 관목 아래 앉았네
그곳에서 사랑 때문에 무수한 눈물 떨구었다네.
아 사랑하는 영주 기,
당신을 사랑한 것이 내게서 웃음과 위안을 앗아갔어라.[18]

내용 면에서 바느질 노래들은 분명 여성들의 노래에 해당한다. 화자의 시각은 여성의 그것이며, 노래되는 것도 슬퍼하는 것도 모두 여성들의 사랑과 관련된 것이기 때문이다. 그런데 실제로, 대부분의 여성들의 노래는 다름 아닌 남성 시인들의 작품이었다는 점을 잊어서는 안 된다. 적어도 바느질 노래 안에서는, 남성 시인들이 여성의 처지를 이해하고 그들의 슬픔에 공감했지만, 실제 중세 사회의 현실은 그렇지 못했다.

{주} ....

1. Jean Renart, *Le Roman de la Rose ou de Guillaume de Dole*, traduction, présentation et notes de Jean Dufournet avec le texte édité par Félix Lecoy, Paris, Champion, 2008.
2. "– Dame, fet il, une chanson/car nos dites, si ferez bien./Ele chantoit sor tote rien/et si le fesoit volentiers./«Biaus filz, ce fu ça en arriers/que les dames et les roïnes/soloient fere lor cortines/et chanter les chansons d'istoire!"(vv. 1144-1151.) 현대 프랑스어 번역은 다음과 같다: "– Mère, intervint Guillaume, chantez-nous donc une chanson, vous me ferez plaisir./Elle chantait à la perfection, sans se faire prier. «Mon cher fils, au temps jadis, les dames et les reines avaient l'habitude de coudre leurs rideaux en chantant des chansons de toile.»"
3. "Fille et la mere se sieent a l'orfrois,/a un fil d'or i font orïeuls croiz./Parla la mere qui le cuer ot cortois./Tant bon'amor fist bele Aude en Doon!//«Aprenez, fille, a coudre et a filer,/et en l'orfrois orïex crois lever./L'amor Doon vos covient oublier.»/Tant bon'amor fist bele Aude en Doon!"(vv. 1159-1166.) 현대 프랑스어 번역은 다음과 같다: "Fille et mère sont en train de broder,/d'un fil d'or tissant des croix dorées./La noble mère se mit à parler./De quel amour brûle Aude pour Doon!//«Apprenez-fille, à coudre et à filer/et à broder des croix d'or sur l'orfroi./L'amour de Doon, il faut l'oublier.»/De quel amour brûle Aude pour Doon!"
4. "Siet soi bele Aye as piez sa male maistre,/sor ses genouls un paile d'Engleterre,/et a un fil i fet coustures beles./Hé! Hé! amors d'autre païs,/mon cuer avez et lïé et souspris.//Aval la face li courent chaudes lermes,/q'el est batue et au main et au vespre,/por ce qu'el aime soudoier d'aure terre./Hé! Hé! amors d'autre païs,/mon cuer avez et lïé et soupris."(vv. 1183-1192.) 현대 프랑스어 번역은 다음과 같다: "Assise aux pieds de sa dure maîtresse,/Sur ses genoux étoffe d'Angleterre,/Aÿe au fil coud d'une main légère,/Hélas! amour venu d'autre pays,/Mon coeur avez enchainé et surpris!//Les larmes vont brûlant sa face claire,/Soir et matin, on la bat, la

pauvrette,/Parce qu'elle aime un guerrier d'autre terre./Hélas! amour venu d'autre pays,/Mon coeur avez enchaîné et surpris."

5. 우리말 번역은 몰리에르, 『타르튀프. 몰리에르 희곡선집』, 신은영 옮김, 열린책들, 2012, pp. 279-280에 의거하였음을 밝힌다. 원문은 다음과 같다: "Nos pères, tous grossiers, l'avaient beaucoup meilleur,/Et je prise bien moins tout ce que l'on admire,/Qu'une vieille chanson que je m'en vais vous dire :/[...] La rime n'est pas riche, et le style en est vieux :/Mais ne voyez-vous pas que cela vaut bien mieux/Que ces colifichets, dont le bon sens murmure,/Et que la passion parle là toute pure?"
6. ms. Paris Bibl. Nat. fr. 20050(chansonnier de Saint-Germain-des-Prés)
7. 원문은 다음과 같다: "Bele Ysabiauz, pucele bien aprise,/ama Gerart et il li en tel guise/c'ainc de folour par lui ne fu requise,/ainz l'ama de si bone amour/que mieuz de li guarda s'onnour./Et joie atent Gerars."(I, vv. 1-6.) 현대 프랑스어 번역은 다음과 같다: "Belle Isabeau, jeune fille bien élevée,/aimait Gérard et en était aimée de telle manière/que jamais il ne lui fit de propositions déshonnêtes,/mais qu'il l'aimait d'un amour si beau/qu'il veillait mieux qu'elle sur son honneur./Et Gérard attend joie."
8. 원문은 다음과 같다: "Son maris voit la folour entreprise:/pour voir cuide la dame morte gise/les son ami. Tant se het et desprise/qu'il pert sa force et sa vigour/et muert de duel en tel errour./Et joie atent Gerars."(XII, vv. 1-6.) 현대 프랑스어 번역은 다음과 같다: "Son mari surprend cette inconduite./Il croit, en vérité, que la dame est étendue morte/près de son ami./Il éprouve pour lui-même tant d'aversion et de mépris/qu'il tombe en faiblesse/et meurt de douleur dans cet égarement./Et Gérard attend sa joie."
9. "Quant vient en mai que l'en dit as lons jors,/Que Franc de France repairent de roi cort,/Reynauz repaire devant, el premier front./Si s'en passa lez lo meis Arembor,/Ainz n'en dengna le chief drecier amont./E, Raynaut amis!(Samuel N. Rosenberg et Hans Tischler, *Chansons des trouvères*, Le Livre de Poche, 1995, pp. 92-95.)
10. "Bele Erembors a la fenestre au jor/Sor ses genolz tient palle de color./Voit Franc de France qui repairent de cort/Et voit Raynaut devant, el premier front./En haut parole si a dit sa raison./E, Raynaut amis!"(Samuel N. Rosenberg et Hans Tischler, *Chansons des trouvères*, Le Livre de Poche, 1995, pp. 92-95.)
11. "«Amis Raynaut, j'ai ja veü cel jor,/Se passissoiz selon mon père tor,/Dolanz fussiez se ne parlasse a vos./- Jal mesfaïstes, fille d'empereor:/Autrui amastes, si obliastes nos.»/E, Raynaut amis!"(Samuel N. Rosenberg et Hans Tischler, *Chansons des

trouvères, Le Livre de Poche, 1995, pp. 92-95.)

12. "Li cuens Raynaut en monta lo degré,/Gros par espaules, greles par lo baudre,/Blond ot lo poil, menu recercelé:/En nule terre n'ot si biau bacheler./Voit l'Erembors, si comence a plorer./E, Raynaut amis!//Li cuens Raynaut est montez en la tor,/Si s'est assis en .I. lit point a flors./Dejoste lui se siet bele Erembors:/Lors recommence lor premières amors./E, Raynaut amis!"(Samuel N. Rosenberg et Hans Tischler, *Chansons des trouvères*, Le Livre de Poche, 1995, pp. 92-95.)
13. 원문은 다음과 같다: "Bele Doette as fenestres se siet,/Lit en un livre, mais au cuer ne l'en tient;/De son ami Doon li resovient/Q'en autres terres est alez tornoier./E or en ai dol!" 아울러 현대 프랑스어 번역은 다음과 같다: "Belle Doette à la croisée s'assied,/Lisant un livre, mais le coeur n'y est pas;/De son ami Doon il lui souvient:/En d'autres terres il est allé combattre./Et j'en ai du chagrin..."
14. 원문은 다음과 같다: "Bele Doette tantost li demanda:/«Ou est mes sires, que ne vi tel pieç'a?»/Cil ot tel duel que de pitié plora;/Bele Doette maintenant se pasma./E or en ai dol!" 현대 프랑스어 번역은 다음과 같다: "Belle Doette d'abord lui demanda:/«Où est mon seigneur, absent depuis longtemps?»/Pris de douleur, il pleura de pitié./Belle Doette tomba évanouie./Et j'en ai du chagrin..."
15. 원문은 다음과 같다: "Bele Doette prist s'abaiie a faire,/Qui est grandë et adés sera maire;/Toz cels et celes vodra dedans atraire/Qui por amor sevent peine et mal traire./E or en ai dol!/Por vostre amor devenrai nonne a l'eglise saint Poul.»" 현대 프랑스어 번역은 다음과 같다: "Belle Doette édifia l'abbaye,/Qui est grande, et toujours s'accroîtra;/Elle y voudra attirer ceux et celles/Qui pour l'amour connaissent mal et peine./Et j'en ai du chagrin.../Pour vous aimer, je serai nonne à l'église de Saint-Paul."
16. 원문은 다음과 같다: "Lou samedi a soir fat la semainne./Gaiete et Oriour, serors germaine,/Main et main vont bagnier a la fontaine./Vante l'ore et li raim crollent,/Ki s'antraimment soweif dorment.//L'anfes Gerairs revient de la cuitainne./S'ait chosit Gaiete sor la fontainne,/Antre ces bras l'ait pris, soueif l'a strainte./Vante l'ore et li raim crollent,/Ki s'antraimment soweif dorment.//«Quant auras, Oriour, de l'ague prise,/Reva toi en arriere, bien seis la ville./Je remainrai Gerairt, ke bien me priset.»/Vante l'ore et li raim crollent,/Ki s'antraimment soweif dorment.//Or s'an vat Oriour, teinte et marrie./Des euls s'an vat plorant, de cuer sospire,/Cant Gaiete sa suer n'anmoinet mie./Vante l'ore et li raim crollent,/Ki s'antraimment

soweif dorment.//«Laise, fait Oriour, com mar fui nee!/J'ai laxiet ma serour an la vallee:/L'anfes Gerairs l'anmoine an sa contree.»/Vante l'ore et li raim crollent,/Ki s'antraimment soweif dorment."(Samuel N. Rosenberg et Hans Tischler, *Chansons des trouvères*, Le Livre de Poche, 1995, pp. 94-97.)

17. 원문은 다음과 같다: "En un vergier, lez une fontenele/Dont clere est l'onde et blanche la gravele,/Siet fille a roi, sa main a sa maxele;/En sospirant son douz ami rapele:/Aé, cuens Guis amis,/La vostre amors me tout solaz et ris." 현대 프랑스어 번역은 다음과 같다: "Dans un verger, auprès d'une fontaine/Dont l'onde est pure et blanc le fin gravier,/Main à la joue, une princesse assise/Invoque en soupirant son tendre ami:/Ah, comte Guy bien-aimé,/Vous aimer m'enlève joie et gaieté."
18. 원문은 다음과 같다: "Ez son ami, qui l'a reconfortee;/Assis se sont soz une ante ramee;/La ot d'amors mainte larme ploree./Aé, cuens Guiz amis,/La vostre amors me tout solaz et ris." 현대 프랑스어 번역은 다음과 같다: "Voici son ami qui l'a consolée;/Ils se sont assis sous branche et rameaux;/Là par amour fut versée mainte larme./Ah, comte Guy bien-aimé,/Vous aimer m'enlève joie et gaieté..."

{제3장}

장 보델

나병 시인의 고별시

책을 손에 든 장 보델
(13세기 삽화)

장 보델과 고별시의 배경

12세기 말–13세기, 아라스(Arras)는 북프랑스에서 으뜸가는 도시였고, 오일어 문학이 가장 성행하던 중심지였다. 아라스 출신 작가들 가운데 장 보델(Jean Bodel)은 '고별시(告別詩)'라는 새로운 장르를 만들고 확립하는 데 큰 역할을 했다는 점에서 우선 주목을 끈다. 장 보델은 대략 1165년 무렵 태어나 13세기 초, 보다 정확히는 1209-1210년 사이에 사망한 것으로 추측된다. 장 보델이 남긴 한 편의 극작품은 오늘날까지 전해지는 극작품들 가운데 가장 오래된 것으로 꼽히며, 그가 남긴 작품들은 극작품과 시뿐만 아니라 무훈시, 파블리오 등에 걸쳐 다양하다. 물론 장 보델이라는 작가의 이름은 당시의 이야기들을 크게 세 가지 특징으로 구별했던 『색슨족의 노래』(*Chanson des Saisnes*)의 한 대목으로 더 유명한 것이 사실이다.

사람들 기대하는 것은 세 가지 제재뿐,

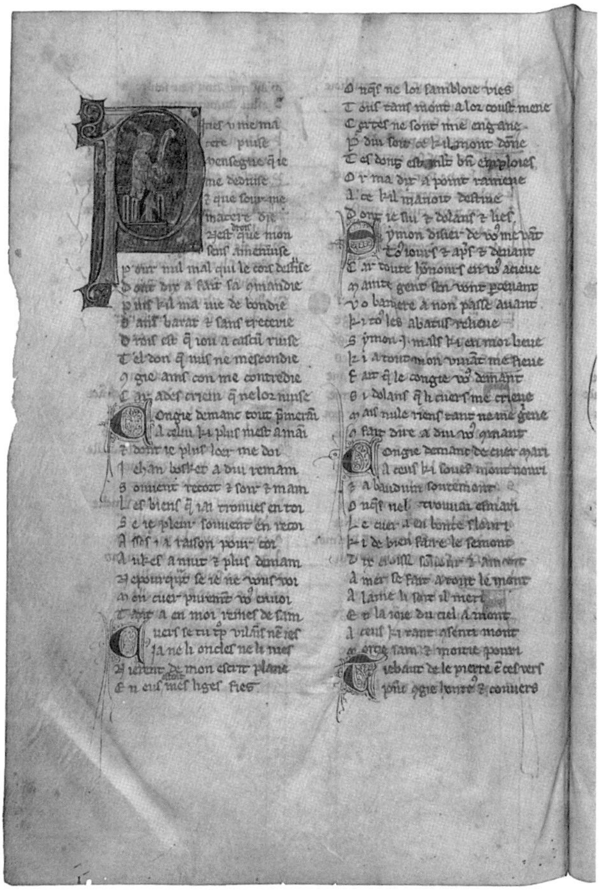

고별시의 시작 부분
(BN, Ms. 25566)

프랑스, 브르타뉴 그리고 로마.

이 세 가지 제재들은 서로 차별화되는 것,

브르타뉴 제재의 이야기들은 비현실적이나 마음을 매혹시키는 것

로마를 제재로 삼은 이야기들은 지혜가 넘치고 교훈적인 것

프랑스 제재의 이야기들, 그것은 늘 그렇듯 진실한 것.[1]

총 540행, 즉 12행으로 이루어진 전체 마흔다섯 개의 시연으로 구성된 작품인 장 보델의 『고별시』는 형식적인 면에서 과거 엘리낭 드 프루아드몽(Hélinand de Froidmont)의 『죽음의 시』(*Vers de la Mort*)와 닮아 있다. 엘리낭 프루아드몽이 택한 형식은 후일 종교적인 작품들 혹은 교훈적인 작품들에서 널리 사용되게 되며, 이런 맥락에서 장 보델이 12음절의 장중한 구조를 택한 의도들을 짐작해볼 수 있다.[2] 필경 장 보델은 『죽음의 시』를 연상시킴으로써, 그가 고별을 행하는 인물들이 그를 동정하고 그에게 너그러움을 베풀어줄 것을 청하고자 했던 것으로 보인다.[3]

그러나 전통적인 시에서 그려지듯, 추상화된 죽음의 이미지를 강조하거나 의인화된 죽음의 면모를 흩뿌리는 대신, 장 보델은 더할 수 없이 '개인적'이고 '주관적'인 자신의 죽음을 부각시킨다. 일례로, 14세기 시인 외스타슈 데샹이 지난날 명성 드높던 성서의 인물들과 위인들, 이를테면 다윗 왕, 헷 사람 우리야, 여러 무훈시의 주인공들, 1차 십자군 원정에 참가했던 인물들, 예리고를 점령했던 여호수아 등의 이름을 거명하며, 시간의 무상함과 피할 수 없는 죽음을 아래와 같이 노래했던 것과는 달리,

> 전사 다윗은 어디 있는가
> 유다 마카베오와 우리야는,
> 샤를마뉴와 롤랑은 어디에 있는가,
> 시리아에 머물렀던 고드프루아는,
> 보두앵과 그들의 기사단은,
> 여호수아, 다리우스 왕, 아서 왕

그리고 사라센인들과 유다인들, 기독교인들
대부분을 정복했던 이들은 어디에 있는가?[4]

장 보델은 과거의 부귀와 영화(榮華), 위업(偉業)을 이야기하며 '만인 평등'의 죽음을 강조함으로써 죽음을 일반화하던 방식과는 달리, 미약한 한 개인의 고통, 스스로의 죽음을 가감없이 밝힌다. 장 보델은 『고별시』의 첫 대목에서부터 나병(癩病)에 걸린 자신의 모습을 암시하며, 한 순간 모두에게 거부당한 자, 신에게 버림받은 자가 된 자신의 절망과 고통을 비통하게 이야기한다.

개인의 목소리로 표출되는 고통

장 보델은 스스로의 불행과 절망을 은폐하는 대신, 자신의 쓰라린 상처들을 하나하나 보여줌으로써, 정식화된 감정에서 탈피한 새로운 '시적 주관성'을 표출하게 된다.[5]

고뇌, 내 영감의 원천(源泉)이여
근심에서 내가 벗어날 수 있도록 알려다오,
내가 처한 상황을 말함으로써
내 분별력이 떨어졌다 말하는 것은 온당치 않네
비록 어떤 병이 내 육체를 무너뜨리고 있으나,
신의 의지에 의거하여.
그 분이 내게 물러날 것을 크게 알리시니,

속임수나 술책을 부림 없이,
나 저마다에게 청해야만 될 것이라,
분명 그들이 내게서 거부하지 않을 그런 선물,
고별을, 사람들이 내게서 금하기 전에,
왜냐하면 이제 나, 그들에게 해를 입힐 것이 염려되기에.[6]

장 보델은 『고별시』의 시작 부분에서부터 자신의 난제 하나를 가감 없이 드러낸다. 가장 먼저 사용된 시어인 '고뇌'는 나병으로 인한 절망과 괴로움, 스스로 자신에 대해 갖는 연민뿐만 아니라 다른 이들이 그에게 보일 연민을 의미한다. 이 '고뇌'가 한 편의 시를 쓰게 만드는 동시에 시의 내용이 되며, 시인은 자신의 끔찍한 병을 말하는 것 외에는 다른 소재가 없다. 또 고통을 가중시키는 걱정과 두려움에서 시인은 위안을 찾아야만 하는 난처한 입장에 놓인다. 감추고 싶은 병을 다른 이들에게 알려야만 한 편의 시가 만들어지고, 그 시를 통해서만 위로를 구할 수 있는 모순적인 처지로 인해, 시인은 '추(醜)'한 것에서 감동을 주는 한 편의 시를 만들어내야 하는 난제를 떠안게 된다.

'나병'이라는 특별한 계기를 통해 만들어진 장 보델의 『고별시』는 그동안 자신이 살아왔던 익숙한 공간, 삶의 터전을 떠나기 전에 지인들과 벗들에게 작별을 행하기 위해 만들어진 것이며, 자신에게 너그러움을 또 연민과 사랑을 베풀어주었던 사람들에게 감사를 표하기 위한 데 목적이 있다. 그러나 이렇듯 표면적인 정황과 의도 뒤에는 보다 개인적이고 은밀한 소망들이 존재한다. 나병으로 인해 가시화된 죽음에 대한 성찰들, 일체의 예고없이 찾아온 비극인 만큼 더 비극적인 삶에 대한 숙고, 죽음 이후의 구원에 대한 기대가 바로 그것이다.

장 보델은 한 편의 시를 통해 자신의 불행을 위로하고 그의 속죄를 증거할 수 있는 방법을 찾으려 모색하며, 나아가 죽음 이후의 소생을 희구하는 것이다.

장 보델은 제4차 십자군 원정에 참가하려던 그때 자신이 나병에 걸린 것을 알게 된다. 오늘날과는 달리, 중세인들에게 나병은 지극히 두려운 질병이자 하늘이 내린 형벌이었고 마치 카인의 그것처럼 단죄(斷罪)받은 자에게 찍힌 징표(徵標)와 다르지 않았다. 성경의 '부자와 라자로의 비유'에 등장하는 인물이었던 라자로는 중세의 경우 나병 환자의 전형으로 받아들여지곤 했다.[7] 많은 중세 문학 작품들이 나병 환자를 세상에서 가장 추악한 존재로 그리곤 했고, 이들에 대해 강한 거부감을 표출했던 것이 사실이다.[8] 이를 증거하듯, 유명한 '트리스탕과 이죄' 전설에서는 왕비 이죄를 화형시키는 것보다 나병 환자들의 성적 소유물로 넘기는 것이 더 큰 고통을 줄 것이라는 점이 이야기되기도 한다.[9] 하지만 나병에 대한 극도의 거부감이 단지 나병 환자가 사회에서 축출되어야만 하는 존재였기 때문에, 또 그들의 육신이 산 채로 썩어 들어가고 사지의 일부가 떨어져나가고 뒤틀리기 때문만은 아니었다. 나병에 대한 전적인 거부감과 혐오는 바로 나병이 병자 본인의 죄 혹은 그의 부모의 죄와 연관된 것이라는 인식이 팽배했기 때문이며, 나병은 이러한 죄에 대한 신의 심판이자 처벌이라 생각되었던 것이다.

이런 맥락에서, 아라스를 떠나 인근의 나환자 요양소로 가야만 했을 때, 장 보델을 가장 괴롭힌 것은 바로 자신이 혐오스런 존재이자 배척받는 자가 되었다는 인식이었고, 이러한 '수치스러움'은 『고별시』에서 거듭해서 이야기된다. 그와 가장 가까웠던 이들 가운데 한 명인 장 보셰(Jehan Boschet)라는 인물을 떠올리면서, 장 보델은 이렇게 이야기한다.

> 나, 밤에도 낮에도 울면서 회상하니
> 그대에게서 내가 찾았던 미덕들을.
> 만약 내가 종종 숨은 채로 눈물을 떨구었다면
> 내가 그렇게 했던 이유 많으니
> 오늘은 조금 또 내일은 더 많이.
> 비록 내가 그대를 만날 수 없지만
> 나 그대에게 오직 내 마음을 보내니,
> 그것이 온전히 내게 남은 전부인 까닭.[10]

'절반은 건강하고 절반은 상한' 시인의 처지,[11] 나병에 걸린 환자들은 이제 격리된 "변두리를 벗어날 수 없으며" 사회에서 축출당한다.[12] 수치심에 의해 나병 환자들이 사람들의 왕래가 많은 큰 길이 아닌 우회로나 인적이 드문 작은 길을 택하는 것처럼, 다른 이들도 나병 환자를 피하려 애쓴다. 또 장 보델이 맛보는 수치 역시 이중의 고통을 부과한다. 정든 이들과 떨어져 격리되는 것에서 오는 수치 한편에는 이제 그에게 적대적이 되어버린 세상에 남고 싶은 욕망 그리고 그로 인한 좌절의 수치가 중첩된다.

> 티보 드 라 피에르여, 이 대목으로
> 그대에게 작별을 알리오, 수치스럽게 또 은밀하게,
> 운명이 쓰러뜨린 자가 되어서.

이제 세상은 내게 그처럼 적대적이니
나는 지름길로나 감히 갈 수 있을 따름.
나를 의기소침하게 만드는 것 비참함이 아니니,
나는 내 병을 완전히 잊어버리고, 그것을 대수롭지 않게 여기오.
그런데 비참함은 수치 안에 있는 것,
모든 사람들에게 알려져 공공연한 사실이 되는 것.
그렇기에 만유를 주재하시는 신께서
이를 내 보속(補贖)으로 받아주시기를,
그도 그럴 것이 두 개의 지옥, 그것은 내게 너무 지나칠 터이기에.[13]

하지만 장 보델은 자신에게 찾아온 전별과 나름없는 나병, 신의 의도에 따라 그에게 가해진 이렇듯 고통스러운 불행이 그가 속죄하기를 바라는 신의 의지의 발현인지 아닌지를 분명히 인식하지 못하고 혼란스러워한다. 시인은 이 끔찍한 고통이 사후의 그의 행복을 예고하는 기별이 될 수 있기를 희망한다. 그렇기에 자신을 허무는 나병이 또 그로 인한 수치가 자신의 죄를 보속하는 것으로 받아들여지기를 신께 간청한다. 문자 그대로의 의미에서는 상처와 다르지 않은 병을 의미하는 동시에 '천국'(paradis)과 반대되는 영벌의 공간인 '지옥'을 뜻하는 72행의 'enfers'라는 말에서도 암시되듯, 바로 이 지점에서 시인의 수치가 회심과 속죄와 연결되는 고리가 만들어진다.[14]

신 앞에 선 인간

이제 장 보델이 의지할 곳은 공의(公義)로우신 신 외에는 없다.

> […] 좋든 싫든 간에
> 내가 물러나는 것이 옳으리라,
> 내 처지 악화일로인 이 세상에서,
> 신이 이 곳에서 내가 안식을 누리는 것 허락하지 않으니.
> 병, 감염, 그리고 상처,
> 그 분이 내게 이것들을 주신 것은 육신의 경멸을 위함이니.
> 이제 자갈이 깔린 길을 지켜볼 따름
> 내 심중에 두려움과 슬픔 존재하지만,[15]

병으로 인한 육체의 쇠약으로 인한 것이든 아니면 두려움과 수치심으로 인해서이든 간에, 움직일 수 없는 병자가 외부 세계와 접할 수 있는 계기는 오직 창문을 통해 외부를 바라볼 때뿐이다. 장 보델은 자신이 감히 집밖으로 나가지 못하고 그저 외부를 바라볼 뿐이라는 점을 강조하며, 나병이 '육신의 경멸'을 명하는 신의 처분임을 힘주어 말한다. '육신의 경멸'은 전통적으로 이 지상의 모든 것이 무용하고 허망한 것임을 말하곤 했던 이른바 '헛되고 헛되도다!'라는 말의 연장선에서 이해될 수 있으며, 비극적인 운명을 받아들이고 이제 신께 회귀하겠다는 단순한 표명일 수도 있다. 다만 이제 소외된 시인이 가질 수 있는 희망이 죽음 이후의 '저 세상'에 대한 그것뿐이라는 점은 부정할 수 없으며, 그렇기에 시인은 지금의 고통을 받아들이고 인내

함으로써 천국에서의 안식을 바랄 수밖에 없다.

죽음이여, 영혼은 그대 거울에 비추어보니,
제 모습을, 육신을 벗어날 때,
또 그대의 책에 분명히 적힌 것을 보니,
신을 기쁘게 하기 위해, 우리가 응당 택해야 함을,
육체의 쾌락에 견주어본다면
지극히 고통스러운 삶을.
내 벗들에게 말하라, 선택된 자 모두,
천국에 자신의 자리를 마련한 이들 전부
고통과 순교의 괴로움을 감내했어라.[16]

과거 엘리낭 프루아드몽의 『죽음의 시』가 전반적으로 현세를 경멸한 것과는 조금 다르게, 보다 은밀하고 주관적인 방식으로 장 보델은 '현세(現世)에 대한 경멸'(contemptus mudi)을 표출한다. 장 보델의 시에서는 어떤 일반화된 설교도 행해지지 않으며 어떤 직접적인 훈화(訓話)도 나타나지 않는다. 대신 모든 이야기는 시인이 직접 체험한 사실에 바탕을 둔다.[17] 일례로 "그것은 내가 식사를 같이 할 수 없기 때문/건강한 이들 사이에서, 왜냐하면 나는 나병에 걸렸기에" 등의 구절을 통해,[18] 장 보델은 축출될 수밖에 없는 그의 입장뿐만 아니라 머지않아 찾아올 죽음에 대해 생각을 거듭하며, 그 과정에서 고통은 커져만 간다.

풍성한 이삭에서 빈 지푸라기 되었구나

그러나 한탄할 것 그처럼 많아라,
괴로움 속에서, 어떤 사람도 나와 비견될 수 없을 만큼,
그리고 그 어떤 것도 내 고통을 능가하지 못할 정도로,
나를 낙담시키고 정신을 혼란스럽게 만든
신이 내게 과하신 고통,
그 전부를 재차 상기하고 되풀이해 말한다면 말이다.
하지만 불행은 연달아 오는 법이니.[19]

'모든 즐거움에서 멀어진' 상태에서 "그렇듯 오래 숨겨왔던 병"이 '손가락질 받을 때',[20] 망설임 속에서 시달리던 시인은 다시 결단을 내리게 된다.

그리고 수치가 나를 좀먹고 소진시키니,
내가 그렇듯 두려워하던 그것,
수치는 내게 유예를 권유하나
나는 스스로 그렇게 하는 것을 거부하리.
저 밖으로 쫓겨나는 것보다 내가 떠나는 것이 더 나으니.[21]

장 보델은 이윽고 직접 자신의 이름을 밝히면서 "신께서 깃털 침대에서 짚더미로 옮겨놓은/장 보델 측에서 보내는"[22] 인사를 벗에게 전한다.[23] 그러나 바로 그 순간, 자신보다 먼저 사회에서 축출되어 나병 요양소로 발걸음을 옮겼던 사람들에 대한 생각이 그의 뇌리를 스친다.[24] 또 "신께서 나를 그물에 빠뜨리셨으니/어느 누구도 피할 수 없는 그런 병에,/그 분께서 표적을 정면에서 치셨을 때"[25]라는 한탄에

서 짐작되듯, 그의 뇌리에서 여전히 떠나지 않는 한 가시는 바로 그가 "가진 것이 괴로움, 고통, 상실/또 나와 전쟁을 치루는 병 하나"라는 부정할 수 없는 사실이다.[26] 시인은 자신이 불가피하게 고별을 행해야만 한다는 점을 반복해서 알리며, 작별을 고해야만 하는 장 보델의 입장은 재차 '고별시'를 계속해서 이어가는 것으로 귀결된다.[27] 이러한 심경을 보여주듯, 장 보델은 스스로 출발을 서두르는 것 같은 모습을 되풀이해서 보여준다.

> 나를 짓누르고 생기없이 만드는 고통아,
> 보드 기스트르나브를 향해 가거라,
> 나를 대신해 그에게 고별을 청하라
> 그것은 아무리 상한 고깃덩이를 경계한들,
> 어느 누구도 건강하게 되돌아올 수 없는,
> 그런 전투에 임할 차비를 내가 해야 하기 때문.
> 또 속죄하는 삶을 살기를,
> 그리고 내 운명 고약한 모습을 취하기를,
> 이성이 내게 권하기 때문이라.
> 스스로를 희생하신 신께 기도하니,
> 이렇듯 큰 고통을 내가 감내할 수 있기를
> 그래서 저 어둠 속에서 나를 위해 빛이 밝아오기를.[28]

그 누구도 '건강하게 돌아올 수 없는 전투'(184-185행)라는 언급을 통해 장 보델은 다시 친숙한 공간과 삶으로 회귀하는 것이 불가능하다는 점을 스스로 확언한다. 그렇기에 시인은 자신의 '큰 고통을 보속으로 삼아 죽음의 칠흑(漆黑) 같은 어두움을 벗어날 수 있기를, 그래서 신이 주는 광명(光明)을 향해 나아갈 수 있는 힘을 얻기를' 바란다.[29]

겨울에 나는 꽃을 피우고
또 여름에는 서리에 덮인다
이렇게 시간을 거슬러 소생한다.
하지만 신께서 나를 두고 기교를 행하셨으니
살레르노의 의사들 모두
이 고통을 누그러뜨리지 못하는 지경이라.[30]

시인이 끊임없이 모순어법과 비유들을 활용하는 것은 단순히 시적 문체에 어울리는 기교를 부리기 위해서가 아니다. 이러한 비유들은 참을 수 없을 정도인 두려움과 공포를 에둘러 완곡하게 드러내는 것에 그치지 않으며, 그 끔찍한 실상을 간접적으로 암시하고 시인의 의도를 시사하는 역할을 수행한다.[31] 이러한 과정에서 특정 나환자의 경우 '눈처럼 빛나는 흰 반점'이 온 몸의 피부를 뒤덮게 되는 현상을 '서리'에 비유하는 198행의 시어 'rime'에 주목할 필요가 있다. 시의 '운(韻)'을 연상시키는 'rime'라는 말을 통해, 장 보델은 자신이 지금 실천하고 있는 글쓰기인 『고별시』의 작성을 나병 환자의 고통과 함께 떠올리게 함으로써, 고통과 글쓰기를 한데 연결시키는 동시에 '고통의 글쓰기'를 실천한다. 아울러 199행에서 이야기되는 '거꾸로 된 시간의 흐름'은 순간 새봄에 이루어지는 만물의 소생을 떠올리게 하며,[32] 앞선 53행에서 "내 마음 미덕으로 꽃을 피웠으니"라고 밝혔던 것과 어우러져,[33] 겨울의 꽃이 고통을 통해 순화된 마음의 개화로 이

어질 수 있다는 점을 표명한다.[34]

신께서는 선한 순례자를 알아보시니
내 영혼에 도움을 주시기를,
이는 내 육신 이미 널판 위에 놓여 있기 때문이라![35]

악화되는 병의 징후들, 그리고 다가오는 죽음은 어느 순간 장 보델을 '살아 있건만 이미 죽은 자에게 소용되는 널판' 위에 누워 있게 만들며, 삶과 죽음의 혼재는 그의 생각을 '영혼'에 대한 논의로 이끌게 된다.

이제 내 불행한 처지를 달래줄
어떠한 동정도 내가 기대할 수 없네
또한 내 고통을 위무해줄
어떠한 신의 중재도.
그 대신 육체에 이러한 벌을 내리시어
이로써 내 영혼이 빚을 청산할 수 있게 되기를.[36]

이제 장 보델은 비교적 이른 시기부터 교회가 표방했던 나병에 대한 다른 관점 하나에 의지하는 것처럼 보인다. 성서의 「이사야서」(53, 3-4, 10)에서 다음과 같이 말하듯,

사람들에게 멸시받고 배척당한 그는 고통의 사람, 병고에 익숙한 이였다. 남들이 그를 보고 얼굴을 가릴 만큼 그는 멸시만 받았으며

우리도 그를 대수롭지 않게 여겼다.

그렇지만 그는 우리의 병고를 메고 갔으며 우리의 고통을 짊어졌다. 그런데 우리는 그를 벌 받은 자, 하느님께 매맞은 자, 천대받은 자로 여겼다. […]

그러나 그를 으스러뜨리고자 하신 것은 주님의 뜻이었고 그분께서 그를 병고에 시달리게 하셨다. 그가 자신을 속죄 제물로 내놓으면 그는 후손을 보며 오래 살고 그를 통하여 주님의 뜻이 이루어지리라.

이제 시인은 나병이 천형(天刑)이 아닌 신의 은총(恩寵)이며 특별한 선물이라는 입장, 나병이 구원받을 수 있는 존재에게 부과된 징표라는 표명에 한 발 더 가까이 가게 된다.[37] 그러나 장 보델도 인식하고 있었던 것처럼, 자신이 나병에 걸렸다는 사실 하나만으로 신의 은총이 나아가 영혼의 구원이 확실히 보장되는 것은 아니었다. 지상에서 그가 겪는 육신의 고통이 아무리 극심하다 한들, 이것이 자신의 영혼의 구원과 천국에서의 안식을 위한 통행증이 될 수는 없었음을 시인도 잘 알고 있다. 그렇기에 그는 용기를 내서 신께 '이러한 고통을 통해 그의 영혼의 빚을 탕감해줄 것을' 애원한다.

이제 이승에서 내가 할 일은 전혀 없으니
차라리 뒤로 물러나는 것이 온당하리라.
[…]
그러나 내 육체에는 혹독하고 쓰라린 삶을
전적으로 기쁘게 받아들여야 하리니,
영혼을 정화하고 순결한 것으로 만들기 위해,

당연히 육신을 새로 만들어야 하기에.[38]

시인이 간절히 소망하는 것은 견디기 어려운 고통과 괴로움을 완화시키는 것이 아니다. 그는 이와 반대로 이렇듯 커다란 고통과 참기 어려운 수치가 진정 신이 부과한 벌이자 자신의 속죄라는 점을 확신하고자 애쓴다. 문자 그대로의 의미에서 또 비유적인 의미에서 육신을 철저히 부수는 나병의 고통, 그리고 그로 인한 감내하기 힘든 수치가 진정 신이 그에게서 바라는 보속이 될 때, 비로소 그의 영혼은 안식을 보장하는 신의 구원을 얻게 되고, 저 세상에서 새로운 육신을 얻게 되기 때문이다. 아울러 비록 명백히 표현되지는 않지만, '자신의 부재로 말미암아 아라스에는 침묵이 감돌 것'이라는 점을 언급하는 대목에서 짐작되듯,[39] 장 보델은 자신의 시인으로서의 역량에 대해서도 큰 자긍심을 갖고 있었으며, 그의 시가 곧바로 망각되는 작별 인사가 아니라 많은 이들의 기억과 마음에 오랜 시간 동안 남을 그런 시가 되기를 원했던 것으로 보인다. 그리고 바로 이러한 측면에서, 나병에 걸려 산 채로 썩어가는 시인의 몸, 형언할 수 없는 고통과 비참한 수치에서 끌어 올린 말들이 또 하나의 새로운 육신인 한 편의 시를 만들어낸다는 사실은 의미심장하다.[40]

그러나 정든 공간에 머무르는 것과 미지의 공간으로 떠나는 것 사이에서 야기되는 번민과 망설임이 완전히 소멸된 것은 결코 아니다.

이 세상 나를 배척하고 말로 공격하는구나,
내가 그리도 사랑하곤 했으나.
나를 환대하는 데 이 세상은 더 이상 신경쓰지 않아라.[41]

그렇기에 장 보델은 영혼의 순화, 새로운 육신의 탄생 등을 말하면서도, 여전히 세상에 대한 사랑과 증오 사이를 왕래한다. 이윽고 자신의 몸은 병들었으나 그의 마음, 그의 영혼은 변함없이 순결하다는 점을 자기 자신에게 또 다른 이들에게 납득시키기 위해 시인은 『고별시』를 다시 이어나간다.[42]

그대가 정중하다는 것을 나 잘 알고 있기에
마지막 노래를 내가 부르는 것이
그대를 슬프게 한다는 점을 나 잘 알고 있다네.
하지만 이끌어낼 수 있다면, 비록 고통이야 없지 않겠지만,
병든 육신으로부터 건강한 말을,
내 분별력을 밝히는 것이 온당하리라.
바로 지금 샘물 솟구치니
내 마음과 나를 다스리는 병은
동일한 종류의 것이 아니라네.[43]

쉬지 않고 반복되는 나병 환자의 비극적인 처지가 무분별한 또 어찌할 수 없는 한탄의 과도한 분출에 그치는 것은 결코 아니다. 또 병든 자신을 전면에 부각시켜 그 비극성을 강조하고 동정을 유발하는 것만을 노리는 것도 아니다. 영원한 작별을 고하는 한 개인의 입장은 단순한 '고통받는 자의 비극'을 넘어 문자 그대로 '문학'의 소재이자 주제가 되며, 이를 통해 새로운 영감과 깊은 서정성의 원천을 시에 제공한다는 점에 주목할 필요가 있다.[44]

장 보델은 '지상의 죽음으로부터 신 안에서의 삶'으로 나아가야 한

다는 점을 말하는 'Sis mortuus mundo, vivens iterum Deo'라는 말을 자신의 입장에서 다시 풀이하기에 이른다.[45] 그 결과 "신에게 한탄하는 사람도 있겠지만, 나는 감사드려야만 한다/그분께서 나에게 죽음의 표지를 주셨으니/그것에서 새로운 삶을 얻을 수 있을"이라는 말로,[46] 시인은 삶과 죽음, 아라스와 격리된 나병 요양소, 인간과 신, 육신과 영혼, 과거와 미래 등 서로 극명하게 대비되던 두 경계를 초월하는 지점에 이르게 된다.[47] 이렇게 그는 마침내 불행 속에서 위로를 구하고 지복을 누리게 된다.

그대의 작별과 함께, 보베르 르 클레르여,
나는 떠나네, 병들어 건강하지 않은 채,
신이 내 벗들 모두를 여기서 보호하시기를!
그대는 내게 충실했고 변함이 없었으니,
그대의 문은 언제나 내게 열려져 있었지,
내가 그대의 음식을 함께 들고자 했다면
신께서 그대에게 그에 대한 값진 보상을 내리시기를,
또한 그의 문이 내게 닫혀져 있지 않은
그런 벌을 내게 주시기를![48]

'소생'의 노래

장 보델은 천국의 문이 이제 그에게도 열릴 것임을 믿는다. 그리고 마침내 신이 그를 치유하고 새로운 삶을 줄 것임을 확신한다. 왜냐하면 지금 이 지상에서 그가 받은 죽음의 표지가 다름 아닌 구원의 증표이자 소생의 증거임을 마침내 알게 되었기 때문이다.

> 내 기쁨을 무너뜨리는 고통이여,
> 나를 떠나 알롬 피에다르장에게로 가거라
> 가거라, 그에게 나의 인사를 다시 전해다오,
> 이는 나 떠나가야만 하며
> 또 모든 기쁨을 포기해야만 하기에,
> 지금까지 나의 자양분이 되어주었던 그것을.
> 그러나 이 비참함 나를 풍요롭게 만드니
> 그것은 신께서 되살려주신다는 것을 나 잘 알고 있기 때문이라,
> 이러한 병마와의 전투를 은총으로 여기는 자를.
> 이제 바라노니, 나의 분별력이 깨어나기를,
> 나의 마음 열리기를, 또 나의 육신의 두 눈 감기를.
> 그것은 어두움 내렸지만 나를 위해 날이 밝아오기 때문이니.[49]

자신에게 느닷없이 찾아든 나병에 지금껏 고통스러워하던 그는, 비유하자면 앞을 보지 못하는 장님과 같은 처지였다. 그러나 이제 인식의 순간 이후, 그는 육신의 두 눈을 감음으로써 비로소 마음과 정신의 눈이 열리는 것을 깨닫게 된다. 또 자신 앞에 영원한 구원의 빛이 빛나게 될 것을 굳게 확신하게 된다. '한쪽 눈을 잃고 또 다른 욥(Job)의 처지가 된 시인 뤼트뵈프(Rutebeuf)가 어디로 가야 할지를 알지 못한 채 방황을 거듭하다'가 마침내 내면의 눈이 열려 진실을 파악하게 되는 것처럼,[50] 절망적인 고통의 늪에서, 모든 것을 잃은 상태에서 만

들어진 작별의 노래는 장 보델에게 소생에 대한 강한 기대감을 주게 된다. 다만 그럼에도 불구하고 인간적인 미망(迷妄) 일체에서 시인이 벗어난 것은 아니다. 시간의 흐름에도 불구하고 변함없이 옛사랑의 추억에 사로잡혀 괴로워하며 아폴리네르(Guillaume Apollinaire)가 「미라보 다리」에서 노래하듯,

미라보 다리 아래 센 강이 흐른다
우리 사랑을 나는 다시
되새겨야만 하는가
기쁨은 언제나 슬픔 뒤에 왔었지

밤이 와도 종이 울려도
세월은 가고 나는 남는다[51]

혹은 15세기 시인 프랑수아 비용(F. Villon)이 어느 발라드에서 탄식하듯,

나는 샘물 곁에서 목마름에 죽어가고,
불처럼 뜨겁지만 이를 부딪치며 떨고,
내 나라에 있으나, 먼 이역에 있는 것 같고,
잉걸불 근처에서, 불타오르며 몸을 떨고,
한 마리 벌레처럼 벌거벗었으면서, 재판장처럼 성장(盛裝)하고,
눈물 속에 웃으며, 희망없이 기다리고,
비통한 절망에서 위안을 구하고,

기뻐하면서도 아무런 즐거움도 갖지 못하고,
강력하나 힘도 권력도 없고,
환영 받으며, 저마다에게 배척당한다.[52]

장 보델은 다음과 같이 말한다.

나를 엄습(掩襲)하는 이중의 생각
내 마음에 즐거움과 괴로움을 만드네.
나 웃고 한숨지으며, 노래하며 눈물을 흘리네.
내가 분별하기에 또 내가 생각하기에,
나는 바닥과 위에 동시에 자리잡고 있구나.
육신은 가지만, 영혼은 남아 있으니
이렇게 나는 남아 있고, 이렇게 나는 떠나네.[53]

마침내 "이 삶의 끝에서",[54] 시인은 최후의 인사를 다음과 같이 알린다.

신이여, 당신에게 저들 모두를 의탁드리오니
한꺼번에, 저들 각자의 이름을 들지 않고서,
그것은 내가 누구에게도 한탄할 것이 없고,
반대로, 당연히 그렇게 해야 하듯, 나 저들을 칭송해 마지않기에.
저들에게서 나 멀어져야만 하고,
내 마음 지극히 고통스러워도,
나는 들어갈 수밖에 없으니,

더없이 고통스러운 저 무리 안으로.
신이 그 곳에서 내가 견딜 수 있게 해주시기를,
내 육신을 부수는 저 병을,
내가 도달할 수 있게 해주시기를
기꺼이 받아들임으로써 신에게 영혼을 바치는 데에.[55]

일순간 시를 주재하는 중심 기제처럼 등장했던 '죽음'에 대한 생각은 어느덧 자취를 감추고 사라진다. 『고별시』의 마지막 부분에 이르면, 죽음은 비극적인 결말이자 달아날 길 없는 막다른 골목처럼 그려지지 않는다. 『고별시』의 마지막 대목에 오면, 시인이 신에게 바라는 것과 신이 장 보델에게 원하는 바가 하나가 된다. 고통 속에서, 그리고 고통을 통해, 나아가 고통을 넘어, 장 보델은 마침내 개심(改心)한 자가 되어 영혼을 신께 의탁하게 되는 것이다. 그가 남긴 고별의 인사는 신 앞에서 다시 태어날 수 있는 계기의 순간을 만들어내며, 정형화된 틀을 벗어나 새로운 영감으로 한 개인을 문학의 대상이자 시의 주제로 삼는 전기를 마련한다.

{주} ....

1. "Ne sont que .iij. matieres a nul home antandant:/De France et de Bretaigne et de Romme la grant;/Et de ces .iij. matieres n'i a nule samblant./Li conte de Bretaigne sont si vain et plaisant;/Cil de Ronme sont sage et de san aprenant;/Cil de France de voir chascun jor apparant:"(*La chanson des Saxons*, par Jean Bodel, éd. Francisque Michel, Paris, J. Téchener, 1839, t. I, p. 1-2, vv. 6-11.)
2. Christine Jacob-Hugon, *L'Œuvre jongleresque de Jean Bodel. L'art de séduire un public,*

Paris-Bruxelles, De Boeck, 1998, p. 306을 참조.

3. C. Deschepper, "La Lèpre des Congés. Naissance, stabilité et dégénérescence du genre", *Les Lettres Romanes*, LV, nº 1-2, 2001, p. 10을 참조.
4. "Ou est David le combatant,/Judas Machabée et Urie:/Ou est Charlemaine et Rolant,/Godefroy qui fut en Surie,/Baudouin, leur chevalerie,/Josué, Daires et Artus/Et ceuls qui conquirent le plus/Sarrazin, Juif et Crestien?/Ilz sont mis en pouldre et corrups:"(*OEuvres complètes d'Eustache Deschamps*, éd. Marquis de Queux de Saint-Hilaire et Gaston Raynaud, 1878-1903, vol.VIII, p. 149.)
5. 이와 관련해서는 Michel Zink, "Le ladre, de l'exil au royaume. Comparaison entre les Congés de Jean Bodel et ceux de Baude Fastoul", in *Exclus et systèmes d'exclusion dans la littérature et la civilisation médiévale*, Presses universitaires de Provence, 1978, pp. 69-88을 참조.
6. 장 보델의 작품 인용은 *Les congés d'Arras (Jean Bodel, Baude Fastoul, Adam de la Halle)*, éd. Pierre Ruelle, Bruxelles-Paris, Presses universitaires de France, 1965에 의거하며, 이하 CB로 약기한다. 원문은 다음과 같다: "Pitiez, ou ma matere puise,/M'ensaigne k'en ce me deduise/Que je sor ma matere die./N'est drois que mon sens amenuise/Pour nul mal qui le cors destruise,/Dont Diex a fait sa commandie./Puis qu'il m'a joué de bondie,/Sans barat et sans truandie/Est drois que je a chascun ruise/Tel don que nus ne m'escondie,/Congié, ains c'on me contredie,/Car des or criem que ne lor nuise."(I, vv. 1-12.)
7. "어떤 부자가 있었는데, 그는 자주색 옷과 고운 아마포 옷을 입고 날마다 즐겁고 호화롭게 살았다./그의 집 대문 앞에는 라자로라는 가난한 이가 종기투성이 몸으로 누워 있었다./그는 부자의 식탁에서 떨어지는 것으로 배를 채우기를 간절히 바랐다. 그러나 개들까지 와서 그의 종기를 핥곤 하였다."(〈루카 복음〉, 16: 19-21)
8. 이와 관련해서는 F. Bériac, *Histoire des lépreux au Moyen Âge: une société d'exclus*, Paris, Imago, 1988을 참조.
9. *Tristan et Iseut. Les poèmes français. La saga norroise*, éd. Daniel Lacroix et Philippe Walter, Paris, L.G.F., 1989를 참조.
10. "Plorant recor et soir et main/Les biens que j'ai trouvez en toi./Se je plor souvent en requoi,/Assez y a raison pour quoi,/Auques ennuit et plus demain./Neporquant, se je ne vous voi,/Purement mon cuer vous envoi:/Tant a en moi remés de sain."(CB, II, vv. 17-24.)
11. "Moitié sain et moitié porri!"(CB, V, v. 60.)

12. "Remés sui dedens la banliue,"(CB, XXIX, v. 343.)
13. "Thiebaut de la Pierre en ces vers/Pren congié, honteus et couvers/Com cil qui fortune desmonte:/Tant m'est mais li siecles divers/Que n'os aler fors les travers./Nule povretez ne m'effronte,/Tout mon mal oublie et mesconte,/Mais li povretez est el honte/Qui seüs est et descouvers;/Et Diex, qui toute riens sormonte,/En penitance le me conte,/Car trop avroie en deus enfers!"(CB,VI, vv. 61-72.)
14. Michel Zink, *op. cit.*, 1978, pp. 82-83.
15. "[...] quel gré que je en aie,/Me couvient que je me retraie/Dou siecle, ou ma cheance empire,/Que Diex reposer ne m'i laie:/Enferté et poison et plaie/M'a donné pour le cors despire./Or m'estouvra gaitier le pire;/Au cuer en ai dolor et ire,"(CB,VII, vv. 73-81.)
16. "Morz, en cui mireor se mire/L'ame, quant del cors se deschire/Et bien voit en ton livre escrit/Qu'il nos covient por Dieu eslire/Cele vie qui est la pire/Ont fait en paradis lor lit/Por sofrir doleur et martire."(*Les vers de la mort par Hélinant, moine de Froidmont*, éd. Fr. Wulff et Em. Walberg, Paris, Firmin Didot, 1905, XI, vv. 1-9.)
17. J.-C. Payen, "L'aveu pudique de l'écriture dans les Congés de Jean Bodel ou le charme discret de la bourgeoisie en face du malheur et de la pauvreté", in *Mélanges de langue et littérature françaises du Moyen Âge et de la Renaissance offerts à Monsieur Charles Foulon*, Tome I, Rennes, Institut de français, Université de Haute-Bretagne, 1980, p. 273.
18. "Car ne puis mais nape tenir/Entre sains puis que je mesale."(CB,VIII, vv. 95-96.)
19. "De dru fourment en wide esteule/Sui mis, mais trop avroie a plaindre/En tout recorder et refraindre/L'anui dont Diex me fait destraindre,/Qui si m'abaubist et aveule/Que nus ne me porroit ataindre/D'anui, que li miens ne soit graindre;/Mais cui vient une ne vient seule."(CB, XII, vv. 137-144.)
20. "Car de moi est partie toute/Joie, qui m'a sa triue route,/Et de tout son povoir m'acuse/L'enfertés que j'ai tant repuse."(CB, XIII, vv. 148-151.)
21. "Avoec ce m'amenrist et use/Honte, que je tant criem et doute,/Qui m'a recommandé la muse/Dont je meïsmes me refuse:/Miex m'en vient aler c'on m'en boute."(CB, XIII, vv. 152-156.)
22. "Salue par Jehan Bodel,/Cui Diex met de coute a l'estrain."(CB, XIV, vv. 161-162.)
23. 중세 시인들이 흔히 자신의 이름을 밝히지 않을 때면 1인칭 대명사인 '나'(je)를 사용하고, 자신의 이름을 서명할 때면 거의 자동적으로 3인칭 대명사 '그'(il)를 사용했던

것에 비추어본다면, 161행에서 이루어지는 언급은 의식적인 것이라기보다는 무의식적인 표명에 가깝다고 판단된다.

24. "Or me moustrent loire et reclain/Cil de Miaulens et de Biaurain,/Qui tuit sont porri ou fardel."(CB, XIV, vv. 166-168.)
25. "Qui m'a fait cheoir en la nasse/D'un mal de quoi nus ne respasse/Puis que il a plain coup l'ataint."(CB, XXII, vv. 262-264.)
26. "Mais duel et anui et soufraite/Et mal qui avoec me guerroie;"(CB, XV, vv. 177-178.)
27. "Puis que je de l'aler m'esmuef,/N'en doi mie porter l'estuef:/Au congié prendre me racort."(CB, XXXIII, vv. 385-387.)
28. "Anuis, qui me fait mat et morne,/Vers Baude Guistrenave torne:/De ma part congié li demande,/Car d'aler en un ost m'atorne/Dont nus en santé ne retorne,/Tant se gart d'enferme vïande;/Et puis que raisons me conmande/A ceste en vie peneande/Et mes afaires me bestorne,/Cil Diex qui de lui fist offrande/Le me laist endurer si grande/Que en ces tenebres m'ajorne."(CB, XVI, vv. 181-192.)
29. 동일한 기원이 322-324행("Or primes vueil mon sens desclorre,/Le cuer ouvrir et les iex clorre,/Car il m'a'ajorne et si m'anuite.")에서 다시 한 번 반복된다.
30. "Que je floris quant il yverne/Et quant il fait esté je rime;/Ainsi contre poil regaÿme./Mais Diex m'a joué d'un sophisme/Que tuit li mire de Salerne/N'abaisseroient ceste lime,"(CB, XVII, vv. 197-202.)
31. J.-C. Payen, *op. cit.*, p. 274를 참조.
32. L. Rossi, *op. cit.*, p. 314.
33. "Le cuer a en bonté flori,"(CB, V, v. 53.)
34. G. Tanase, "Corps *enferm* et démarche de la parole poétique dans les *Congés* des poètes lépreux", *French Studies*, 68, nº 2, 2014, p. 161.
35. "Diex set qui bons pelerins est,/Qui s'aÿe a l'ame me prest,/Car li cors est sor les gantiers."(CB, XXXVII, vv. 442-444.)
36. "Or n'atent mais nule pitanche/Qui aliege ma mesestance,/Ne ja Diex ne s'en entremete/Que il ceste dolor m'estanche,/Ains doinst au cors tel penitanche/Par quoi l'ame soit fors de dete."(CB, XVIII, vv. 211-216.)
37. "The idea of the leper as specially chosen by God for salvation was propagated primarily by the Church. The disease is early associated with divinity. [...] In 1239, the bisgop of Tournai urged thar the disease is a gift from God."(S. N. Brody, *The Disease of the Soul. Leprosy in Medieval Literature*, Ithaca and London, Cornell University Press,

1974, p. 101.)

38. "Or n'ai mais au siecle que faire/Ains me couvient arriere traire;" [...] Mais tout me doit seoir et plaire/Au cors dure vie et amere/Pour faire l'ame nete et clere:/Aussi est li cors a refaire."(CB, XX, vv. 232-233, 237-240.)
39. "Alés m'en sui; se tu si fais,/Trop seroit Arras assourdis."(CB, XXXV, vv. 413-414.)
40. G.Tanase, *op. cit.*, p. 163을 참조.
41. "Refusé m'a et chalengié/Li mondes, que tant amer sueil;/N'a mais cure de mon acueil;"(CB, XXI, vv. 245-247.)
42. Michel Zink, *op. cit.*, 2015, p. 135.
43. "Tant sai vo maniere courtoise/Que je sai bien que il vous poise/Que j'ai chanté la daerraine;/Mais s'issir puet par nule paine/De cors enferm parole saine,/Dont est drois que mon sens n'acoise./Or primes sourdra la fontaine:/Mes cuers et li maus qui me maine/Ne sont pas fait d'une despoise."(CB, XXIII, vv. 268-276.)
44. J.-C. Payen, *op. cit.*, p. 274.
45. M. Gérard, *op. cit.*, p. 23.
46. "Loer me doi, qui que s'en plaigne,/De Dieu qui ma donné ensaigne/D'une mort dont on puet revivre."(CB, XXIV, vv. 286-288.)
47. M. Gérard, *op. cit.*, p. 24를 참조.
48. "A vo congié, Waubers li Clers,/M'en vois malades et enfers,/Dont Diex tous mes amis deffende!/Entiers m'avez esté et fers,/Onques vos huis ne me fu fers/Se partir voil a vo provende:/Diex bon guerredon vous en rende/Et de moi tel venjance prende/Que li siens huis me soit desfers!"(CB, XXXII, vv. 373-381.)
49. "Anuis, qui ma joie as destruite,/D'Aliaume Pié d'Argent m'acuite:/Va, si le me salue encore,/Car metre m'estuet a la fuite/Et toute joie clamer cuite/Qui m'a norri desi a ore./Mais ceste povretez me dore,/Que je sai bien que Diex restore/Qui en grace prent ceste luite./Or primes vueil mon sens desclorre,/Le cuer ouvrir et les iex clorre,/Car il m'ajorne et si m'anuite."(CB, XXVII, vv. 313-324.)
50. Rutebeuf, *Œuvres complètes*, éd. M. Zink, Paris, LGF, 2001, p. 286, vv. 20-27을 참조.
51. 기욤 아폴리네르, 『알코올』, 황현산 옮김, 열린책들, 2010, p. 52. 원문의 경우, Apollinaire, *Œuvres poétiques*, éd. Marcel Adéma et Michel Décaudin, Paris, Gallimard, 1965, p. 45를 참조.
52. "Je meurs de seuf auprés de la fontaine,/Chault comme feu et tremble dent a dent,/En mon pays suis en terre loingtaine,/Lez ung brasier frissonne tout ardent,/Nu

comme ung ver, vestu en président,/Je riz en pleurs et attens sans espoir,/Confort reprens en triste desespoir,/Je m'esjouys et n'ay plaisir aucun,/Puissant je suis sans force et sans pouoir,/Bien recueully, debouté de chascun."(François Villon, *Œuvres complètes*, éd. J. Cerquiglini-Toulet et L. Tabardet, Paris, Gallimard, 2014.)

53. "Doubles pensers qui me court seure/Joie et doleur en mon cuer neure;/Ri et souspir, et chante et pleure./A mon sens et a mon esgart/Sui je et desouz et deseure:/Li cors s'en va, l'ame demeure;/Ainsi demeure, ainsi m'en part."(CB, XXXVIII, vv. 450-456.)
54. "a ceste definaille,"(CB, XLI, v. 482.)
55. "A Dieu vous vueil tous conmander/Ensamble, sans chascun nonmer,/Car n'i a nul dont je me plaigne,/Ains m'en lo molt et doi loer./De vous me convient eschiuer,/Conment que li cuers m'en destraigne:/Avoec molt diverse conpaigne/M'estuet que je me racompaigne./Or m'i doinst Diex si endurer/Le mal qui le mien cors mehaigne/Que par le prendre en gré ataigne/A Dieu m'ame representer."(CB, XLV, vv. 529-540.)

{제4장}

뤼트뵈프
도시의 시인, 가난의 시학

테오필루스와
악마의 계약

'도시'의 시인

사랑을 노래하는 서정시 대부분은, 매서운 겨울의 추위를 지나 새봄〔新春〕이 오면 이루어지는 만물의 소생에서 자신의 사랑을 떠올리곤 했다. 또 황량한 겨울 정경 속에서도 변함없이 항상 불타오르는 자신의 사랑 표명 등에서 나타나듯, 자연 경관에 대한 묘사에서 출발해 시인의 개인적인 사랑 이야기로 넘어간다.[1] 그러나 이와 달리 뤼트뵈프는 계절의 변화에서 도시에서 살아가는 하층민들의 소소한 삶의 이야기를 떠올린다.

> 거렁뱅이들, 너희 참 꼴이 좋구나
> 나무들 가지에서 잎을 떨어뜨리는데
> 너희들에게는 입을 옷이 없으니
> 엉치가 시리겠구나
> [...]

너희들 신발에는 기름칠할 필요가 없겠구나
발뒤꿈치가 깔창에 다름없으니.
여름에는 검은 파리들이 너희를 괴롭히더니
이제는 너희를 하얀 것들이 괴롭히겠구나.[2]

겨울의 도래는 일자리와 돈을 찾아 그레브 광장을 전전하는 빈곤한 자들의 헐벗은 차림새와 이어지며, 여름의 파리떼가 겨울의 눈발로 바뀌고 계절은 변화해도 곤궁한 자들의 고통과 가난은 늘 그대로 남는다. 그런데 이렇듯 시인이 비아냥거리는 빈곤은 다름 아닌 뤼트뵈프 스스로의 것이기도 하다. 그런데 뤼트뵈프라는 시인은 어떤 인물이었을까? 문학사가 랑송(G. Lanson)은 시인을 이렇게 소개한다.

> 우리는 그에 관해서 조금밖에 아는 것이 없다. 그는 루이 성왕과 같은 시대 사람으로 파리에서 살았다. 정열과 사상이 끊임없이 끓어오르고 있던 이 대도시는 그에게 그의 정신과 영혼을 부여했다. 그는, 많은 경솔함이 거들었고 또 악덕도 조금은 원인이 되어, 평생을 불운에 쫓겼던 가련한 떠돌이 시인이었다. […] 뤼트뵈프는 2세기도 더 전에, 이 비용의 첫 소묘(素描) 같은 것을 제공하고 있는 것 같다.[3]

'개인의 서정을 더없이 직접적으로 토로한 최초의 시인' 가운데 한 사람으로 꼽히는 13세기 시인 뤼트뵈프의 경우, 그의 신원에 대해 우리가 아는 것은 별로 많지 않다. 그는 1285년경에 사망한 것으로 추정되며 대략 60여 편에 가까운 시가 오늘날까지 전해진다. 그의 시는 대부분 상당한 길이의 분량이며, 전해지는 모든 시를 합칠 경우 대략

14,000행 정도의 분량에 이른다. 개인적인 한탄, 당시의 탁발 수도회에 대한 비난과 조롱, 파리 대학 신학부의 세속 교수들을 옹호하는 변론들, 십자군 원정에 대한 독려, 우스꽝스러운 내용의 작품들 등이 그의 작품의 주된 내용이라 할 수 있으나, 당대 및 후대 시인들은 별로 그의 이름과 작품을 거론하지 않았기에 미미한 영향력을 행사했던 시인이라고 할 수 있다. 십자군 원정이나 당시 파리 대학의 소요와 관련된 시들에서, 그가 당시의 유력 인사들과 이런저런 관계를 맺고 있었다는 점을 확인할 수 있으며, 당시 설교에서 상용되던 수사 기법들을 활용하고 성경에 대한 풍부한 지식을 드러낸다는 점에서, 필경 성직자 교육을 받았으리라 여겨지기도 한다.

대부분 시인이 작품 속에서 이야기한 내용에 바탕을 둔 추정이 그의 재구성된 삶의 전부이며, 시인이 여러 차례에 걸쳐 '뤼트뵈프'(Rutebeuf)라는 자신의 이름을 풀이하고 여기서 말장난을 이끌어낸다는 점이 빈번히 부각된다. "사람들 나를 뤼트뵈프라 부르니,/이 이름은 '거친'과 '소'로 만든 것",[4] "그리고 나, 뤼트뵈프라는 이름을 가진,/'거친'과 '소'로 조합된",[5] "거칠게 일하는 자 뤼트뵈프는/제 앞도 못가린다고 이야기들 하겠으니",[6] "뤼트뵈프가 거칠게 운을 지었다면/또 그의 운에 거친 데가 있다면/그렇게 운을 만든 자의 이름에 유의하십시오/거칠게 일하는 자 뤼트뵈프/거친 일을 거칠게 하는 자 […]" 등의 구절을 예로 들 수 있다.[7]

그런데 무엇 때문에 시인은 자신의 별명 혹은 필명인 '뤼트뵈프'를 가지고 말장난을 행했던 것일까? '거친'과 '소'로 이루어진 그의 이름에 대한 풀이가 당대의 독자들에게 어떤 재미를 유발시키곤 했기 때문일 가능성도 배제할 수는 없다. 하지만 이러한 '자기 조롱' 혹은

'자기 비하'는 벗어날 수 없는 운명적인 가난 속에서 몸부림쳐야만 했던 뤼트뵈프의 실상을 그대로 보여주는 것이라는 점에서 눈여겨 볼 필요가 있을 것 같다.

자화상으로 그린 '빈곤'

뤼트뵈프의 실상을 여실히 보여주는 증언이자 아마도 그의 작품 가운데 가장 유명한 시로 꼽히는 것은 바로 스스로의 '가난'을 희화적으로 노래한 「뤼트뵈프의 빈곤」(C'est de la povretei Rutebuef)일 것이다.

어디에서 시작해야할지 저는 모르겠습니다.
그만큼 이야기할 것이 넘쳐납니다
제 빈곤에 대해 말씀드릴 것 같으면
부디 당신께 간청하오니, 프랑스의 고귀한 왕이시여,
제게 약간의 호구지책(糊口之策)을 마련해주십시오
그렇게 하시면 크나큰 자선을 베푸시는 것입니다.
저는 다른 사람들의 재물로 살아왔습니다
그들이 저를 신용해 빌려주었던
이제 누구도 저를 믿고 주지 않으니
그것은 사람들 제가 가난하고 빚진 것을 알기 때문입니다
당신의 경우, 당신께서는 왕국 밖에 계십니다
모든 제 희망 걸었던 당신께서는.[8]

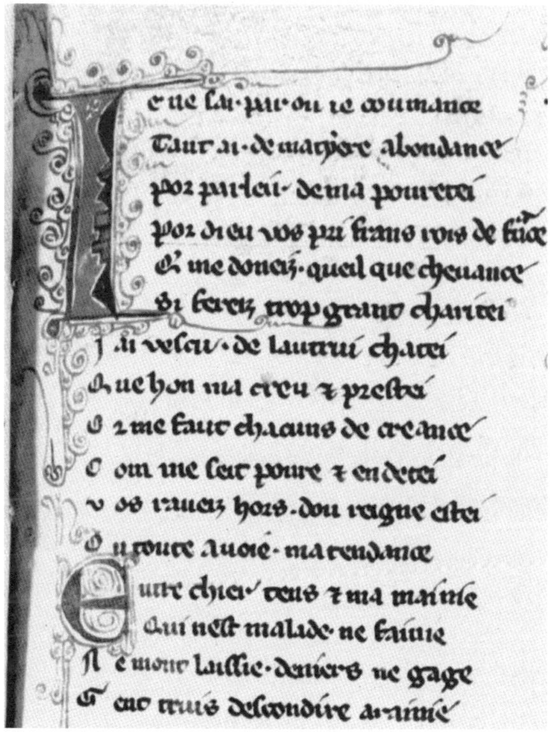

뤼트뵈프의 가난(Povreté Rutebeuf)
(BN, Ms. Français 1635)

어디에서 시작해야 좋을지를 알지 못할 만큼 넘치도록 풍성한 가난의 소재들이 있음을 알리는 말로 자신의 한탄을 시작하면서, 뤼트뵈프는 프랑스의 국왕이 자신에게 남은 유일한 의지처임을 밝힌다. 하지만 다른 이들이 시인을 더는 신용하지 않아 일어난 빈곤함이 관건인 만큼, 프랑스 국왕의 원정과 그로 인한 부재에서 가난한 종글뢰르 뤼트뵈프의 가난과 직접적으로 연관되는 실마리를 찾기는 어렵다. 그러나 일종의 '나비 효과'처럼, 일면 아무런 연관성이 없어 보이는 행위와 결과들이 한 개인의 삶에 어떻게 영향력을 행사하는지를 어렴풋하게나마 시인은 감지하고 있는 것처럼 생각된다.

두 번째 시절에서도 시인의 한탄은 이어진다. 생계를 유지하는 데에는 비싼 돈이 들고, 그의 식구들은 먹는 것은 여전히 잘 먹으면서 결코 병들거나 죽지 않는다. 사람들은 거절하는 데 능란하며, 그렇기에 그가 가진 돈, 그가 돈으로 만들 수 있을 자원들, 저당잡힐 물건들 일체가 말라 고갈될 수밖에 없는 처지에 놓이며, 여기에 죽음도 단단히 일조했음이 덧붙여진다. 죽음은 뤼트뵈프에게 도움을 주었던 후한 이들을 제 수중에 넣어 사라지게 했고, 국왕 역시 두 번의 원정을 통해 시인의 후원자였던 인물들을 그와 멀리 떨어지게 했다. 마지막으로 신을 믿지 않는 저 저주받을 이교도들도 뤼트뵈프의 빈곤에 일익을 담당한다.[9]

시인은 국왕이 도와주지 않으면 모두가 도와주지 않는다는 점을, 국왕이 자신을 버리고 간다면 다른 이들 모두 그리할 것임을 이야기한 뒤, 말장난에 기반한 유명한 '짚단 침대의 삼단논법'을 들어 자신의 곤궁함을 강조한다.

> 저는 추위에 콜록거리며, 허기에 입을 벌립니다,
> 저는 궁핍 속에 있으며, 죽을 지경입니다.
> 저는 덮을 것도 침대도 없습니다,
> 상리스까지, 저보다 가난한 자는 없습니다.
> 폐하, 저는 어디로 가야 할지 모르겠습니다.
> 제 옆구리야 짚단에 이골이 났습니다
> 하지만 짚단 침대가 침대일 수 없을 터

그런데도 제 침대에는 짚단밖에 없습니다.[10]

그리고 마지막 시절에서 일용할 양식인 '빵'을 거론하며 이 세상 모든 부(富)가 축적된 도시 파리의 풍요로움과 자신의 곤궁함을 특정 사도(使徒)의 이름을 빌려 이야기한다.

폐하, 당신께 알려드립니다,
제게는 빵을 얻을 어떤 수단도 없습니다.
파리에, 갖가지 재물들 속에 둘러싸여 있건만,
이 가운데 제 차지가 될 것은 아무것도 없습니다.
잘 볼 수도 없고, 잘 얻을 수도 없기에
다른 어떤 사도들보다도
저는 성 바오로가 더욱더 생각납니다.
'아버지'는 익히 알지만, '우리'는 도무지 모르겠습니다.[11]

뤼트뵈프의 눈에 파리는 더없이 풍요로운 공간이며 모든 재화가 넘쳐나는 곳이지만, 그의 몫이 되는 재물은 하나도 없다. 세상의 중심이자 풍요로운 지복의 처소로서의 파리는 14세기 시인 외스타슈 데샹(Eustache Deschamps)이 쓴 일종의 '도시 찬가'에서는 다음과 같이 기술된 바 있다.

파리는 보는 곳을 능가하는 왕관을 쓴 도시,
지혜와 학문의 샘이자 우물,
센 강 유역에 위치한,

포도밭, 숲들, 평야와 초원 있는 곳.
죽게 마련인 인간 삶의 모든 재물들을 갖고 있으니,
다른 도시들이 갖고 있지 않은 그 이상으로.
낯선 이들 모두가 파리를 사랑하고, 앞으로도 사랑할 거라네,
왜냐하면 기쁨을 얻고 행복해지는 데 있어
이와 같은 도시 결코 [다른 곳에서] 찾을 수 없기 때문이니.
어떤 곳도 파리에 비견될 수는 없네.[12]

그러나 뤼트뵈프가 보기에 이제 파리는 더 이상 '지식과 힘의 이동'('translatio imperii et studii')을 통해 과거의 영화(榮華)를 구현하는 그런 공간이 아니다.

기사도는 그리스에서 유래한다
[그곳에서] 처음 생기니, 지난날
그 다음에 프랑스와 영국으로 왔고,
이곳에서 오랜 시간 영예로움을 누렸다.
이제는 기사도를 충실히 따르는 이 드문 지경
기사도를 유지할 수 있는 이 아무도 없다.
오지에도 샤를마뉴도 죽었다
그들은 사라졌으니, 기사도는 남지 않게 되었다
충성은 분명 죽어 소멸했다.[13]

호구지책으로 삼을 일체의 수단도 방편도 없는 시인이 보기에, 자신에게 도움을 주는 이는 전무하며, 타인의 자비와 사랑에 간청해보

지만 그에게 돌아오는 것은 없다. 그렇기에 시인은 말장난을 통해 '별로 없음'을 의미하는 단어와 동음이의어인 사도의 이름 '바오로'를 거론하며, 주기도문을 패러디하여 사람들이 '우리'라는 말을 망각한 채 타인의 불행에 공감과 배려를 보이지 않는다는 점을, 나아가 아무도 자신을 긍휼히 여기지 않는다는 점을 부각시킨다. 과거 왕후나 영주의 궁정 혹은 성에서 후원자의 비호를 받던 트루바두르들 혹은 메네스트렐(ménestrel)과는 달리, 도시의 가난한 종글뢰르(jongleur)의 처지는 새로운 삶의 공간에서 만들어진 새로운 종류의 가난에 해당하는 만큼 더 비참한 것이기도 했다.[14]

'사랑'의 소멸

뤼트뵈프의 또 다른 작품인 「이 세상 상처들」(Plaies du Monde)이라는 시가 기술하듯, 현세의 고통을 야기한 상처들 가운데 으뜸이 되는 것이 바로 '빈곤'이며, 이해득실과 탐욕은 '사랑'을 소멸시킨다.

> 일체의 선(善)을 비우고 잘라버리는
> 이 세상에 대해 운을 붙여 시를 쓰는 것이 좋을지라.
> [...]
> 사람들 더 이상 서로를 사랑하려 하지 않으니
> 그것은 그들 마음에 그러도 쓰라림,
> 잔혹함, 원한과 욕망이 있어,
> 이 세상에 한 사람도 없기 때문이니,

타인들에게 선을 행하고자 하는 이,
거기서 제 이익을 얻지 않는 한.[15]

"무엇인가를 갖고 있는 자는 사랑받으며,/아무것도 가지지 못한 자는 어리석은 자로 칭해"진다.[16] 가난한 자는 광인(狂人)처럼 취급받으며, 청빈을 추구해야 마땅할 성직자들은 그저 재물을 축적하는 데에만 급급해한다. 물론 명예를 추구해야 마땅할 기사들 역시 사정은 다르지 않다. 더는 과거의 기사도를 찾아보기 어려운 실정이 되어버렸다. 그리고 '사랑'이 죽은 이 세상을 지배하는 것이 바로 '돈'이라는 점이 암시된다.

뤼트뵈프가 1268년 무렵 쓴 것으로 추정되는 「파리 대학에 대한 이야기」(Dit de l'Université de Paris)라는 시는 19세기 소설가 발자크(Balzac)의 작품에서 그려지는 파리의 단면들을 수백 년 앞서 보여주는 듯하다는 점에서 매우 이채롭다. 이 작품에서 뤼트뵈프는 번화한 대도시 파리가 어떻게 젊은이를 유혹해 그른 길로 인도하는지를, 요컨대 어떻게 도시가 '타락의 공간'으로 인식되게 되는지를 잘 보여준다. '가난한 농부는 자식을 교육시켜 존경받는 사람을 만들고자 파리로 보내며, 그가 가진 변변찮은 땅에서 긁어모을 수 있던 재산 전부를 자식에게 준다. 그러나 자식이 앞으로 전념하게 될 일은 부모의 희망과 동떨어진 것이 된다.

그가 응당 해야 할 일을 하기 위해,
또 바람직한 생활을 영위하기 위해,
젊은이가 파리에 당도하면,

그는 이사야의 예언을 거꾸로 만든다
보습의 날과 쟁기로 벌었던 것을
그는 무기로 바꿔버린다
그는 거리 곳곳을 구경하며
그곳에서 근사한 매춘부들을 보게 된다
그는 도처를 주시하며, 사방을 주유한다
그의 돈은 도망가고, 그의 옷은 누더기가 된다.[17]

그는 응당 해야 하는 학업에 매진하는 대신, 성경의 예언을 거꾸로 실천하여 갖가지 난투극에 휩싸인다.[18] 또 과거 원탁의 기사들이 모험을 찾아 길을 떠나 온갖 경이로운 일들을 경험하듯, 거리 곳곳을 돌아다니며 사방에 무수히 포진한 술집과 아름다운 매춘부들을 연이어 만남으로써, 가진 돈을 탕진한다. 그리고 이와 같은 일이 다시 처음부터 되풀이되며, 시간과 돈을 낭비한 못된 학생은 애초에 부모가 기대했던 지혜도 명예도 얻지 못하게 된다.

'파리'라는 도시, '여성과 동일시되는 도시의 속성'은 찬사와 비난이 공존하는 이중적인 공간이며, 매혹과 유혹의 공간인 동시에 쾌락의 정원처럼 그려진다. 요컨대 '도시는 예루살렘이자 바빌론이며, 이브이자 성모 마리아가' 된다. 도시는 성적인 쾌락의 낙원이 되기도 하며, 쉽게 방탕함에 빠지는 공간으로 그려지기도 한다. 이런 맥락에서 외스타슈 데샹은 '도시의 기예'(le mestier de la ville)라는 말을 성적인 의미에서 '사랑을 나누다'의 동의어로 사용하며, 음식과 술, 돈과 성적인 쾌락이 동시에 공존하는 선술집을 도시의 축소판이자 확장판처럼 그리곤 한다. 또 도시인 'ville'는 추아함을 의미하는 말인 'vil'의 동의

어로 상용되기에 이르기도 한다. 이런 맥락에서 도시의 '세련됨과 능란함'은 필연적으로 속임수와 교활함으로 이어진다. 유사한 맥락에서 매혹적이고 유혹하는 존재인 '여성-도시'는, 15세기 시인 프랑수아 비용이 파리 여인들의 말재간이 으뜸이라는 것을 이야기하듯, 사람을 속이고 수다스러운 면모를 보여주기도 한다.

> 브르타뉴 여자들, 스위스 여자들은 정통하지 못하고,
> 가스코뉴 여자들도 툴루즈 여자들도 마찬가지.
> 프티 퐁의 청어파는 두 여자들은
> 단번에 이 여자들 입을 다물게 만들 것이며, 로렌 여자들,
> 영국(英國) 여자들, 칼레 여자들도 마찬가지.
> —내가 지명(地名)들을 충분히 포함시켜 열거했으려나?—
> 피카르디 여자들에서 발랑시엔 여자들까지.
> 파리 여자의 세치 혀를 당할 여자는 없네.[19]

도시는 점차 '유혹의 공간'이자 악(惡)의 중심, 새로운 바빌론처럼 그려진다. 물론 이러한 부정적인 인식이 비단 파리에만 해당되는 것은 아니었다. 후일 14세기에 들어서면 로마도 아비뇽(Avignon)도 차례차례 파리와 동일한 불길한 공간, 죄악의 산실(産室)로 그려지기에 이른다.

한편 뤼트뵈프가 그리는 파리라는 도시는 변화무쌍한 공간이며, 유동성과 급변하는 조건들은 이 공간을 찾는 이들에게 일종의 불안정성 혹은 불명료함을 불러일으킨다. 화폐가 이 사람의 손에서 저 사람의 손으로 옮겨 다니듯, 개개인의 처지도 좋은 쪽에서 나쁜 쪽으로 혹은

그 반대로 재빨리 옮겨지며, 어느덧 미덕들은 자취를 감추게 된다.

> 환전상의 드니에 주화(鑄貨)보다 더 자주
> 세상이 바뀌기에
> 이렇듯 천변(千變)하는 세상에 대해 운을 붙이고자 한다.
> […]
> 누구나 사나운 날짐승(猛禽)이 되어
> 사냥감을 잡지 않고는 아무도 살아갈 수 없다.
> 그렇기에 세상 상황을 말해보려 하니,
> 모든 미덕이 쓸려가 텅 빈 상태를.[20]

성직자들, 수도사들, 참사위원들, 집달리들, 다시 말해 속인이든 성직자이든 상관없이 모두 '탐욕(Covoitise)의 노예'(21행)로 전락하며, 돈 앞에서는 '앞이 뒤가 되는' 어처구니 없는 상황이 만들어진다.

물론 파리는 수도(首都)이자 왕국의 중심이며, 그런 만큼 급진적인 사람들과 보수적인 계층이 갈등을 빚는 정치적 대립과 갈등의 현장이기도 하다. 뤼트뵈프는 13세기 파리 대학 소요 사태에서 드러나는 탁발 종단과 대학생들 사이의 갈등을 시에서 여러 번 이야기하며, 특히 탁발 종단에 대해서는 「파리의 여러 종단들」(Les Ordres de Paris)이라는 시를 통해 강렬한 반감을 표시한다. 탁발 종단에 대한 비난에서 드러나듯, 파리라는 대도시는 위선과 거짓, 가장된 겸허함, 실체가 아닌 겉모습이 힘을 얻는 장소이기도 하며, 가면을 쓴 이들이 '거짓을 복음으로 만들며'(Les Ordres de Paris, 152행) 재물과 권력을 획득하는 '뒤틀린 세상', 일종의 '거꾸로 된 세상'이기도 하다. 이를 증거하듯, 뤼트뵈프는 성서의 "거짓 예언자들을 조심하여라. 그들은 양의 탈을 쓰고 너희에게 나타나지만 속에는 사나운 이리가 들어 있다. […] 그러므로 너희는 그 행위를 보아 그들이 어떤 사람인지 알게 된다"(〈마태오복음〉, 7, 15-20)는 가르침과 같은 맥락에서, '의복이 수도사를 만들지는 않는다'는 점을 여러 번 되풀이한다.

> 백의(白衣)와 흑의(黑衣)를 입고,
> 도미니코회 수도사들이 이 세상에 왔다.
> 그들 안에는 모든 미덕들이 풍성하다.
> 원하는 자는 그렇게 믿을지어다.
> 의복을 보면, 그들은 정결하고 순수하니,
> 여러분들은 잘 알 것이다, 그것이 틀림없는 사실임을.
> 혹 늑대가 두건 달린 구형 외투를 입고 있다면, […][21]

이렇듯 기이한 세상은 『여우 이야기』(*Roman de Renart*)를 비튼 작품인 「변절자 르나르 이야기」(Li diz de Renart le bestournei)에서 보다 주목을 끌게 된다. 사자인 왕 노블(Noble)은 장님이며, 그의 주변에는 왕의 총애와 권력을 나누어 가진 수하들인 당나귀 베르나르(Bernard), 늑대 프리모(Primaut), 개 로넬(Ronel) 등이 있다. 이러한 구도는 당시 궁정에서 여러 탁발종단들의 이야기에 호의를 보이던 루이 9세와 무관하지 않으며, 일종의 우화 안에서 시인은 당대의 현실을 부각시킨다.

여기서 잠시 도시의 종글뢰르의 처지, 바로 뤼트뵈프의 입장을 되짚어볼 필요가 있다. 1250년대 파리 대학을 뒤흔들었던 소요(騷擾) 당시, 그는 재속(在俗) 성직자들이었던 교수들을 옹호하기 위해, 또 성왕 루이(saint Louis)의 비호를 받던 신흥 탁발 종단들인 도미니코회와 프란치스코회에 속한 이들을 공격하기 위해 여러 비방문을 썼으며, 국왕 루이 9세에 대해서도 격렬한 비난을 퍼붓는다. 하지만 다른 한편으로 뤼트뵈프는 일종의 어용(御用) 작가처럼, 십자군 원정을 떠나 성지(聖地)에 있던 왕의 정책을 비호하고 선전하는 시들을 쓰기도 했다. 두 가지 경우에서 모두, 그가 쓴 시들이 보수를 받고 썼던 것이며, 그가 청탁받은 시를 통해 먹고살 것을 구했다는 점은 분명하다.

'원맨쇼'의 의의

힘을 가진 자에 대한 비난과 풍자이든 반대쪽에 대한 공격이든, 두 경우 모두 그가 쓴 시로 인해 시인의 처지는 점점 더 악화되며, 그는 양측 모두에게서 멀어진 주변인으로 내몰리게 된다. 그렇기에 은연중에 시인은 자신에 대한 한탄 속에 자신의 불행한 결혼을, 또 선술집과 도박에 끌려 상황을 악화시켰던 자신의 성향을 고백한다.

> 통탄할 이야기를 시작하리다
> 불쌍한 이야기를!
> 불쌍한 분별력과 불쌍한 기억력을
> 영광의 왕이신 신이 내게 주셨으니
> 또 불쌍한 수입을,
> 그리고 겨울 바람 불 때에는 엉덩이가 시린나오
> 바람이 내게 불어오고, 바람이 내게 밀려들고,

너무 빈번히
수시로 바람을 느낍니다
그리에슈 노름은 내게 약속했지요
노름이 가져다줄 모든 것을.
그리에슈 노름은 정확히 내게 지불하고 일체의 채무를 이행합니다
단돈 1수에, 제게 1리브르를 돌려줍니다
극도의 빈곤함을.[22]

그의 어리석은 행동들, 늘 그를 괴롭히는 가난을 끊임없이 열거함으로써, 뤼트뵈프는 자신의 입장을 변명하고, 이를 통해 자신에게 쏠린 곤경을 중재하려고 애쓴다. 그리고 바로 이 지점에서, 오늘날의 주관성과 정확히 일치하는 것은 아니지만 매우 근접한 어떤 개인적인 자각의 흔적들을 발견하게 된다. 일례로, 「자신의 눈을 두고 하는 뤼트뵈프의 한탄」(La complainte Rutebuef de son oeul)이라는 작품에서, 뤼트뵈프는 "아무런 매력도 없고, 전혀 아름답지 않은, [50세도 넘은 나이의] 아내를 최근에 맞이한" 이후,[23] 찾아온 불행들을 길게 마치 넋두리를 하듯 늘어놓는다.

저는 담보물로 맡길 것도, 팔아치울 것도 더는 없으며,
생활에 필요한 수많은 것들에 응해야 하고,
무수한 할 일들,
또 무수한 걱정거리와 곤란함이 있기에,
여러분들에게 이를 말하는 것은
장황하게 길 터입니다.

신께서는 저를 또 다른 욥(Job)으로 만드셨습니다.
그분께서는 일격에
제가 가졌던 모든 것을 가져가셨습니다.
지극히 잘 보였던 오른쪽 눈과 함께.
[…]
제 아내는 아이를 낳았고
제 말(馬)은 다리가 부러졌습니다
울타리에 걸려서.
유모는 돈을 달라고
저를 들볶고 다그칩니다
아이를 먹여야 한다고,[24]

"나를 가장 절망스럽게 만드는 것/그것은 내가 감히 내 집 문을 들어서지 못한다는 것/빈 손으로는/내가 어떻게 살아가는지 아시는지?/내일에 대한 희망/그것이 내 축제인 것을"이라는 말로 짐작되는 힘겨운 상황에서,[25] 그는 자신이 신의 버림을 받았다고 여길 수밖에 없게 된다.

내 생각으로 선한 신은
나를 멀리서 사랑하시다
이러한 궁핍 속에서 이 사실을 분명 알게 된다.
나는 망치가 주형(鑄型)을 두드리는 곳에 있으니,
나를 여기에 둔 분이 바로 신이시네.
[…]

만약 내가 신의 분노를 초래했다면,
그 분은 나를 조롱하고 비웃을 수 있다,
왜냐하면 훌륭히 복수를 하셨으니 말이다.[26]

이 절박한 상황에서 그를 찾아 위로해주고 그에게 도움을 주는 친구들은 없다. 그는 벗들의 우정과 조력이 없어진 지 오래라는 사실을 의뭉스럽게 그의 집 앞에서 불던 '바람'의 탓으로 돌린다.

내 친구들 어찌되었나,
내게 그토록 가까웠고,
내가 그처럼 사랑했던 이들은?
내 생각에 그들은 몹시 듬성듬성 뿌려졌고,
양분도 적당치 않아,
그렇듯 사라져버렸네.
그 친구들 나를 소홀히 대했고,
결코, 하느님께서 이쪽 저쪽 사방에서
나를 내리치시던 그 오랜 시간 동안
단 한 명도 내 집을 찾아오지 않았네.
생각해보면, 바람이 내게서 그들을 빼앗아갔으니
사랑은 죽었네.
내 친구들은 바람이 데려가 사라졌고
그 바람 불었던 것 내 집 문 앞이라,
바람이 그들을 데려가 사라졌다네.[27]

이러한 자각이 그에게 부과된 갖가지 측면에서의 곤경과 괴로움, 나아가 도시라는 새로운 공간이 강제한 산물이었다는 점에 주목할 필요가 있으며, 속내이야기를 하거나 자신을 열어 보이는 뤼트뵈프의 '원맨쇼'(one man show), 그의 일상의 드라마에서 오늘날 우리가 특별한 의의 하나를 발견하고 공감하게 되는 것도 바로 이런 이유에서이다.[28]

{주}

1. Michel Zink, *Bienvenue au Moyen Âge*, paris, Équateurs, 2015, pp. 57-64를 참조.
2. 뤼트뵈프 작품의 인용은 Rutebeuf, *Œuvres complètes*, éd. Michel Zink, paris, Le Livre de Poche, 2001에 의거함. "Ribaut, or estes vos a point:/ Li aubre despoillent lor branches/ Et vos n'aveiz de robe point,/ Si en aureiz froit a voz hanches./ [...] Vostre soleir n'ont mestier d'oint:/ Vos faites de vos talons planches./ Les noires mouches vos ont point,/ Or vos repoinderont les blanches."(Le Dit des ribauds de Grève, vv. 1-4, 9-12.)
3. 랑송, 『랑송불문학사』, 정기수 옮김, 을유문화사, 1997.
4. "Que hom m'apele Rutebuef,/Qui est dit de "rude" et de "buef""(La lections d'ypocrisie et d'umilitei, vv. 45-46.)
5. "Por moi, qui ai non Rutebuef/Qui est dit de rude et de buef"(La vie de sainte Marie l'Egypcienne, vv. 1301-1302.)
6. "Or dirat on que mal ce cuevre/Rutebuez qui rudement huevre:"(Li mariages Rutebuef, vv. 44-45.)
7. "Se Rutebuez rudement rime/Et se rudesse en sa rime a,/Preneiz garde qui la rima./ Rutebuez, qui rudement euvre,/Qui rudement fait la rude euvre,/Qu'asseiz en sa rudesse ment,/Rima la rime rudement./Car por nule riens ne creroie/Que bués ne feïst rude roie,/Tant i meïst hon grant estude./Se Rutebuez fait rime rude,/Je n'i part plus, mais Rutebués/Est ausi rudes coume bués."(La vie de sainte Elyzabel, vv. 1991-2006.)

8. "Je ne sai par ou je coumance,/Tant ai de matyere abondance/Por parleir de ma povretei./Por Dieu vos pri, frans rois de France,/Que me doneiz queilque chevance,/Si fereiz trop grant charitei./J'ai vescu de l'autrui chatei/Que hon m'a creü et prestei:/Or me faut chacuns de creance,/C'om me seit povre et endetei./Vos raveiz hors dou reigne estei,/Ou toute avoie m'atendance."(vv. 1-12.) 미셸 쟁크의 현대 프랑스어 번역은 다음과 같다:"Je ne sais par où commencer,/tant la matière est abondante,/pour parler de ma pauvreté./Pour Dieu, je vous prie, noble roi de France,/de me donner quelques subsides:/vous feriez un grand acte de charité./J'ai vécu du bien d'autrui/que l'on me prêtait à crédit:/à présent personne ne me fait plus d'avance/car on me sait pauvre et endetté./Quant à vous, vous étiez hors du royaume,/vous en qui j'avais toute mon espérance."
9. 원문은 다음과 같다:"Entre chier tens et ma mainie,/Qui n'est malade ne fainie,/Ne m'ont laissié deniers ne gages./Gent truis d'escondire arainie/Et de doneir mal enseignie:/Dou sien gardeir est chacuns sages./ Mors me ra fait de granz damages;/Et vos, boens rois, en deus voiages/M'aveiz bone gent esloignie,/Et li lontainz pelerinages/De Tunes, qui est leuz sauvages,/Et la male gent renoïe."(vv. 13-24.) 현대 프랑스어 번역은 다음과 같다:"La vie chère et ma famille,/qui n'est pas à la diète et ne perd pas le nord,/ne m'ont laissé ni argent ni ressources./Je rencontre des gens habiles à s'esquiver/et peu entraînés à donner:/chacun s'entend à garder ce qu'il a./La mort de son côté m'a fait grand tort,/vous aussi, vaillant roi (en deux voyages/vous avez éloigné de moi les gens de bien),/et aussi le lointain pèlerinage/de Tunis, qui est un lieu sauvage,/et la maudite race des infidèles."
10. "Je touz de froit, de fain baaille,/Dont je suis mors et maubailliz./Je suis sanz coutes et sanz liz,/N'a si povre juqu'a Sanliz./Sire, si ne sai quel part aille./Mes costeiz connoit le pailliz,/Et liz de paille n'est pas liz,/Et en mon lit n'a fors la paille."(vv. 29-36.) 현대 프랑스어 번역은 다음과 같다:"Je tousse de froid, je bâille de faim,/je suis dans la détresse, à la mort./Je n'ai ni couverture ni lit,/il n'est plus pauvre que moi d'ici à Senlis./Sire, je ne sais où aller./Mes côtés se frottent au paillis,/et lit de paille n'est pas lit,/et mon lit n'est fait que de paille."
11. "Sire, je vos fais a savoir,/Je n'ai de quoi do pain avoir./A Paris sui entre touz biens,/Et n'i a nul qui i soit miens./ Pou i voi et si preig pou;/Il m'i souvient plus de saint Pou/Qu'il ne fait de nul apotre./Bien sai *Pater*, ne sai qu'est *notre*,"(vv. 37-44.) 현대 프랑스어 번역은 다음과 같다:"Sire, je vous le dis,/je n'ai pas de quoi acheter du

pain./À Paris, je suis au milieu de toutes les richesses,/et il n'y a rien de tout cela qui soit à moi./J'y vois peu et je reçois peu:/je me souviens plus de saint Paul/que d'aucun autre apôtre./Je connais mon *Pater*, mais pas ce qu'est *noster*,"

12. "C'est la cité sur toutes couronnée/Fonteine et puis de sens et de clergie/Sur le fleuve de Saine située/Vignes, bois a, terres et praerie./De touz les biens de ceste mortel vie/A plus qu'autres citez n'ont;/Tuit estrangier l'aiment et ameront,/Car pour deduit et pour estre jolis,/Jamais cité tele ne trouveront:"(*Œuvres complètes d'Eustache Deschamps*, éd. Marquis de Queux de Saint-Hilaire et Gaston Raynaud, Firmin Didot, 1878-1903, t. I, pp. 301-302, vv. 11-20.)
13. 원문은 다음과 같다: "De Grece vint chevalerie/Premierement d'anceserie,/Si vint en France et en Bretaingne./Grant piece i at estei chierie./Or est a mesnie echerie,/Que nuns n'est teiz qu'il la retaingne./Mort sunt Ogiers et Charlemainne./Or s'en vont, que plus n'i remaingne./Loyauteiz est morte et perie:"(La complainte de Coustantinoble, vv. 121-129.) 현대 프랑스어 번역은 다음과 같다: "C'est en Grèce que la chevalerie/apparut d'abord, dans le temps anciens,/puis elle vint en France et en Bretagne;/elle y fut longtemps en honneur./Ses fidèles sont à présent clairsemés:/nul n'est capable de la maintenir./Morts sont Ogier et Charlemagne./Ils s'en vont: d'elle il ne reste rien./Loyauté est bien morte:"
14. Armand Strubel, "Le poète, le jongleur et la ville: la thématique urbaine dans la poésie de Rutebeuf", *Memini*, 11, 2007, pp. 5-22를 참조.
15. 원문은 다음과 같다: "Rimeir me covient de cest monde/Qui de touz biens ce wide et monde./[...] Gens ne se wellent entrameir,/Qu'einz cuers de genz tant entre ameir,/Cruautei, rancune et envie,/Qu'il n'est nuns hom qui soit en vie/Qui est talant d'autrui preu faire/S'en faisant n'i fait son afaire."(Des plaies dou monde, vv. 1-2, 7-12.) 아울러 현대 프랑스어 번역은 다음과 같다: "Il me faut rimer sur ce monde/qui de tout bien se vide et s'émonde./[...] Les gens ne veulent plus s'entr'aimer,/car dans leur coeur il y a tant d'amertume,/de cruauté, de rancune et d'envie/qu'il n'est personne au monde/qui soit disposé à faire du bien aux autres/s'il n'y trouve pas son profit."
16. "Qui auques at, si est amciz,/Et qui n'at riens c'est fox clameiz."(Des plaies dou monde, vv. 21-22.) 현대 프랑스어 번역은 다음과 같다: "Qui a de quoi, il est aimé,/qui n'a rien, on le traite de fou."
17. "Quant il est a Paris venuz/Por faire a quoi il est tenuz/Et por mener honeste vie,/

Si bestorne la prophecie:/Gaaig de soc et d'areüre/Nos convertit en armeüre./Par chacune rue regarde/Ou voie la bele musarde;/Partout regarde, partout muze;/Ces argenz faut et sa robe uze:"(vv. 21-30.) 현대 프랑스어 번역은 다음과 같다: "Une fois le jeune homme arrivé à Paris/pour faire ce à quoi il s'est obligé/et pour mener une vie honorable,/il inverse la prophétie d'Isaïe:/ce qui fut gagné par le soc et la charrue,/il le convertit en équipement militaire./Il regarde dans toutes les rues/où il peut voir une jolie traînée;/il regarde partout, partout il traîne;/son argent fuit, ses habits s'usent:"

18. "그분께서 민족들 사이에 재판관이 되시고 수많은 백성들 사이에 심판관이 되시리라. 그러면 그들은 칼을 쳐서 보습을 만들고 창을 쳐서 낫을 만들리라. 한 민족이 다른 민족을 거슬러 칼을 쳐들지도 않고 다시는 전쟁을 배워 익히지도 않으리라."(〈이사야서〉, 2장, 4)
19. 프랑수아 비용의 작품 인용은 *Le Testament Villon*, éd. Jean Rychner et Albert Henry, Genève, Droz, 1974에 의거한다. "Brectes, Souyssez ne scevent guerres,/ Gasconnes ne Toulousïennes:/ De petit Pont deux harengiers/ Les concluront, et les Lorraines,/ Angleches et Callesïennes/ ⁻Ai ge beaucoup de lieux compris?⁻/ Picardes de Vallencïennes,/ Il n'est bon bec que de Paris."(vv. 1531-1538.)
20. "Por ce que li mondes se change/Plus sovent que denier a Change,/Rimer vueil du monde divers./[...] Chascuns devient oisel de proie:/Nul ne vit més se il ne proie./Por ce dirai l'estat du monde,/Qui de toz biens se vuide et monde."(De l'estat du Monde, vv. 1-3, 9-12.) 현대 프랑스어 번역은 다음과 같다: "Parce que le monde change/Plus souvent qu'un denier au Change,/je veux rimer sur ce monde changeant./[...] Chacun se fait oiseau de proie:/nul ne vit plus que de proies./C'est pourquoi je vais dire l'état où est ce monde."
21. "Jacobin sunt venu el monde/Vestu de robe blanche et noire./Toute bonteiz en eulz habunde,/Ce porra quiconques wet croire./Se par l'abit sunt net et monde,/Vos saveiz bien, ce est la voire,/S'uns leux avoit chape reonde,/Si resambleroit. li prouvoire."(La descorde des Jacobins et de l'Universitei, VI, vv. 41-48.) 현대 프랑스어 번역은 다음과 같다: "Les Jacobins ont fait leur entrée dans le monde/vêtus de robes blanches et noires./Toutes les vertus en eux abondent:/qui le veut peut toujours le croire./Par l'habit, ils sont nets et purs,/mais vous savez bien ce qu'il en est:/si un loup portait une cape ronde,/il ressemblerait à un prêtre."
22. 원문은 다음과 같다: "Mon dit commence trop diver/De povre estoire./Povre sens

et povre memoire/M'a Diex donei, li rois de gloire,/Et povre rente,/Et froit au cul quant byze vente:/Li vens me vient, li vens m'esvente/Et trop souvent/Plusors foïes sent le vent./Bien le m'ot griesche en couvent/Quanque me livre:/Bien me paie, bien me delivre,/Contre le sout me rent la livre/De grand poverte."(Li diz de la griesche d'yver, vv. 8-21.) 현대 프랑스어 번역은 다음과 같다: "je commence mon dit lamentable:/une pauvre histoire!/Pauvre cervelle, pauvre mémoire/m'a donné Dieu, le roi de gloire,/et pauvre rente,/et froid au cul quand bise vente:/le vent me frappe, le vent m'évente/et bien souvent/à tout instant je sens le vent./La frièche m'avait bien promis/tout ce qu'elle m'apporte:/elle me paie recta, elle s'acquitte de tout,/pour un sou elle me rend une livre/de pauvreté extrême."

23. "Je pris ma fame darreniere,/Qui bele ne gente nen iere."(vv. 5-6.)

24. 원문은 다음과 같다: "Je n'ai qu'engagier ne que vendre,/Que j'ai tant eü a entendre/Et tant a faire,/Et tant d'anui et de contraire,/Car, qui le vos vauroit retraire,/Il durroit trop./Diex m'a fait compaignon a Job:/Il m'a tolu a un sol cop/Quanque j'avoie,/De l'ueil destre, dont miex veoie,/[...] Or a d'enfant geü ma fame;/Mes chevaux ot brizié la jambe/A une lice;/Or wet de l'argent ma norrice,/Qui m'en destraint et m'en pelice/Por l'enfant paistre,"(vv. 14-23, 53-58.) 현대 프랑스어 번역은 다음과 같다: "Je n'ai plus rien à mettre en gage ni à vendre:/j'ai dû faire face à tant de choses,/eu tant à faire,/tant de soucis et de contrariétés,/que vous le raconter/serait trop long./Dieu a fait de moi un autre Job:/il m'a pris d'un coup/tout ce que j'avais./De mon oeil droit, qui était le meilleur,/[...] Ma femme vient d'avoir un enfant;/mon cheval s'est cassé une patte/contre une barrière;/maintenant la nourrice veut de l'argent/(elle m'étrangle, elle m'écorche)/pour nourrir l'enfant,"

25. 원문은 다음과 같다: "C'est ce qui plus me desconforte/Que je n'oz entreir en ma porte/A wide main./Saveiz coumant je me demaing?/L'esperance de l'andemain,/Si sunt mes festes."(Li mariages Rutebuef, vv. 110-115.) 현대 프랑스어 번역은 다음과 같다: "C'est ce qui me désole le plus,/de n'oser franchir ma porte/les mains vides./Savez-vous comment je me débrouille?/L'espérance du lendemain,/voila mes fêtes."

26. "Je cuit que Dex li debonaires/M'aimme de loing:/Bien l'ai veü a cest besoing./Lai sui ou le mail mest le coing:/Diex m'i at mis [...] S'a Dieu ai fait corrouz et ire,/De moi se puet joeir et rire,/Que biau s'en venge."(Li mariages Rutebuef, vv. 54-58, 62-64.) 현대 프랑스어 번역은 다음과 같다: "Je crois que le Bon Dieu/m'aime de loin./je l'ai bien vu dans le besoin où je suis./Je suis entre le marteau et l'enclume:/[...] Si

j'ai courroucé Dieu,/il peut se jouer et rire de moi,/car il se venge bien."

27. 원문은 다음과 같다: "Que sont mi ami devenu/Que j'avoie si pres tenu/Et tant amei?/Je cuit qu'il sunt trop cleir semei;/Il ne furent pas bien femei,/Si unt failli./Iteil ami m'ont mal bailli,/C'onques, tant com Diex m'assailli/En maint costei,/N'en vi .I. soul en mon ostei./Je cui li vens les m'at ostei,/L'amours est morte:/Se sont ami que vens enporte,/Et il ventoit devant ma porte,/Ses enporta."(La complainte Rutebeuf, vv. 110-124.) 현대 프랑스어 번역은 다음과 같다: "Que sont devenus mes amis/qui m'étaient si proches,/que j'aimais tant?/Je crois qu'ils sont bien clairsemés;/ils n'ont pas eu assez d'engrais:/les voilà disparus./Ces amis-là ne m'ont pas bien traité:/jamais, aussi longtemps que Dieu multipliait/mes épreuves,/il n'en est venu un seul chez moi./Je crois que le vent me les a enlevés,/l'amitié est morte;/ce sont amis que vent emporte,/et il ventait devant ma porte:/il les a emportés,"

28. "[...] the city and its impact on human history and cultural production cannot be extricated from what we know today by the name of *subjectivity*."(Elisabeth Hodges, *Urban Poetics in the French Renaissance*, Ashgate, 2008, p. 2.)

{제5장}

프랑수아 비용

오해와 진실, 그리고 시

비용의 초상
(1489년 판본 목판화)

비용의 국내 수용에 대한 일별

어느 시대나 프랑수아 비용(François Villon)이라 불리는 중세 시인에 대해 고유한 초상 하나를 만들어내곤 했다. 또 저마다 상이한 관심과 열정을 통해, 고유한 비용의 모습을 그리고자 했다. 물론 이러한 현상에는 타당한 이유가 없지 않았다. 그도 그럴 것이 비용 자신이 이미 수많은 가면들을 통해 작품 안에서 변화무쌍한 변신을 행했으며, 이렇듯 빈번한 그의 변신은 마치 하나인 동시에 서로 다른 수많은 비용의 영상이 존재하는 듯한 인상을 주곤 했기 때문이다. 일례로 16세기 작가 라블레(Rabelais)는

> 나는 프랑수아, 이 사실이 나를 심히 짓누르니,
> 내어난 곳은 퐁투아즈 인근의 파리,
> 일 투아즈 길이의 밧줄에
> 내 목은 내 엉덩이의 무게를 심작하게 되리니.[1]

라는 비용이 쓴 시에서 출발해, 비용을 전적으로 '쾌활한 무뢰배'인 동시에 '재기넘치는 악한(惡漢)'으로 만들었다. 어떤 이는 비용을 '무전취식(無錢取食)'의 으뜸가는 대가이자 우두머리로 그렸으며, 또 어떤 이들은 그를 학생들의 '수호천사(守護天使)',[2] '망명자', 나아가 '무정부주의자'로 보기도 했다.[3] 그렇다면 한국의 경우, 시인 프랑수아 비용의 모습은 어떤 모습으로 처음 소개되었을까?

사실 1920년대 말까지, 비용과 그의 작품을 상세히 다룬 우리말 소개나 연구는 전무했으며, 원문이든 번역을 통해서였든 간에 시인의 작품이 부분적으로나마 소개되는 일도 없었다. 한국에서 최초로 '프랑수아 비용'이라는 이름이 언급되는 것은 아마도 1925년 1월 1일이었을 것으로 추정된다. 당시 『동아일보(東亞日報)』에 실린 '도적 시인 비롱'이라는 글에서, 신원을 알 수 없는 필자는 "도적 시인 프랑소아 비롱은 누구나 다 알 것이다"라 지적하면서,[4] 부자(富者)와 비용 사이에 오간 대화를 간략히 소개한다.

> 어떤 부자가 대접을 잘 하고 하는 말이 "당신은 어째서 도적질을 합니까?"
>
> "흥 나도 도적질하고 싶어서 하는 것이 아니지요. 당신과 같이 맘대로 살림살이가 되지 못하기에 그러는 것이랍니다."

그런데 과연 당시 한국에서 시인 비용의 이름을 알고 있던 독자들이 얼마나 되었을까? 아마도 시인의 이름을 들어본 적이 있는 이는 별로 없었을 것이다. 따라서 신원 미상의 필자의 말은 필경 자신의 박학다식함을 과시하려는 방편이거나 비용이 지극히 유명한 시인이었다는 점을 강조하려는 의도에서 나온 말일 것으로 추정해볼 수 있다. 여기서 소개된 내용은 알렉산드로스(Alexandre) 왕과 해적 디오메데스의 대화로 이루어진 『유언의 노래』의 8행시 XVIII-XIX를 연상시키는 내용이며, 구체적으로 해당 부분을 인용해보면 다음과 같다.

> 황제는 그에게 다음과 같이 말을 건넸다.
> "네가 해적인 까닭이 무엇이냐?"
> 그는 황제에게 대답했다.
> "나를 해적이라 부르는 이유는 무엇인가?"
> 작고 보잘것없는, 길쭉한 협선에 올라,
> 바다를 종횡하는 나를 보았기 때문인가?
> 내가, 그대와 마찬가지로, 무장(武裝)할 수 있었다면,
> 그대처럼, 나도 황제였을 것이다.[5]
>
> 그런데 그대는 무엇을 원하는가?
> 그를 거역해서는, 진정 아무것도 내가 할 수 없었고,
> 나를 그처럼 부당하게 대했던, 내 운명에서,
> 이 모든 행실 유래한 것을.
> 부디 나를 용서하고,
> 또 알아두시오, 이 말은 빈번히 쓰이는 말이니,
> 극도의 빈궁함 속에는,
> 청렴함과 명예가 머무르지 않는다는 것을.[6]

위의 인용에서 알 수 있듯이, 신원을 알 수 없는 필자가 소개한 대

목은 비용의 시와 어느 정도 유사한 내용이기는 하지만 비용의 시의 요약은 결코 아니다. 따라서 정체모를 필자는 비용의 작품을 직접 읽은 것이 아니라, 필시 영어나 일어로 된 간략한 소개글을 읽었을 것이 분명하다. 한편 비용에 관한 최초의 언급이 행해진 이듬해인 1926년 4월, 안서(岸曙) 김억(金億)은 『조선문단(朝鮮文壇)』이라는 잡지에 발표한 '문사(文士)와 빈궁(貧窮)'이라는 글에서 비용을 매우 짧게 소개한다. 다만 "十五六世紀頃 프랑스에 盜賊詩人으로 有名한 「프랑소아·비롱」"이라는 그의 소개에서, 비용이 활동했던 시기를 '15-16세기 무렵'으로 전하는 것은 엄밀히 말한다면 부정확한 기술이며, 당시 번역문학과 관련된 활동의 선구자였던 김억 또한 직접 비용의 작품을 읽었던 것은 아니라 추정해볼 수 있다.

비용에 대한 가장 빠른 소개에 해당하는 이 두 가지 경우, 또 하나의 흥미로운 사실을 발견할 수 있다. 신원 미상의 필자와 김억 모두, '비용'의 이름을 '비롱'으로 표기하고 있기 때문이다. 하지만 『유언의 노래』에 삽입된 「마지막 발라드」의 다음 구절에서 드러나듯,

> 여기에서 닫히고 끝난다
> 불쌍한 비용의 유언은.
> 그대들 종소리가 들리면,
> 그의 장례식으로 오라,
> 진홍색 붉은 옷을 입고,
> 이는 그가 사랑의 순교자로 죽었기 때문
> 이를 그는 자신의 고환(睾丸)에 걸고 맹세한 바이니.
> 그가 이 세상 떠나가려 했을 때에.[7]

비용은 자신의 이름인 'Villon'과 다른 시어들, 'carrillon', 'vermeillon', 'couillon' 등을 각운으로 사용함으로써, 또 다른 시에서는 'billon', 'pavillon' 등의 시어와 자신의 이름을 결부시킴으로써, 자신의 이름이 '비롱'이 아닌 '비용'임을 분명히 표시한다. 이와 관련해 일본의 프랑스 문학 연구자였고 비용, 보들레르, 말라르메 등 많은 시인들의 작품을 번역하기도 했던 스즈키 신타로(鈴木信太郎)가 이야기하는 한 가지 일화는 무엇 때문에 최초로 한국에 소개된 시인의 이름이 '비롱'이었는지를 십분 짐작하게 해준다. 스즈키 신타로는 당시 동경 제국대학 교수로 일본에 와 있던 에밀 에크(Emile Heck)로부터 시인의 이름을 '비롱'으로 배웠으나, 1925년 자신이 직접 프랑스로 가 당시 프랑스에서 유명한 출판업자였던 에두아르 샹피옹(Édouard Champion)과의 대화에서 또 나중에는 프랑스 중세 문학 연구자였던 뤼시앵 풀레(Lucien Foulet)에게서 시인의 이름을 정확히 어떻게 발음해야 하는지를 들었다는 이야기를 일역(日譯) 비용 시집의 역자 후기에 적어둔다.[8] 따라서 1920년대 중반까지는 일본과 한국 모두 시인의 이름을 '비롱'으로 표기하는 일이 일반적이었고, 한국의 경우에는 1930년대에 들어오면서부터 시인의 이름이 바르게 표기되게 된다.

한편 매우 부분적으로, 그것도 한 구절만이 번역되기는 하지만, 1929년에 오면 비용의 작품이 처음으로 국내 독자들에게 소개되는 기회가 만들어진다. 영국 시인 채터튼(Thomas Chatterton)을 소개하는 "조숙시인(早熟詩人) 『채터튼』의 실음"이라는 짧은 글에서, 당시 영어 교사였던 필자 박술음(朴術音)은 "기괴한 운명에 농락되어서 도적단의 우두머리까지 되었던, 서른 살에 죽은 프랑스 시인 비용의 유언시"의 일부를 영역과 함께 소개한다.[9] 박술음이 소개한 대목은 시집

『유언의 노래』에 수록된 8행시로, 부지불식간에 지나가버린 자신의 젊은 시절을 후회하는 내용을 담고 있다. 한편 필자가 병기한 영역은 1924년 간행된 영역본(*The Testaments of François Villon*)의 번역자 존 헤런 레퍼(John Heron Lepper)의 것으로 보인다.[10]

청춘은 모르는 사이에 흘러갔으니
그 시절 생각하고 나는 통곡합니다
누구보다도 즐긴 청춘 시절
서러워라 노쇠가 침범하네요
청춘은 발로 걸어서 간 것 아니고
말을 타고 달린 것도 아니랍니다
그러면 어떻게? 오! 날라갔지요
그러고서 영영 다시 돌아오지 않아요[11]

My time of youth I do bewail,
  That more than most lived merrily,
Until old age 'gan me assail,
  For youth had passed unconsciously.
  It wended not afoot from me —
Not yet on horse back. Ah, how then?
  It fled away all suddenly,
And never will return again.

비용의 삶의 면면들

한국의 경우, '도둑 시인'으로 처음 소개되기 시작하는 프랑수아 비용, 또 덧없이 허비한 지난날을 후회하며 어느 순간 찾아온 노년의 비애를 맛보는 시인의 모습은 실제 비용의 삶을 그대로 투영한 것이었을까? 만약 그렇다면 비용은 어떤 삶의 행적들을 남겨두었던 것일까? 프랑수아 비용에 관한 공식적인 자료들은 파리 대학의 학적부, 사면장, 그리고 범죄 관련 공문서 몇 개만이 남아 있을 뿐이다. 트루바두르들의 생애를 이야기하는 '전기'(razos)가 많은 경우 실제 그들의 삶을 기록한 것이기보다는 그들의 시에서 이야기된 내용에 근거해 재구성된 허구인 것과 마찬가지로, 비용의 생애 또한 작품 속에서 시인 자신이 행한 언급에 기초해 재구성된 것으로 그 진위는 불확실한 것이 사실이다.

시인이 시집 『유언의 노래』에서 밝힌 것에 따르면, 그는 어릴 적부터 가난했고, 보잘것없는 집안 출신이었다. 또 부친과 오라스라는 이름의 할아버지 역시 가난했으며, 어머니는 글을 알지 못하는 문맹이었다. 비용은 어릴 때부터 사제 기욤 드 비용(Guillaume de Villon)이라는 인물에 의해 양육되며, 1451년 대학의 학위를 받게 된다. 파리 대학 학적부에 기록된 시인의 이름은 '프랑수아 비용'이 아닌 '프랑수아 드 몽코르비에'(François de Montcorbier)였고, 따라서 학적부의 이름이 시인의 원래 이름이었을 것으로 보인다.

1455년, 비용은 말다툼 뒤에 이어진 싸움 끝에 어느 사제에게 치명상을 입히며, 사제가 사망하는 일이 벌어진다. 이로 인해 비용은 법의 심판을 피해 지방으로 도피하며, 1456년 1월 사면장(赦免狀)을 얻어 자유의 몸이 된다. 그가 받았던 두 통의 사면장 가운데 한 통은 그의 이름을 '통칭 비용이라 칭해지는 프랑수아 데 로즈'(François des Loges, autrement dit de Villon)로 기록하며, 나머지 한 통에서는 '문학사 프랑수아 드 몽테르비에'(François de Monterbier)라는 이름이 발견된다. 『유언의 노래』의 첫 대목에 따르면, 1456년 무렵 비용의 나이는 26세였을 것으로 짐작된다.

비용의 삶에 관한 또 다른 사실들은 나바르 신학교(Collège de Navarre) 절도 사건 기록에서 확인된다. 1456년 12월 무렵, 비용은 몇 명의 공범들과 같이 신학교 금고에 보관되어 있던 거금을 훔치는 데 가담한다. 근 두 달 동안 발각되지 않았던 이들의 범죄는 1457년 공범 가운데 한 명이 술집에서 자신의 범행을 자랑스럽게 떠벌림으로써 드러나게 된다. 1458년 7월 22일부 기 타바리(Guy Tabary)에 대한 심문 조서에 따르면, 범행 이후 비용은 친척 가운데 한 명이 있던 앙제로 갔으며, 이는 그 곳에서 부자인 어느 성직자의 돈을 훔치기 위해서였다고 진술된다. 이러한 정황은 1456년 쓰여진 시인의 최초의 시집 『유증시』(*Lais*)에서,

> 성탄절 무렵, 죽음의 계절,
> 늑대들 바람을 먹고 살아가는 때,
> [···]
> 한 가지 소망 나를 사로잡으니,
> 내 마음 조각내는
> 지극한 사랑의 감옥을 깨뜨리고 싶어라.[12]

라고 말한 뒤, 사랑하는 여인으로 인한 죽음을 피해 이제 자신에게 남겨진 것이라고는 그저 멀리 길을 떠나는 것뿐임을 밝히며 "앙제로 간다"고 밝히는 대목과 절묘하게 들어맞는다.[13] 얼마 동안 행적이 묘연했던 비용은 15세기의 대귀족으로 25년 동안 영국에서 포로 생활을 보내는 등 파란만장한 삶의 곡절을 맛보았던 샤를 도를레앙(Charles d'Orléans)의 궁정에 모습을 드러낸다. 그는 샤를 도를레앙의 궁정에서 공작의 어린 딸에게 바친 「마리 도를레앙에게 바치는 서한」(Épître à Marie d'Orléans), 궁정인들과의 생활에서 맛보는 기이한 불편함을 토로하는 「블루아 시연의 발라드」, 「군주에게 바치는 청원」(Requeste au prince) 등의 시를 썼으리라 추정된다.

그런데 돌연 비용의 모습은 궁정을 벗어나 어느 지하 도굴, 가혹한 묑의 감옥에서 발견된다. 자신의 몸과 마음이 서로 대화를 나누는 「비용의 몸과 마음의 논쟁」, 투옥된 처지를 한탄하며 조력을 청하는 「벗들에게 보내는 서한」(Épître à ses amis) 등이 '불쌍한 비용'의 뒤바뀐 처지를 보여준다. "나를 위해 국왕의 인장 찍힌 사면장을 얻어다오, 또 바구니 속에 나를 넣어 끌어 올려다오"라고 벗들에게 조력을 간청하는 비용은, 무릇 동물들도 역경에 빠진 동류를 힘써 구하고자 한다는 점을 희화적으로 이야기함으로써 자신의 고초가 얼마나 극심한지 또 벗들의 도움이 얼마나 절실한지를 힘주어 강조한다.

> 돼지들도 서로서로 그렇게 한다네,
> 한 마리가 울면 그곳으로 모두 떼를 지어 달려간다네[14]

그러나 비용은 벗들의 도움이 아닌 의외의 조력자의 힘으로 감옥에서 벗어나 자유를 얻게 된다. 1461년 8월 15일, 랭스에서 대관식을 올린 국왕 루이 11세가 같은 해 9월 비용이 투옥되어 있던 곳인 묑-쉬르-루아르를 지나가는 길에 내려진 사면령으로 시인은 자유의 몸이 된다. 그러나 이곳에서 비용이 겪었던 고통은 지워지지 않는 각인처럼 그를 괴롭히게 된다. 오를레앙 주교였던 티보 도시니라는 한 인물에게 받았던 상흔들은 마침내 『유언의 노래』라는 시인의 두 번째 시집의 탄생을 가져오게 만든다.

비용의 시에 대한 한 가지 오해

시집 『유언의 노래』의 특징과 매혹을 이야기하기에 앞서, 잠시 여기서 화제를 돌려, '비용에 대한 오해'와 관련되는 한 가지 사례를 일별해보도록 하자. 대략 10여 년 전 동양과 서양의 유명한 묘비명(墓碑銘)과 비문(碑文)들을 모아 출간한 어느 책에서 저자는 프랑수아 비용의 묘비명이 다음과 같다고 소개한다.[15]

> 아무 쓸 데도 없는,
> 머리가 돈 부랑자는
> 우리 모두의 어머니인
> 대지에 몸을 되돌렸다
> 벌레들도
> 먹을 고기를 별로 찾을 수 없으리.
> 굶주림이 이미

살을 뼈 가까이까지 깨물었으니

위에서 인용한 소위 '프랑수아 비용의 묘비명'에서 시인이 무슨 이야기를 하고 싶었던 것인지를 짐작하기는 어렵지 않지만, 과연 이 것이 프랑수아 비용의 시를 정확히 옮긴 것인지에 대해서는 의구심을 감추기 어렵다. 최초로 비용의 작품 거의 대부분을 옮긴 번역자였던 송면은 동일한 부분으로 추정되는 대목을 다음과 같이 옮기며,[16]

일, 나는 내 육체를
우리의 위대한 어미니이신 大地에 남겨두는데
굶주림에 너무 허덕인 까닭에
구디기들노 그것을 맛있다고는 하지 아니하리라.
빨리 해체되어 대지로 돌아가기 바라거니와
대지에서 나온 것이기에 대지로 되돌아가나니
모든 것은 그렇게 멀리 빗나가지 아니하는 한
제자리로 기꺼이 되돌아오는 법이로다.[17]

여기에 시인은 "자기의 현재의 신체적 상황과 사후의 신체적 특징을 암시하는 일을 잊지 않는다. 물론 그것은 그 특유의 익살이다. 그러나 그 익살에는 어떤 여운을 남기는 감동이 있다"고 지적하면서, 시의 후반부는 "창세기에서 신이 아담에게 하는 말, 『너는 흙에서 난 몸이니 흙으로 돌아가기까지 이마에 땀을 흘려야 낟알을 얻어먹으리라. 너는 먼지이니 먼지로 돌아가리라』를 그대로 원용한 표현"임을 일러둔다.[18]

『유언의 노래』(*Testament*)의 8행시 LXXXVI에 해당하는 이 대목이 어떤 맥락에서 이야기되는 내용인지를 먼저 짚어보도록 하자.

> 내 나이 서른 번째에 이른 해,
> 그때 온갖 치욕을 마셨고,[19]

라는 말로 시작되는 『유언의 노래』에서, 비용은 "허다한 고초를 겪었음에도 불구하고, 전적으로 어리석지도 그렇다고 전적으로 현명하지도 않다"는 자신의 현재 상태를 밝힌다.[20] 그리고 자신이 당했던 수모의 '치욕'의 잔이 누구에게서 온 것인지를 드러낸다.

> 나 받았으니, 그 모든 고난들을
> 티보 도시니 수하에서….
> 그가 주교이기에 거리에서 십자성호를 그어 강복해도,
> 나의 주교일 수는 없다, 나 그것을 거부하노라.[21]

자신에게 치욕을 안긴 자의 모습을 떠올리며 격해진 시인의 입에서 토로되는 거부감은 마치 그 충격와 격렬함을 입증이라도 하듯 완결되지 않으며 미완의 상태로 남게 된다. 그리고 이때부터 거의 칠백행 이상에 걸쳐 비용은 정작 본인이 의도했던 '유언'의 기술이 아닌 '여담'을 이어나간다. 그리고 8행시 LXXII에 이르자 '임종의 갈증'을 강하게 느끼고,[22] 다시 시상(詩想)을 자신의 죽음으로 돌린다. 하지만 죽음의 임박함을 알리는 격심한 갈증은 다시 그를 죽게 만든 원흉인 주교 티보 도시니를 떠올리는 계기가 되며, 비용은 재차 그의 원수인

주교에 대해 격한 분노의 감정을 털어놓게 된다.

신에게 감사를… 또 타크 티보 덕분에,
그는 내게 차디찬 물을 그렇게나 많이 먹였으니,
높은 언덕 위에서가 아니라, 땅속 토굴 속에서,
그리고 수많은 쓰디쓴 배를 먹였다,
쇠사슬에 묶어 놓은 채로… 나 그 당시가 떠오르니,
나, 그를 위해, 또 그에게 딸린 모두를 위해, 기도한다.
신이여, 그에게 베푸소서, 진정, 진정
제가 생각하는 것을, 또 '나머지 것을'![23]

그런 연후, 비용은 이제는 정말 유언을 하고 싶다는 의향을 밝히며,[24] 그가 남기는 말을 적을 서기에게 곁으로 가까이 올 것을 명한다.

내 심장 약해지는 것이 느껴지는구나,
더는 입을 놀릴 수 없구나.
프레맹이여, 어서 내 침대 옆으로 와 앉으라,
누가 내 말을 엿듣지 못하도록 말이다.
어서 잉크와 펜 그리고 종이를 집어 들어라,
내가 말하는 것을 얼른 적고,
이어서 그 것을 도처에 널리 알리거라.
그 시작은 다음과 같으니.[25]

바로 이어지는 8행시 LXXX에서 '영원한 아버지이신 신과 그의 아드님 예수'를 언급함으로써,[26] 비용은 예고한 것처럼 유언을 시작하나 곧바로 다시 탈선하여 자신의 유언과는 직접적으로 관련되지 않는 이야기들을 잠시 늘어놓는다. 그리고 8행시 LXXXV에 와서야 자신의 유언으로 들어간다. 앞서 언급했던 동서고금(東西古今)의 널리 알려진 묘비명을 모은 책에서 저자가 '비용의 묘비명'이라 제시하는 부분인 8행시 LXXXVI은 본격적인 유언을 시작하는 맥락에서 거론되는 시작 대목인 만큼, 결코 시인의 묘비명에 해당되지 않는다. 또 관련하여 살펴보았던 송면의 번역을 원문과 대조해보면, 기존 번역에 불충분한 부분이 없지 않다는 점을 쉽게 확인할 수 있다. 문제의 8행시 LXXXVI을 다시 우리말로 옮겨보면 그 내용은 다음과 같다.

> 또한, 내 육신을 주고 남기니
> 우리의 경애(敬愛)할 어머니 대지에게
> 벌레들 여기서 비곗덩이 많이 찾지 못하리
> 허기(虛飢)가 너무도 혹독한 전쟁을 그와 치루었기에.
> 내 육신 대지로 서둘러 성큼 돌아가기를!
> 흙에서 왔으니, 흙으로 돌아가거라!
> 모든 것, 내가 딱히 잘못 아는 것이 아니라면,
> 응당 원래 나온 곳으로 되돌아가니.[27]

교황 이노센트 3세(Innocent III)가 '인간의 육신은 벌레의 먹이'(esca vermis)라 지칭한 이래 중세 내내 이러한 이미지는 잘 알려진 것이었다. 하지만 비용은 널리 알려진 나아가 전통적인 정경의 반복에 머무르지 않고 여기에 시인 특유의 색채를 입힌다. 이 한 편의 8행시에서,

비용은 동일한 말의 다른 의미를 활용하는 말장난을 여러 번에 걸쳐 구사한다. 'grand'이라는 말은 '경애할', '많이', '서둘러 성큼' 등의 의미로 상이하게 사용되고, 'erre'는 '서둘러 성큼'에서 '잘못 아는'으로 이어지기 때문이다. 아울러 빈곤과 고통에 시달린 자신의 육신은 기름진 음식으로 비계낀 그런 육체와는 다르니, 벌레들도 먹을 만한 것은 별로 찾지 못하리라는 아이러니컬한 말 뒤에 '내가 딱히 잘못 아는 것이 아니라면'이라는 말을 통해 자신이 대학에서 혹은 선술집에서 배웠을 아리스토텔레스의 언급에 대한 지식이 희화적으로 표출된다. 따라서 8행시 LXXXVI은 비용 특유의 말장난과 재기가 버무려진 선형적인 여담일 뿐, 그가 후대에 전하고자 했던 스스로의 초상과는 다소 거리가 있다고 볼 수 있다.

비용의 묘비명

다시 '묘비명'에 관한 내용으로 돌아오자. 앞서 언급했듯이, 8행시 LXXXVI은 비용의 묘비명이 아니지만, 비용이 실제로 자신의 '묘비명'을 언급하지 않았던 것은 아니다. 시집 『유언의 노래』의 후반부에서 비용은 자신의 '묘비명'을 1884-1891행에 걸쳐 적고 있으며, 그 내용은 다음과 같다.

> 여기 높은 방에 누워 잠든
> 사랑의 신이 그의 화살로 쓰러뜨린 자
> 프랑수아 비용이라 불렸던

불쌍하고 비소(卑小)한 일개 학생
그는 단 한 고랑의 토지도 소유하지 않았으며,
모든 것을 주었다, 모두가 이를 알고 있으니,
탁자, 가판, 빵, 바구니.
신의 이름으로, 이 창가(唱歌)를 음송하라.[28]

첫 구절은 자신의 방에 누워 잠든 비용을 의미하는 것일 수도 있지만, 원문에서 사용된 'occist'라는 말은 그의 '잠'이 영원한 '잠'인 '죽음'이라는 점을 암시한다. 따라서 묘비명에 적힌 '높은 방'은 시인이 이미 자신의 무덤으로 정한 탕플(Temple) 거리의 생트 아부아 교회를 의미하는 것으로 보아야 한다. 그러나 생트 아부아 교회는 2층에 위치해 있기에 죽은 자를 매장하는 것 자체가 불가능한 장소라는 점에서 시인의 매장은 의문스럽다. 1887행에 이르기까지 누가 유언자인지를 명시하지 않은 채 진행되던 『유언의 노래』의 화자가 처음으로 밝혀지는 이 묘비명에서도 충분히 짐작되듯, 비용이 남기는 유언에는 희화적인 측면이 곳곳에서 발견되며, 특히 유증물들을 통해 우스꽝스러운 분위기가 고조되곤 한다.

『유언의 노래』에서 유언을 남기는 비용은 유증수령자들에게 갖가지 유증물을 남긴다. 물론 그가 선사하는 유증물들은 가상의 것이거나 존재하지 않는 것, 그의 소유가 아닌 것이 대부분이며, 그렇기에 우스꽝스러움을 배가시킨다. 일례로 비용이 자신의 더없는 '벗'임을 강조하는 자크 카르동의 경우를 들어보자. 그는 『유증시』에서,

내 장갑, 두건 달린 비단 망토와,

[…]

버드나무 숲의 도토리 역시,

그리고, 매일 매일, 살찐 거위 한 마리,

또 살이 잘 오른 거세한 수탉도 한 마리,

백묵처럼 하얀 백포도주는 열 통,[29]

그리고 너무 비대해지지 말도록 소송을 두 건.[30]

을 비용에게서 유증받는다. 비용의 유증물이 대개 음식이라는 점에서, 또 포도주를 통째로 준다는 점에서, 상인이던 자크 카르동이 대식가이자 담욕스러운 인물이었던 것은 쉽게 짐작된다. 또 벗의 한결같은 식욕(食慾), 절대로 마르지 않는 식욕을 비용이 희화적으로 표현한 것으로 볼 여지도 충분하다. 그런데 그에게 선사하는 유증물들을 다른 시각에서 볼 경우, 매우 악의적이고 부정적인 해석 가능성도 만들어진다. 부유한 상인에게 비용의 볼품없고 초라한 옷은 딱히 소용될 일이 없으며, 버드나무에서 도토리가 열릴 수는 없다. 또 두 건의 소송은 자크 카르동이 남의 재산을 탐하고 빼앗기를 바라는 성향이 농후하다는 점을 암시할 수도 있으며, 나아가 자신이 준 유증물 일체를 누릴 시간적 여유를 박탈하는 장치일 수도 있기 때문이다. 게다가 '버드나무 숲의 도토리'라는 표현 자체가 사랑의 기쁨을 맛보는 쾌락의 장소에서 자크 카르동이 얻은 도토리가 수치스러운 포창(疱瘡)임을 빗댄 말일 가능성도 없지 않다.[31]

『유언의 노래』에서 비용은 다시 자크 카르동을 떠올린다. 하지만 그에게 유증물을 남기려 하는 순간, 비용은 자크 카르동에게 "합당한 것을 나 어떤 것도 갖고 있지 않기에"라는 말과 함께,[32] 목가(牧歌) 한

편을 유증물로 전한다. 하지만 비용의 말은 다소 모호한 구석이 없지 않다. 자크 카르동에게 '선사하기에 적합한, 그에게 어울리는 선물을 내가 갖고 있지 않다'라는 겸양의 의미일지 아니면 자크 카르동은 아무리 생각해 보아도 '훌륭한 선물을 받을 자격이 없다'는 비아냥일지를 명확히 분간하기는 쉽지 않다. 또 외설적인 내용을 노래할 때 즐겨 상용되는 선율에 맞추어 자신이 남기는 매우 우아한 문체의 '목가', 일면 궁정풍 사랑의 노래를 닮은 그런 노래를 부르기를 명하는 비용의 첨언 또한 의미를 파악하는 것을 어렵게 한다.

> 내가 거의 생명을 두고 온
> 가혹한 감옥에서 돌아올 때,
> 운명이 나를 시기한다면,
> 운명이 과오를 범했는지 여부를 판단하라.
> [...]
> 만약 운명이 부당함으로 가득 차,
> 내가 진정 죽는 것을 원한다면,
> 신이여, 내 영혼을
> 저 높은 곳, 당신 처소로 데려가주소서![33]

유증물인 한 편의 목가에 담긴 비용의 의중이 과연 자크 카르동이 여러 번 투옥되어 육체와 정신 양면에서 갖가지 고초를 맛보기를, 나아가 혹독하고 집요한 '운명'에 시달리다 절망에 잠겨 죽기를 바라는 것일까? 물론 이에 대해 비용은 침묵을 지키며, 그 해답을 읽는 이의 상상에 맡길 뿐이다.

유증물의 의미, 비용과 유증 수령자 사이의 관계에 대한 다른 예를 한 가지 더 들어보도록 하자. 비용은 필리프 브뤼넬(Philippe Brunel)이라는 인물을 떠올리며, 예전에 『유증시』에서 자신이 그에게 비세트르 성(城)을 남겨주었음을 기억하고는 다음과 같이 말한다.[34]

나 그에게 비이 탑을 준다,
문 혹은 창문이
아직까지 서있거나 그 자리에 남아 있다면,
일체를 완전히 원상복구한다는 조건을 달아서.
오른쪽에서 왼쪽에서, 그가 돈을 구하기를 바란다,
나는 돈이 없고, 그는 무일푼이니.[35]

이 기이한 유증물은 어떤 의미에서 남겨진 것일까? 필리프 브뤼넬의 부친은 왕비의 재무출납관(財務出納官)이었고 모친의 이름은 '오래된 성'을 의미하는 위게트 드 비엘샤텔(Huguette de Vielzchastel)이었다고 전해진다. 전하는 기록에 따르면, 필리프 브뤼넬은 이웃들과 종종 싸움을 일으켰던 난폭한 자였고, 소송에 광적으로 집착하는 인물이었다고 한다.[36] 『유증시』에서 이미 폐허가 되어버린 지 오래된 성을 준 것은 지킬 것이 아무 것도 없는 성을 관리하며 시간을 낭비하라는 말로 이해되기도 한다. 또 이미 폐허가 된 성, 게다가 지나가는 행인들의 재물을 빼앗던 도둑의 은거지로 바뀐 곳을 유증물로 준다는 사실은 유증수령자인 필리프 브뤼넬이 도적이자 악한임을 암시하는 말이 되기도 한다. 한편 센 강 우측에 세워진 비이 탑은 그 소유권에 대해 빈번히 소송이 제기되었던 곳이었으며, 그런 만큼 소송광이던 유증수령자에게는 최적의 선물이 된다. '비이'라는 탑의 이름은 '돈'을 의미하는 'bille' 혹은 'billon'과 유사한 발음이며, 여기에 비용은 늙은 매춘부가 젊은 매춘부들에게 이야기했던 "오른쪽에서 또 왼쪽에서 잡아라, 바라건대 단 한 명의 남자도 놓치지 말거라"라는 충고를 살짝 바꿔서 필리프 브뤼넬에게 이야기한다.[37] 이러한 맥락에서 비용의 권고는 유증수령자가 매춘과 관련된 일, 나아가 남창(男娼)이 되어서라도 돈을 벌기를 바란다는 비아냥처럼 이해된다.

그러나 비용의 교우 관계, 유증 수령자의 세간의 평판, 비용이 유증 수령자에 대해 갖고 있던 생각, 유증물을 남길 당시의 정확한 의도 등을 파악하지 못한다면, 비용의 유증물이 어떤 의도에서 만들어진 것인지 시인의 노림수가 구체적으로 무엇을 겨냥한 것인지를 파악하는 것은 난제가 아닐 수 없다. 그렇기에 16세기 국왕 프랑수아 1세의 명을 받아 비용의 작품을 새로 간행했던 시인 클레망 마로(Marot)의 다음과 같은 언급에 동의할 수밖에 없게 된다.

> 비용이 유언에서 행하는 유증들의 본래 의미를 충분히 감상하고 이해하려면, 그의 시대에 파리에 있어야 하며, 그가 말하고 있는 여러 장소와 대상들, 그리고 사람들을 알고 있어야 할 것 같다. 그도 그럴 것이 이러한 것들에 대한 기억들이 지나가면 갈수록, 그가 말하는 유증의 의도를 그만큼 더 파악하기 어려워질 것이기 때문이다.[38]

미셸 쟁크가 정확히 지적한 것처럼, 『유언의 노래』가 "지금 우리에게는 아무것도 알려지지 않은 당대 사람들을 겨냥한, 또 비용의 진짜 속내를 파악할 수 없는 암시들로 가득한, 우스꽝스럽고 터무니없는,

가상의 유증물들을 열거하는 데" 그쳤을 뿐이라면,[39] 비용의 작품은 오늘날까지 사람들의 기억 속에 남아 전해지지 않았을 것이며, 진력난 독자들은 금방 비용이라는 시인의 이름을 지워버렸을 것이다. 비용의 시가 오늘날에도 사람들의 마음을 매혹시킬 수 있었던 것은 끊임없이 분출되는 강박적이기까지 한 비용의 '고뇌와 고통'이 시집 전편에서 발견되기 때문이며, 끊임없이 유언장의 기술을 방해하는 시인의 '여담(餘談)'이 존재했기 때문이며, 일반화되고 틀에 맞춘 듯한 나아가 진부한 감정의 반복적인 토로를 벗어나, 생생하고 절절한 한 개인의 주관성이 표출되기 때문이다.

성모에게 바치는 아들의 노래

오늘날의 독자들이 여전히 비용의 작품을 기억하게 되는 이유들 가운데, 일례로 비용이 자신의 어머니에게 유증물로 남긴 한 편의 발라드를 들어보자. 「성모(聖母)에게 기도드리는 발라드」를 남기기 전, 시인은 자신의 안식처가 될 수 있는 곳이 어머니의 품밖에 없다는 점을 "내게는 다른 성(城)도 성채(城砦)도 없으니"라는 말로 표현하며, 지상의 어머니를 위해 천상의 모후에게 바치는 이 시는 아들의 손에 의해 만들어져 어머니의 입을 통해 읊어진다. 이 발라드에서 시를 쓰는 비용과 발라드의 명목상의 화자인 어머니는 모든 면에서 하나인 존재처럼 그려진다.

저는 늙고 불쌍한,

아무 것도 모르며, 글자 한 자 모르는 여인입니다.
제가 속한 교구의 교회에서, 저는 봅니다,
하프와 류트가 있는, 그림으로 묘사된 천국을,
그리고 단죄된 죄인들을 끓이는 지옥을.
하나는 저를 두렵게 하고, 하나는 기쁨과 즐거움을 줍니다.
전능하신 여신이여, 제가 기쁨을 얻게 해주소서,[40]

발라드의 마지막에서, 비용은 항구적인 '믿음', 전적인 '신앙'을 강조하며, 다음과 같이 시를 마무리한다.

거룩하신 성모여, 여왕이시여, 당신께서는
영원무궁토록 [세상을] 다스리시는 예수를 태중에 가지셨고,
전능하신 그 분께서는, 미약한 인간의 모습으로,
천상을 떠나 우리를 구하러 오셨고,
당신의 눈부시게 빛나는 젊음을 죽음에 바치셨으니,
바로 그 분이 우리 주님이시며, 또 그렇게 저 역시 믿나이다.
이러한 믿음 속에서 저 살다 죽고자 하옵니다.[41]

위에서 인용한 「성모에게 기도 드리는 발라드」의 세 번째 시절과 마지막 대목의 경우, 각 시행의 첫 글자만을 수직으로 조합하면 'APELLA CE VILLONE'라는 문장이 만들어지며, 이로써 이 기도를 비용이 청하고 작성했다는 점이 시사된다. 만유를 주재하는 전능하신 신에게 직접 기도드릴 자격도 없는 아들 비용은 중층 구조의 중재를 통해 자신의 희구하는 바를 표출한다. 아들의 비천함과 불쌍함

은 어머니의 그것과 연계되며, 성모 마리아를 의지처로 삼는 어머니의 심정은 아들과 하나가 된다. 다르지 않은 슬픔과 절망 속에서, 아들은 불쌍한 자신의 어머니를 중재자로 삼으며, 그 어머니는 신의 모후이자 인간의 중재자인 성모에게 중재를 부탁한다. 성모의 모성애에 의탁한 이들의 기도가 성모의 아드님에게로 전해지기를, 그래서 마침내 예수가 베푸는 은총이 지상의 어머니와 아들에게 내려지기를 시인과 어머니는 한 목소리로 간절히 기원한다. 이러한 점을 고려한다면, 마지막 발구의 아크로스티슈는 'Villon'이 아닌 여성화된 'Villone'임이 분명해진다.[42] 이렇듯 간절한 기도가 행해진 것은 15세기의 일이었지만, 그 바람은 21세기를 사는 수많은 아들과 어머니의 기도와 별로 다르지 않다.

{주}

1. "Je suis François, don't il me poise,/Né de Paris emprés Pontoise,/Et de la corde d'une toise/Saura mon col que mon cul poise."(Quatrain, vv. 1-4.)
2. F. Habeck, *Villon ou la légende d'un rebelle*, traduit de l'allemand par Élisabeth Gaspar, Paris, Mercure de France, 1970.
3. Edelgard E. DuBruck, "François Villon en Allemagne", in *Villon Hier et Aujourd'hui*, Paris, Bibliothèque historique de la Ville de Paris, 1993, p. 234; O. Süpek, "Villon en Hongrie", in *Villon Hier et Aujourd'hui*, Paris, Bibliothèque historique de la Ville de Paris, 1993, pp. 249-258 등을 참조.
4. 발표된 원문의 표기와 띄어쓰기를 준용하는 대신, 편의를 위해 현행 표기법과 띄어쓰기를 적용해 인용했음을 밝혀둔다.
5. "L'empereur si l'araisonna:/«Pourquoy es tu laron en mer?»/L'autre response lui donna:/«Pourquoy laron me faiz clamer?»/Pour ce qu'on me voit escumer/En une petiote fuste?/Se comme toy me peusse armer,/Comme toy empereur je

fusse."(XVIII, vv. 137-144.)

6. "Mais que veulx tul de ma fortune,/Contre qui ne puis bonnement,/Qui si faulcement me fortune,/Me vient tout ce gouvernement./Excusez moy aucunement/Et saichiez qu'en grant poverté,/Ce mot se dit communement,/Ne gist pas grande loyaulté.»"(XIX, vv. 145-152.)
7. "Icy se clost le testament/Et finist du povre Villon./Venez a son enterrement,/Quant vous orez le carrillon,/Vestuz rouge com vermeillon,/Car en amours mourut martir;/Ce jura il sur son coullon,/Quant de ce monde voult partir."(vv. 1996-2003.)
8. François Villon, *Œuvres*, traduction et commentaires de Suzuki Shintaro, Tokyo, Iwanami Shoten, 1965, pp. 441-445.
9. 당시 발표된 그대로의 표기를 살린 원래 글은 다음과 같다:"奇怪한運命에弄絡되야盜賊團의 首領까지되얏던三十歲를一期로죽은佛國詩人villon의遺言詩"(朴術音, "早熟詩人『채터튼』의설음", 『學生』, 第壹卷 第五號, 1929, p. 41.)
10. "Je plains le temps de ma jeunesse,/Ouquel j'ay plus qu'autre gallé/Jusqu'a l'entree de viellesse,/Qui son partement m'a cellé:/Il ne s'en est a pié alé/N'a cheval, helas! comment don?/Soudainement s'en est vollé/Et ne m'a laissié quelque don."(XXII, vv. 169-176.)
11. "青春은 모르는새 흘너갓스니/그時節생각코 나는痛哭합니다/뉘보다도 즐긴 青春의 時節/설어워라 老衰가侵犯하네요/青春은 발로 거러간것안이고/말타고 달닌것도 안이랍니다/그러면 엇쩌케? 오! 날너갓지요/그리고서 永永히 不再還이야요"
12. "Sur le Noël, morte saison,/Que les loups se vivent du vent/[...] Me vint ung vouloir de briser/La tres amoureuse prison/Qui faisoit mon cueur debriser."(II, vv. 10-11, 14-16.)
13. "Je m'en vois a Angers,"(VI, v. 43.)
14. "Ainsi le font l'un a l'autre pourceaux,/Car ou l'un brait, ilz fuyent a monceaux."(vv. 34-35.)
15. 박경남, 『우물쭈물하다가 내 이럴 줄 알았다』, 포럼, 2009.
16. 프랑소아 비용, 『유언시 - 비용 詩全集』, 송면 譯, 문학과지성사, 1980.
17. 송면, 『프랑수아 비용 그 생애와 시세계』, 동문선, 1995, p. 317.
18. *Ibid.*, p. 318.
19. "En l'an de mon trentiesme aage/Que toutes mes hontes j'euz beues,"(I, vv. 1-2.)
20. "Ne du tout fol ne du tout saige/ Non obstant maintes peines eues,"(I, vv. 3-4.)
21. "Lesquelles j'ay toutes receues/Soubz la main Thibault d'Aucigny.../S'esvesque il est, signant les rues,/Qu'il soit le mien, je le regny."(I, vv. 5-8.)

22. "Je congnois approucher ma seuf,/Je crache blanc comme coton/Jacoppins groz comme ung estuef."(LXXII, vv. 729-731.)

23. "Dieu mercy... et Tacque Thibault,/Qui tant d'eaue froide m'a fait boire,/En ung bas, non pas en ung hault,/Menger d'angoisse mainte poire,/Enferré... Quant j'en ay memoire,/Je prie pour luy, et relicqua,/Que Dieu lui doint, et voire voire,/Ce que je pense, *et cetera*."(LXXIII, vv. 737-744.)

24. "Somme, plus ne diray q'un mot,/Car commencer vueil à tester."(LXXVIII, vv. 777-778.)

25. "Je sens mon cueur qui s'affoiblist/Et plus je ne puis papïer./Fremin, siez toy pres de mon lit,/Que l'en ne me viengne espïer./Pren ancre tost, plume, pappier,/Ce que nomme escriptz vistement,/Puis fay le partout coppïer./Et vecy le commancement."(LXXIX, vv. 785-792.)

26. "Ou nom de Dieu, Pere eternel,/Et du Filz que Vierge parit,"(LXXX, vv. 793-794.)

27. 원문은 다음과 같다: "Item, mon corps j'ordonne et laisse/A nostre grant mere la terre./Les vers n'y trouveront grant gresse;/Trop lui a fait fain dure guerre!/Or lui soit delivré grant erre:/De terre vint, en terre tourne!/Toute chose — se par trop n'erre —/Voulentiers en son lieu retourne."(LXXXVI, vv. 841-848.) 아울러 현대 프랑스어 번역은 다음과 같다: "Item, je donne et lègue mon corps/à la terre, notre noble mère à tous./Les vers n'y trouveront guère de graisse:/la faim lui a fait une guerre trop cruelle!/Qu'il lui soit livré au plus vite:/de poussière il vint, à poussière il retourne!/Toute chose — sauf erreur grossière de ma part —/revient spontanément à son point de départ."

28. "«Cygist et dort en ce sollier/Qu'Amours occist de son raillon,/Ung povre petit escollier/Qui fut nommé Françoys Villon./Oncques de terre n'eust sillon,/Il donna tout, chascun le scet,/Table, tresteaux, pain, corbillon./Pour Dieu, dictes en ce verset:"(CLXXVIII, vv. 1884-1891.)

29. 옛날의 용량 단위로, 파리를 기준으로 했을 때, 술 1'뮈'는 무려 268 리터에 해당하는 양이다.

30. "Mes gans et ma houcque de soye/[...] Le glan aussi d'une saulsoye,/Et tous les jours une grasse oye/Et ung chappon de haulte gresse,/Dix muys de vin blanc comme croye,/Et deux procés, que trop n'engresse."(XVI, vv. 122, 124-128.)

31. Jelle Koopmans, "Villon et Jacquet Cardon", *French Studies*, 54, n° 3, 2000,, p. 282.

32. "Car je n'ay riens pour lui d'onneste"(CLXVI, v. 1777.)

33. "Au retour de dure prison/Ou j'ay laissié presque la vie,/Se Fortune a sur moy envie,/Jugiez s'elle fait mesprison./[...]Se sy plaine est de desraison/Que vueille que du tout desvie,/Plaise a Dieu que l'ame ravye/En soit lassus en sa maison!"(vv. 1784-1787, 1791-1794.)
34. "Auquel jadiz lessay Vissextre,"(CXXXVI, v. 1347.)
35. "Je donne la tour de Billy,/Pourveu, se huys y a ne fenestre/Qui soit ne debout ne en estre,/Qu'il mecte tres bien tout a point;/Face argent a destre et senestre,/Il m'en fault et il n'en a point."(CXXXVI, vv. 1348-1353.)
36. Pierre Champion, *François Villon. Sa vie et son temps*, 2 vol, Paris, Champion, 1913; 1984, t. II, pp. 299-302.
37. "Prenez a destre et a senestre,/N'espargniez homme, je vous prie,"(vv. 537-538.)
38. *Poésies complètes*, Édition présentée, établie et annotée par Pierre Michel. Préfaces de Clément Marot et de Théophile Gautier, Paris, Librairie Générale Française, 1972, p. vi에서 재인용.
39. 미셸 쟁크, 『중세, 사랑과 매혹의 노래』, 김준현 옮김, 고려대학교출판문화원, 2018, pp. 215-216.
40. "Femme je suis povrecte et ancïenne,/Qui riens ne sçay, oncques lettres ne leuz./Au moustier voy, dont suis parroissïenne,/Paradiz paint, ou sont harpes et leuz,/Et ung enffer, ou dampnez sont bouluz;/L'un me fait paour, l'autre joye et lïesse./La joye avoir me fais, haulte deesse,/A qui pecheurs doivent tous recourir,/Comblés de foy, sans faincte ne parresse:/En ceste foy je vueil vivre et mourir."(vv. 893-899.)
41. "Vous portastes, digne Vierge, princesse,/Jhesus regnant qui n'a ne fin ne cesse./Le tout Puissant, prenant nostre foiblesse,/Laissa les cieulx et nous vint secourir,/Offrit a mort sa tres clere jeunesse./Nostre Seigneur tel est, tel le confesse:/En ceste foy je vueil vivre et mourir."(vv. 903-909.)
42. "La très savante simplicité de ce poème est basée, au contraire des tendances dominantes de la littérature "mariale", sur l'évitement de tout contact entre le pécheur et la Vierge: au lieu d'une avalanche de figures, il suffit au poète d'avoir *délégué sa voix*, d'en avoir trouvé une qui ne soit pas "jangleresse". Figure globale, et puissante par sa discrétion même, où il reste à inscrire, en marge d'une prière devenue le bien de l'illettrée, la signature de l'écrivain: c'est ce que fait l'acrostiche de l'envoi."(F. Cornilliat, *"Or ne mens" Couleurs de l'Eloge et du Blâme chez les "Grands Rhétoriqueurs"*, Paris, Champion, 1994, pp. 514-515.)

{제6장}

죽음의 춤

한 번은 출 수밖에 없는 춤

죽음의 춤_황제와 교황
(기요 마르샹의 판본)

죽음의 춤의 형성 배경

흔히 '중세'를 떠올릴 때면 연상되는 어둡고 불길한 분위기들, 백년 전쟁, 기근, 이단 심문, 마녀 등의 말에서 쉽게 짐작되듯, 통념상 중세는 '암흑기'였다. 또 그런 만큼, 중세라는 말에서 '죽음'을 떠올리는 것 역시 어렵지 않다.[1] 설교자들은 늘 죽음을 생각하라는 설교를 행했으며, 시인들 역시 죽음에 대한 두려움과 공포, 신의 은총과 구원 등을 빈번히 이야기하곤 했다. 이런 정황 속에서 왕생법(往生法)이 성행했고 '죽음의 춤' 역시 유럽 전역에서 성행했던 것이 사실이다. 어느 순간, 두 번 경험하기 힘든 미지의 '죽음'은 살아 있는 자들의 세계 안에 확고한 제 자리를 잡았고, 삶을 다스리는 기세처럼 무소불위의 힘을 행사하곤 했다. 벌레들이 뜯어먹은 육체, 썩고 부패하는 육신의 살 속에 또아리를 튼 뱀, 미라와 다르지 않은 해골의 모습 안에서 '죽음'은 구체화된다.

'죽음의 춤'은 'memento mori'라는 말, 다시 말해 '죽게 될 터임을 기억하라'라는 짧지만 강력한 기치를 휘두르며 많은 인간들을 지배했다. 중세 역사가 하위징어(J. Huizinga)가 '죽음의 춤' 안에서 중세 말기의 서양 문명이 겪었던 정신적인 조락(凋落)의 흔적들을 짚어냈다면,[2] 테넨티(A. Tenenti)나 아리에스(Philippe Ariès) 같은 역사가들은 동일한 '죽음의 춤'에서 이승에서의 삶에 대한 뜨거운 욕망의 흔적들을 발견하기도 했다.[3] 일면 떠들썩한 카니발을 닮은 외양 아래에서, '죽음의 춤'은 한결같은 모습이면서도 늘 변화하는 변주들을 통해 사람들의 시선과 의식을 사로잡았다.

'죽음'에 대한 성찰은 예외를 두지 않는 죽음, 임종의 고통이나 신의 구원과 같은 우선적인 문제에서 다양한 신분과 성별, 현세의 타락과 운명의 부침, 섭리와 회심 등의 문제로까지 확장되곤 했다. '만인평등의 죽음'이라는 부정할 수 없는 사실을 부각시키면서, 죽음의 춤은 지금을 사는 산 자와 과거를 살았던 죽은 자, 달리 말한다면 지금과 옛날의 동일한 '나'를 한 쌍으로 엮는 기괴한 초대장을 사람들 앞에 제시하기에 이른다. '죽음의 춤'은 15세기 초 파리 이노상 묘지에 벽화로 그려져 사람들의 눈길을 사로잡았으며,[4] 당시 설교자들은 묘지의 벽화를 배경으로 삼아 죽음에 대한 설교를 행하곤 했다.

주지의 사실이지만, '죽음'에 대한 성찰과 언급들을 중세가 새롭게 발견한 것은 아니다. 최초의 인간 아담과 에덴 동산을 이야기하는 성경의 「창세기」에서는 "선과 악을 알게 하는 나무"에서 "그 열매를 따먹는 날" 죽음이 찾아올 것임을 경고하는 대목이 기술되며,[5] 인간이 '먼지로 돌아가리라'는 점을 통해 원죄에 따른 결과인 죽음이 이야기된다. 하지만 고대인들이 남긴 '죽음'에 대한 표상은 의인화된 어떤 실체였다기보다는 평면적인 알레고리 수준에 머무르곤 했다. 게다가

'죽음' 그 자체에 대한 논의보다는 죽은 자가 남겨둔 이들이 겪을 이별의 괴로움, 막막한 상실감 등을 이야기하기 위해 '죽음'이 언급되는 경우가 빈번했던 것이 사실이다. 9세기 중반경, 두오다(Dhuoda)가 '선한 자였든 악한 자였든 간에, 죽은 자들 모두를 위해 기도드리기를' 아들에게 당부하는 말에서 짐작되듯, 중세 사람들 역시 죽은 자들에 대한 기도를 통해 '죽음'에 대한 어떤 의식을 갖고 있었음은 분명하다.

'죽음'과 관련된 논의는 7세기 무렵 '위령 미사'가 널리 확산되고 '최후 심판'이 신앙의 화두처럼 제기되면서부터, 또 '연옥'에 대한 논의가 전개되기 시작하면서부터 새로운 변화상을 보이게 된다.[6] 이때부터 성직자들은 현세의 제반 유혹들, 무수한 쾌락들에 빠지지 않기를 더욱 강조하기 시작하며, 점차 '죽음'에 대한 인식은 성인(聖人) 숭배와 연계되기에 이른다. '죽음의 춤'의 근간이라 볼 수 있는 '죽음 앞의 인간', 또는 '만인평등의 죽음'은 중세 전반에 걸쳐 큰 관심을 받았던 작가인 보에티우스(Anicius Boetius)의 작품인 『철학의 위안』(*De consolatione philosophiae*)에 의해서도 널리 전파되었을 것으로 보인다.[7] 물론 이 작품에서 직접적으로 '죽음'과 관련된 논의가 펼쳐지는 것은 아니다. 그저 지상의 행운은 불안정하고 위험한, 나아가 갑작스런 것이라는 점이 강조되며, 죽음은 영원한 삶으로 가는 노정에서 조우하게 되는 부차적인 현상처럼 기술될 뿐이지만, 보에티우스의 작품을 통해 널리 알려진 지 유명한 '운명의 수레바퀴'가 '죽음'과 '이승'에 관한 입장을 성찰하는 데 큰 영향을 주었을 것이라는 점은 분명하다.

정확한 연대를 추정하기는 어렵지만, 대개 12세기 정도부터 지옥에서 겪게 될 고통을 선하는 내용들이 시에서 표출되며, 그 과정에서 현세에서 누렸던 영광이 얼마나 허망한 것이었는지 또 이 지상에서 모았던 재물들이 얼마나 헛된 것이었는지 등이 죽음 앞에 선 인간의 평등함과 대비된다. 일례로 1183년 무렵 수도회에 들어간 인물인 티보 드 몽모랑시(Thibault de Montmorency)가 남긴 『죽음의 시』(*Vers de la mort*)를 들어보자. 티보 드 몽모랑시는 성경의 「창세기」와 「요한묵시록」의 흔적이 드러나는 일종의 설교문과 같은 작품인 『죽음의 시』에서, 앞서 언급한 '부귀영화의 허망함', '죽음 이후의 평등'을 강조하며 일종의 '종말론'을 부각시킴으로써 '죽음의 춤'과 연계되는 고리를 만든다.

'죽음의 춤'의 근간들 가운데, 12세기 말에 쓰여진 엘리낭 드 프루아드몽(Hélinant de Froidmont)의 『죽음의 시』(*Vers de la mort*)를 지나칠 수는 없다. 이 작품에서는 후일 '죽음의 춤'이라는 무대에서 '죽음'이 선보이는 주된 특징들이 원형 상태로 제시된다. "뿔피리를 들어 올려, 그 소리를 사방에 알리는" '죽음', 이 '죽음'은 "모든 것을 낚아채는 그물이며,/죽음은 모든 것을 틀어잡는 손이고,/죽음은 제가 부여잡은 것을 결코 놓아주지 않는다"는 점이 강조되기 때문이다. 시인은 어디에나 존재하는, 만방에 제 모습을 드러내는 '죽음'의 모습과 그 가차없는 행동을 기술하며,

> 죽음은, 로마에서 외치니, 랭스에서 외치니.
> 그대들, 모든 이들 내 수중에 있어라,
> 낮은 자뿐만 아니라 높은 자 역시,
> 그대들 눈을 열고, 그대들 허리띠를 졸라 준비하라,
> 내가 그대들에게 재갈을 물려 끌어내기 전에,

또 그대들 아아! 불행하구나! 라고 부르짖게 되기 전에.[8]

'누옥의 가난한 자도 탑의 왕도 단 한 번에 쓰러뜨리는 죽음', '모두를 출두시키기 위해 쉬지 않고 도처를 배회하는 죽음'의 모습을 부각시킨다. 한편 '최후의 심판'을 강조함으로써 '죽음'에 관한 교훈을 전하며, 지상의 삶에 대한 무시와 경멸, 부와 권력을 가진 자에 대한 비판을 담아낸다.[9] 한편 엘리낭 드 프루아드몽의 "나이든 자들의 주름진 얼굴 위에/분명히 적힌 '죽음'은/젊은 자들 속에 제 몸을 숨기니,/[…] 그들은 저 우아한 젊은 자들,/개와 새를 데리고 사냥을 떠나는" (XXIV, vv. 1-3, 6-7.)과 같은 구절은 '세 명의 사자(死者)와 세 명의 산 자' (Dit des trois morts et des trois vifs) 이야기의 시작을 예고하는 듯 여겨진다는 점에서 흥미를 끈다.

'죽음의 춤'의 기저에 '세 명의 사자(死者)와 세 명의 산 자' 이야기가 있다는 것은 주지의 사실임에 틀림없다.[10] 13세기 이전, 해골은 저승을 환기시키는 단순한 상징에 불과했지만, 이제 '세 명의 사자(死者)와 세 명의 산 자' 이야기에 와서부터는 죽음의 화신(化身)이 된다. 이 이야기는 특정한 어느 지역에 국한된 것이 아니라 전 유럽에서 성행했으며, 그 기원은 불확실하지만 죽은 자들과 산 자들이 만나 이야기를 나눈다는 점에서 공통점을 보인다. '그대들의 지금 모습, 과거 우리의 모습이었고, 현재의 우리 모습, 미래의 그대들이라'라는 표명에 이 이야기의 요체가 남겨져 있다.

'세 명의 사자(死者)와 세 명의 산 자' 이야기는 대략 1280년 무렵 최초로 만들어진 것으로 보이며, 도입부에서 왕후장상(王侯將相)의 아들이던 세 명의 젊은이가 돌연 추악한 모습의 죽은 자들을 만나는 상황이 기술된다. 죽은 자들은 세 젊은이들에게 미래에 그들이 겪을 육체의 부패, 양심의 가책과 반성, 지옥의 무수한 고통들 등을 들려준 다음, 언제 어디서 또 어떻게 찾아올지 모를 죽음, 피하려 애를 써도 결코 피할 수 없는 죽음을 늘 준비해야 한다는 사실을 일러준다. 또 신이 항상 산 자들의 기도에 귀를 열고 있다는 점을 강조하며, 죽은 자들을 위해 신께 기도드리는 것에서 은총을 받을 수 있을 것이라는 점을 당부한다.

'죽음의 춤'의 배경막을 이루는 또 하나의 중요한 원천으로는 'Vado mori' 계열의 작품들을 꼽을 수 있다.[11] "나 죽게 되리니. 나를 불쌍히 여겨주소서 오 전지전능하신 왕 그리스도여/모든 죄인들 용서하시는. 나 죽게 되리니"라는 한 구절에서도 쉽게 짐작되듯,[12] 이 계열의 작품들은 대부분 기독교적인 색채를 보이며, 다양한 신분들, 이를테면 교황, 국왕, 추기경, 주교, 의사, 상인, 고리대금업자, 부자, 가난한 자, 노인, 젊은이, 미남, 연인, 학자 등이 등장한다는 점에서 후일의 '죽음의 춤'과 밀접한 관계를 맺는다. 다만 'Vado mori' 계열의 작품들을 '죽음의 춤'과 비교했을 때, 전자의 경우 다양한 인물들 사이에서 정해진 순서나 위계를 찾아보기 어려운 반면, 후자의 경우에는 성직자가 속인에 우선하고 일정한 신분의 위계질서에 따라 여러 인물들이 등장한다는 점에서 차별화되는 양상을 파악할 수 있다. 'vado mori' 계열의 작품들은 죽음을 목전에 둔 '산 자의 독백'이며, 그 안에서 각계각층의 신분과 인물들이 거론되는 한편 무수한 과거사들을 논하게 된다는 점, 여기에 개인의 성찰들이 더해진다는 점을 주요한 특징으로 들 수 있다.

중세의 '죽음'을 통칭하는 상징적인 말처럼 사용되는 '죽음의 춤'

이라는 말은 14세기 장 르 페브르(Jean Le Fèvre)가 쓴 『죽음의 유예』(*Respit de la mort*), 신의 법정에 저자가 죽음을 유예시켜 줄 것을 청하는 내용인 작품에서 기원한다고 추정된다.[13] '죽음의 춤'과 연관되는 작품들은 초기의 경우 대개 '설교'의 형식을 사용하곤 했으며, 육신의 부패와 소멸, 영혼의 구원과 '영원한 생명' 등을 주된 내용으로 삼았다. 또 '죽음'과의 대면에서 만들어진 반응들은 주로 체념과 수긍, 신의 은총에 대한 간구, 기독교인에게 어울리는 삶의 마감 등이었다.

주지의 사실이듯, '죽음의 춤'은 만인평등의 죽음을 우선적으로 부각시켰으며, 나이와 성별, 사회적 신분의 차이와 무관한 '죽음'의 손길을 강조하곤 했다. '죽음'의 소환은 권력의 정점에 있는 교황과 황제도 용서하지 않았고, 갓 태어난 어린 아이도 연약한 여자에게도 일체 예외를 두지 않는 것이었다. 아울러 현세의 재물, 수많은 인간적 욕망들, 오랜 학문과 지식 등, 이 지상의 대부분의 것들이 무용한 것처럼 거론되었고, 그 결과 '죽음의 춤'은 현실 혹은 현세를 허망하기 그지없는 것으로 간주해 이에 대한 포기와 체념을 만들어내기도 했다.[14]

기요 마르샹과 죽음의 춤

출판업자였던 기요 마르샹(Guyot Marchant)이 15세기에 간행한 『죽음의 춤』은 이노상 묘지에 벽화로 그려졌던 '죽음의 춤'을 원형으로 만들어진 것이었고,[15] 중세 사람들의 다양한 욕망의 실체와 근거를 파악하는 기회를 제공한다는 점에서 오늘날에도 많은 흥미를 불러일으킨다. 1485년 간행된 초판은 목판화 삽화 17점과 더불어 30여 명의 인물들을 등장시켰고, 이듬해인 1486년에 새로운 삽화 및 인물들을 추가한 개정판이 간행되었다는 사실에서 그 인기를 짐작해볼 수 있다.[16] 또 1486년 기요 마르샹은 여성들만을 등장시키는 새로운 『죽음의 춤』을 간행하기도 한다. 기요 마르샹이 1486년 간행한 『죽음의 춤』의 경우, 삽입된 목판화에 그려진 다양한 인물들은 15세기 말의 전형적인 의복을 입고 있으며,[17] 40여 명 가운데 30여 명 정도가 부유한 계층에 속한다는 점을 확인할 수 있다.

지극히 교화적인 내용과 어조에 비추어보았을 때, 장 제르송(Jean Gerson) 또는 장 르 페브르 등이 저자일 것으로 추정되었으나 진위는 오늘날까지도 불명확하다. 다만 한 가지 추측 가능한 사실은 신학에 매우 조예가 깊은 성직자 계층의 인물이 이 글의 저자였을 것이라는 점이다. 기요 마르샹의 『죽음의 춤』은 성장(盛裝)한 어느 인물이 서판 위에 한 권의 책을 펼쳐 보이는 장면으로 시작되며, 이어서 다음과 같은 내용이 이야기된다.

> 영원한 생명을 욕망하는
> 분별력을 갖춘 피조물이여
> 여기 그대가 유념해야 할 교의가 있으니
> 그것은 가사자의 운명적인 삶을 훌륭히 마치기 위한 것.
> 이는 죽음의 춤이라 불리니,
> 모두가 춤추는 것을 배워야 할 터.
> 남자든 여자든, 응당.
> 죽음은 신분이 낮은 자도 높은 자도 용서치 않으니.
> 이 거울에서 모두가 읽을 수 있으리,

그도 이렇듯 춤추게 되리라는 사실을.
여기에 자신을 잘 비추어보는 자 현명할지라.
죽음은 산 자를 앞서 나가게 하니
지극히 큰 자들이 춤을 시작하는 것을 그대 보리라.[18]

죽을 수밖에 없는 존재인 인간의 운명을 환기하는 말로 시작되는 기요 마르샹의 『죽음의 춤』에는 '구원의 거울'(Miroir salutaire)이라는 상징적인 부제(副題)가 달려 있으며, 이러한 보충적인 부제 자체에서 벌써 작품의 '교화적'인 주안점을 간파할 수 있다. 앞서 인용한 저자의 말 다음에는 네 명의 '죽음'의 악사(樂士)들이 등장하여 각각 충고를 전한다. 이들 네 명의 해골 악사들은 '육체의 부패', '필멸의 존재라는 점에 대한 인식', '모두에게 평등한 죽음과 시간의 무상함'을 이야기하며, 그들의 권고는 앞서 '저자'가 말한 내용의 변주이자 책의 부제인 상징적인 '거울'에서 해독해야 할 의미를 풀이하는 것으로 여겨진다.

그런 연후 구체적인 '죽음의 춤'이 시작된다. 죽은 자와 산 자의 대비는 갖춰 입은 의복과 나신(裸身)의 대조로 부각되며, 각 신분에 고유한 특징적인 의복 및 소유물로 표시된 산 자의 사회적 위계는 누더기를 걸치고 있는 또는 뼈만 앙상한 죽은 자의 모습과 극명하게 대비됨으로써 그 부질없음이 강조되며 동시에 현세의 허망함이 부각된다.

죽은 자는 '가장 지고한 신분인 교황이 이 춤을 시작해야 한다'고 말하며,[19] 교황을 맞이하는 듯 발걸음을 서두른다. 교황은 담담하면서도 체념하는 어조로 '지상의 으뜸가는 존재였던 자신이, 교회에서 성 베드로처럼 지고무상한 권위를 누렸던 자신도' 이렇듯 불시에 죽음을 맞이해야 한다는 점을 토로하며 "죽음은 모두에게 전쟁을 선포하니./이렇게 한순간에 사라지는 영광, 허망하도다"라고 말한다.[20] 이어서 죽은 자는 황제에게도 '아담의 자손들은 모두 죽을 수밖에 없는 운명"임을 되풀이해 강조한다.[21]

교황과 황제 다음에는 추기경과 왕이 등장한다. 죽은 자는 추기경에게 "그대 놀란 것처럼 보이는구나/추기경이여, 어서 오라/다른 사람들을 따르시오, 함께/놀라움을 드러내도 부질없으니"라고 이야기를 건네며,[22] 몹시 놀란 듯 뒤를 돌아보며 작살처럼 큰 화살을 든 해골에게 간청하듯 손을 내미는 추기경은 '이렇듯 지척에서 죽음에게 붙잡혔기에 놀라움을 금할 수 없음'을 말한 다음 "모든 즐거움 슬픔으로 끝나네"라고 한탄한다.[23] 이에 반해 왕은 처량한 표정을 감추지 못하면서도 담담한 태도를 유지한다. 죽은 자는 "오라, 왕관을 쓴 고귀한 왕이여, 힘과 용맹함으로 이름 드높은 이"라고 왕을 부른 뒤,[24] 제아무리 부유한 이도 오직 수의(壽衣)밖에는 갖지 못한다는 말로 인간이 죽음을 피할 수는 없다는 진리를 이야기한다. 그러자 이에 대해 왕은 "궁지, 힘, 가계가 무슨 소용이 있으랴!"라는 비통한 탄식과 더불어, 성경의 한 대목을 연상시키듯, 죽음 앞에서 모든 인간은 "결국 재로 돌아갈 수밖에" 없다는 사실을 통감한다.[25]

마치 산 자처럼 움직이는 해골, 그에 반해 죽은 자처럼 혹은 마비된 것처럼 굳은 자세를 취하는 산 자의 조우를 통해 기이한 정경을 그리는 '뒤집힌 세계'의 면모는 총대주교가 등장하는 장면에서도 되풀이된다. "총대주교여, 침울한 안색을 지어도/그대 피해갈 수 없으니./그대가 애지중지하던 십자 홀장도/다른 사람의 손에 넘어가리라 […]/그대 결코 로마 교황이 될 수 없으니 […]/허망한 희망은 사람

주교와 시종 기사

을 속이는 법"이라 말하며 총대주교의 옷자락을 끌어당기는 죽은 자의 말에는 인간적인 욕망에 대한 조롱이 묻어나며,[26] 이 말을 들은 산 자는 고개를 떨군 채 '세속의 영예와 높은 지위가 자신을 또 많은 이들을 망쳤지만, 이 사실을 알아차리는 사람은 거의 없다는 점을' 말할 뿐이다.[27]

주교와 시종 기사가 등장하는 장면의 경우, 삽입된 목판화는 시종 기사의 말과 행동을 어긋나게 한다는 점에서 무엇보다도 흥미를 끈다. "앞으로 나오라, 우아한 시종 기사여,/다양한 춤추는 법을 아는 이여,/어제는 그대에게 창과 방패가 있었지만/오늘은 그대 삶의 나날을 끝내야 한다 […]/그대를 도울 사람 아무도 없다/죽음을 피해서 도망칠 수 있는 이는 없도다"라는 죽은 자의 말에,[28] 시종 기사는 흡사 강하게 거절하거나 마다하는 듯한 표시처럼 왼쪽 손을 들어 올린다. 또 해골이 이끄는 방향과는 반대로 몸을 슬쩍 돌린 그의 발걸음은 해골의 발걸음과 정반대 방향을 향하고 있다. 물론 목판화에 그려진 시종 기사의 손짓과 발걸음은 '죽음 앞에서 도망칠 수 있는 자는 아무도 없다'는 사실을 강조하는 한편 죽음에 직면한 인간이 보이게 마련인 최후의 발버둥이 얼마나 무용한 것인지를 부각시키기 위한 것일지도 모른다. 그런데 그림에 재현된 것과는 달리, 시종 기사의 말은 자신에게 찾아온 비극적인 운명을 받아들이고 있다.

> 미처 한 마디 말도 하기 전에
> 죽음이 나를 제 그물에 사로잡았구나
> 쾌락이여 잘 있거라, 위안이여 잘 있거라
> 귀부인들이여 잘 있거라, 나 더는 웃음지을 수 없겠구나
> [⋯]
> 모두 죽음을 받아들여야 하는 운명, 언제인지 알지 못하네[29]

어떤 이에게 시종 기사의 말이 죽음을 사려깊게 준비할 것을 강조하는 것으로 다가오는 것이었다면, 다른 이에게는 저 유명한 '오늘을 즐기라'(Carpe diem)라는 말에 대한 쓰라린 조롱처럼 들렸을지도 모른다.[30]

산 자들을 죽음으로 이끄는 죽은 자들의 모습은 점차 과장되는 경향을 보이며, 그런 만큼 더욱 기이한 인상을 전한다. 시칠리아노가 평했던 것처럼, '익살 광대 또는 조소하는 미치광이'를 연상시키는 이러한 거동의 변화는,[31] 사제의 옷깃을 끌면서 가래를 마치 지팡이인

양 짚고 가는 해골의 모습, 구더기와 벌레들이 우글거리는 복부를 그대로 전면에 드러낸 채 집행관을 소환하는 해골의 태도, 시선은 천문학자를 향해 두고 반면 한 발을 부르주아 쪽으로 비스듬히 올린 해골의 움직임에서 쉽게 확인된다.

죽은 자는 커다란 물욕(物慾)을 가졌던 부르주아에게 '재물을 모으려고 발버둥치는 것이 얼마나 허망한 일'인지를 알리며,

> 부르주아여, 때를 늦추지 말고 서두르거라!
> 죽음으로부터 그대를 보호해줄
> 어떤 재물이나 부도 없으니
> 넉넉한 그대의 재물들을
> 잘 사용했다면, 현명하여라
> 타인에게서 온 모든 것 타인에게로 가니
> 재물을 모으고자 발버둥치는 자 어리석구나
> 누구를 위해 제가 재물을 쌓는지 사람들은 모르는 법.[32]

이에 대해 부르주아는 "끔찍한 불행 때문에 나 이렇게 빨리 버려야만 하니,/지대 수입, 여러 집들, 수중의 돈, 양식들을 […]/ 더 많이 가진 자가 죽음을 더 기피하고 근심하는 법"이라 답한다.[33] 한편 고리대금업자가 등장하는 장면은 앞선 시종 기사의 경우를 닮은 삽화가 제시된다는 점에서 흥미롭다. 죽은 자는 고리대금업자에게

> 분별력을 상실한 고리대금업자여,
> 어서 와 나를 보라.

고리대금업에 눈이 멀어서
돈을 모으는 데 안달이 났구나
그런데 그대 이로 말미암아 분명 불길에 휩싸이게 되리니,
왜냐하면 경이로우신 신이
그대를 불쌍히 여기지 않으시기에 […][34]

라는 말을 통해 노골적으로 고리대금업자에게 닥칠 처벌과 단죄를 예고한다. 그러나 고리대금업자는 '이렇게 금방 죽는 것이 합당한 것일까'라는 반문을 던지며, "이는 내게 커다란 아픔과 고통/그런데 나를 도울 길 없는 것일까/내가 소유한 황금, 돈, 재물들이 […]"라는 말로 재물에 대한 생전의 미련이 여전하다는 사실을 부각시킨다.[35] 그리고 신의 무서운 처벌이나 스스로의 구원 등에 관해서는 특별한 반응을 보이지 않는다. 목판화에 묘사된 고리대금업자의 행동은 생전의 그의 모습을 그대로 그린 것처럼 보이며, 어떤 점에서는 고리대금업자가 자신의 본업에 너무나 열중한 나머지 죽은 자가 팔을 끌어당기는 사실조차 눈치채지 못한 것처럼 보이기도 한다. 아울러 이러한 묘사는 개별 인물의 전형성을 보다 잘 드러낼 수 있는 장면을 통해 '죽음'의 당도를 이야기하려는 의도의 소산으로 볼 여지도 있다.

특정 인물의 전형성을 부각시키는 방식은 의복을 갖추어 입은 의사의 경우에도 동일하게 적용된다. 의사는 자신의 옷깃을 당기는 죽은 자의 손길에도 아랑곳하지 않으며, 오른쪽 손에 든 소변이 담긴 유리병을 가리키며 자신의 학식 혹은 경험을 이야기하는 것 같은 모습으로 그려진다. 그러나 목판화와 함께 제시된 의사의 말은 장구한 세월 동안 그가 연구하고 병을 고치는 데 매진했으나, 이제 어떠한 약초

도 소용없게 되었으니, 왜냐하면 "죽음에서 벗어나게 해주는 의사는 없기 때문"이라는 매우 자조적인 것이기에,[36] 제시된 목판화의 모습과는 다른 어떤 간극을 만든다. 따라서 이러한 삽화와 텍스트의 불일치 역시, 생전의 의사의 모습을 강조함으로써 이승에서의 모든 것을 '조롱'하고 '풍자'하는 데 주안점이 있었을 것으로 짐작된다.

한편, 갓 태어난 어린 아이를 데리고 가는 장면의 경우, 죽은 자는 어린 아이를 바라보며 애처로운듯 이야기를 건넨다.

> 갓 태어난 어린 아이야
> 이 세상에는 네가 누릴 즐거움이 별로 없구나
> 너도 죽음의 춤에 이끌려야 하니
> 다른 이들처럼, 그도 그럴 것이 죽음은 모두에게
> 힘을 갖고 있으니. 태어난 날부터
> 저마다 죽음에게 봉헌(奉獻)하는 것 옳으리니
> 이를 알지 못하는 자는 어리석도다
> 더 오래 살 수록 더 고통스러운 법[37]

이에 대해 갓난아이는 '신의 섭리는 변하지 않음'을 말하면서 다음과 같이 대답한다.

> 아, 이, 이, 저는 말하는 법 모르는
> 아이입니다. 제 혀는 말소리를 내지 못합니다
> 어제 태어났으나 오늘 떠나야만 한다니
> 나는 그저 들어왔나 나가기만 할 뿐

일체의 잘못도 범하지 않았으나, 두려움에 땀을 흘립니다
기꺼이 받아들일 수밖에 없는 것이 최선일 터이니[38]

위의 인용문에서 아이가 처음으로 말하는 '아, 아, 아'는 말을 못하는 갓난아이의 외마디 소리로 옹알거림을 닮아 있다. 하지만 바로 뒤에 이어지는 답변은 죽은 자의 손에 이끌려 죽음의 춤에 참가하는 다른 성인들과 크게 다르지 않은 것이 사실이다. 그렇기는 하지만, 어제 태어난 요람 속의 아이가 이야기하는 말의 비장함은 텍스트와 같이 제시된 목판화의 모습을 통해 가일층 커지며, 이로 인해 비정한 죽음, 가차없는 죽음의 힘을 더욱 실감하는 계기가 만들어지기도 한다. 이러한 방식은 1486년 간행된 것으로 오직 여성들만이 등장하는 죽음의 춤에서도 유사하게 활용된다.[39]

작은 소녀야, 가까이 오거라
너의 작은 팔을 내게 다오
내 손으로 너를 데리고 가야만 한다
너의 마지막 날이 왔어라 […]
죽음은 누구에게나 공통적인 것이니"[40]

라고 죽은 자가 말하자, 이에 소녀는 얼마 되지 않는 삶의 시간 동안 자신이 가장 애착을 가지던 물건들을 거명함으로써 한층 애잔하게 또 가슴 저미게 답한다.

아아! 어머니, 저는 붙들렸어요

보세요, 죽음이 저를 데리고 가요
제 인형을 부디 간직해주세요
제 공기돌 다섯 개 그리고 아름다운 겉옷도
죽음은 어느 순간 찾아 왔다 이끌고 가요
신께서 그에게 주신 힘으로,
늙은 사람이든 젊은 사람이든, 그 누구이든
신으로부터 나온 모든 것 그분께로 전부 돌아가요.[41]

성직자와 은자(隱者)가 등장하는 죽음의 춤의 경우, 지금까지 두 사람씩 짝을 지어 모습을 제시하던 것과는 달리, 한 명의 죽은 자가 더 등장한다는 점에서 주목을 끈다. 죽은 자는 성직자에게

죽음에게서 도망칠 수 있다고 그대 생각하나
뒤로 물러난다 해서, 당황한 성직자여[…]
체념하고 수긍하라, 같이 가자
여기서 저항한들 무용하리니[42]

라고 말을 던지며, 이를 시각적으로 재현하는 것처럼 목판화의 성직자는 뒤로 발걸음을 옮기는 듯한 모습으로 서 있다. 목판화에서 중앙에 자리잡은 죽은 자는 성직자를 향해 "춤추는 것을 피하지 말아라/그대 역량을 보여라"라는 다소 비아냥거리는 말을 건네는 한편, 은자를 향해서는 "삶이 행복의 처소(處所)"가 아니라는 점을 강조한다. 이에 대해 은자는 '신께 오직 한 가지 청원할 것은 자신이 범했던 일체의 죄를 사해주기를 바라는 것'이라 답한다. 이러한 답변에 죽은 자는

성직자와 은자

은자의 유일한 소원을 칭찬하면서, '신께서 모든 것의 무게를 저울질 한다'는 사실을 주지시킨다. 만족한 것처럼 은자를 바라보는 왼편의 죽은 자와는 달리, 가운데 자리잡은 죽은 자는 흡사 공연을 마친 다음 함께 공연한 배우들의 손을 잡고 인사하는 모습처럼 그려진다. 이러한 변화는 지금까지 이루어진 죽음의 춤 전체가 마치 일종의 '공연'과 다르지 않았다는 인상을 주기도 한다.[43]

한편 공연의 마지막처럼 보이던 성직자와 은자의 등장 이후, 다시 '죽음의 춤'은 계속 이어진다. 어느덧 죽음의 춤에 마지막으로 초대를 받는 인물로 '바보'가 소환되며, 광대 혹은 소극(笑劇)의 배우의 복장을 닮은 우스꽝스러운 옷차림의 바보, 전통적으로 바보의 전유물로 인식되던 희화적인 몽둥이를 손에 든 바보는 기이한 진실 한 가지를 죽은 자에게 이야기한다.[44] "이제 좋은 벗 되어/이곳에서 조화롭게 춤추고 있구나,/과거 생전에/적이었던, 그리고 한데 어울리지 못했던 여럿이/이 사람들을 하나로 만든 것은 바로 죽음 […]/모든 죽은 자는 동일한 처지라."[45]

마지막 목판화 삽화의 경우, 한편에서는 의자에 앉아 하늘에서 천사가 들고 있는 거대한 두루마리를 손으로 가리키는 '저자'의 모습이 제시되며, 저자의 발치에는 해골이 되어 땅에 누워 있는 어느 죽은 자의 모습이 자리를 잡는다.[46] 저자와 천사는 서로 다른 방향에서 커다란 두루마리를 가리키고 있으며, '이승에서 죄를 지었던 자들을 지옥이 기다리고 있다'는 사실을 적은 두루마리의 내용은 삽화의 반절 이상을 차지할 만큼 독자들의 눈길 앞에 부각된다. 또 저자의 발치에 누운 해골의 머리맡에서는 뒤집혀진 왕관 하나가 발견된다. 죽음의 춤에서 산 자들에 비해 더 활기찬 역동적인 모습으로 재현되던 해골들과는 달리, 마지막 삽화에 그려진 죽은 왕의 해골은 왼손으로 자신이 결국 돌아갈 처소인 땅을 가리키며, 결국 흙으로 돌아갈 인간의 운명을 암시한다. 그리고 마지막 목판화 삽화의 아래에는 다음과 같은 글이 기술된다.

그대들, 이 그림들에서
다양한 신분들 춤을 추는 것을 보았던 이들이여,
생각해 보아라, 인간은 다만
벌레들을 위한 고기 덩이리일 뿐
지난날, 나 왕관을 쓴 왕이었지만
대지에 등을 대고 누운 나, 이를 보여주니 […]
모든 신분의 인간들, 벌레들에게 주어질 터이니.[47]

이 말은 죽은 왕의 최후의 당부이지만 동시에 다음에 이어지는 저자의 마지막 전언을 미리 예고하는 것이기도 하다. 저자의 목소리는 '인간적인 것의 허망함은 마치 한 줄기의 덧없는 바람과 다르지 않다는 사실이 죽음의 춤에서 밝혀지는 만큼, 이 점을 유념할 것'을 권하며, 항상 주야로 죽음의 춤이 주는 교훈을 염두에 둘 것을 당부한다. 그리고 마지막으로 다음과 같은 말로 이야기를 마무리한다.

> 하지만 어떤 이들은 관심을 갖지 않으니
> 천국이 존재하는지
> 지옥이 존재하는지에 관해서. 아, 그들은 불길에 휩싸일 것이니.
> 지난날 여러 성인들이 만든 책들은
> 훌륭한 글로 이 사실을 알려주네
> 이 길을 지나가는 자여, 의무를 다 하거라
> 또한 선행을 행하거라. 나 이제 더는 말하지 않겠으니
> 선행은 사자(死者)들에게 크나큰 공덕이 된다.[48]

'구원의 거울'이라는 부제를 가진 책의 저자는 더없이 교화적인 목소리를 통해 '삶의 유한성'을 강조하며, '선한 행동을 추구할 것'을 촉구한다. 기요 마르샹이 출판한 『죽음의 춤』은 전통적인 '죽음의 춤'에서 볼 수 있었던 일반적인 특징들을 담아내는 동시에 교화적인 내용의 텍스트와 풍자적인 목판화를 한데 제시함으로써, 성직자들이 갖고 있던 관점들과 속인들이 갖고 있던 관점들을 함께 독자들에게 제시한다. 교회가 '지상의 삶과 인간의 육신, 그리고 현세의 재물들의 허망함'을 부각시킴으로써 '영혼의 구원'을 끊임없이 생각하게 하고자 했

다면, 속인들의 시각은 '이승의 권위에 대한 조롱과 부정', 불분명한 세계에 다름 아닌 현실에 대한 불신을 표명하는 것처럼 다가온다.

죽음의 춤은 다시 되풀이되며, 마치 원무(圓舞)처럼 사방에서 다시 시작된다. 관련되는 몇 가지 예들을 통해 '죽음의 춤'의 끊임없는 등장을 짚어보는 것으로 논의를 마무리하도록 하자. 남성들만을 등장시켰던 '죽음의 춤'을 간행한 이듬해, 기요 마르샹이 새롭게 펴낸 '여성들의 죽음의 춤'에서 죽음의 악사는 다시 모두를 죽음의 춤으로 이끈다.

> 오라, 귀부인들 그리고 숙녀들이여
> 세속에서 또한 성소(聖召)에서
> 과부들, 신부들, 그리고 처녀들
> 아울러 다른 이들 역시, 예외 없이
> 어떠한 신분이든 간에
> 모두가 여기서 춤을 추어야 하니
> 이 곳에 자의로 왔거나 타의에 의해 왔거나
> 종종 이 사실을 기억하는 자 현명하리니.[49]

그리고 15세기 시인 프랑수아 비용 또한 시집 『유언의 노래』에서 밤낮을 가리지 않고 인간적인 욕망을 발산하던 삶의 헛됨을 재차 이야기하며,

> 이곳에는 웃음거리도 웃을거리도 없으니
> 그들에게 무슨 소용있셨는가, 재물을 가졌던 것,

호화로운 침대에서 즐겼던 것,
술을 들이마셨던 것, 배를 기름지게 했던 것,
기쁨을 만끽하고, 연회와 춤을 만끽했던 것,
언제나 이런 일에 힘을 쓸 차비를 했었던 것이!
이와 같은 쾌락들 모두 끝이 오기 마련,
그러나 죄의 얼룩은 남는 법이니.[50]

만인평등의 죽음을 더없이 구체적으로 그리게 된다.

나는 잘 안다, 가난한 자이건 부자이건,
현명한 자이건 어리석은 자이건, 성직자건 속인이건,
귀족이건 천민이건, 후덕한 자이건 인색한 자이건,
작은 자이건 큰 자이건, 미남이건 추남이건,
높은 모자를 쓰고,
들어올린 목깃의 옷을 입은 귀부인이건,
어떠한 신분이건 간에,
죽음이 예외없이 제 수중에 잡아넣는다는 것을.[51]

{주}

1. 이 글은 주로 "기요 마르샹의 『죽음의 무도』 연구 — 텍스트와 이미지의 관계를 중심으로", 『외국문학연구』, 50, 2013, pp. 35-74를 수정, 보완한 것임을 밝힌다.
2. J. Huizinga, *L'Automne du moyen âge*, traduit par J. Bastin, Paris, Payot, 1975.
3. "[...] dans cette horreur de la mort le signe de l'amour de la vie(«la vie pleine») et du

bouleversement du schéma chrétien."(Philippe Ariès, *Essais sur l'histoire de la mort en Occident du Moyen Age à nos jours*, Paris, Seuil, 1975, pp. 38-39.)

4. "Item, l'an 1424, fut faite la Danse Macabre aux Innocents, et fut commencée environ le mois d'août et achevée au Carême ensuivant."(Colette Beaune(éd.), *Journal d'un Bourgeois de Paris de 1405 à 1449*, Paris, L.G.F., 1990, p. 220.)
5. 〈창세기〉, II, 15-17.
6. '연옥'은 성 아우구스티누스의 표명에서도 발견되는 만큼, 상대적으로 매우 오래된 개념에 해당한다. '연옥'이라는 새로운 공간은 교황이었던 그레고리오 1세(Grégoire le Grand)에 의해 확산되었고, 1170-1180년경에 쓰여진 작품인 『성 패트릭의 연옥』(*Tractatus de Purgatorio Sancti Patricii, ou Purgatorum Sancti Patricii*) 역시 속인들이 '연옥'을 믿게 하는 데 크게 일조했다.
7. 관련 논의로는 김준현, "장 드 묑의 『철학의 위안』 번역에 관한 고찰 – '중세 번역' 연구를 위한 시론", 『외국문학연구』, 36, 2009, pp. 49-80을 참조.
8. Hélinand de Froidmont, *Les Vers de la Mort*, traduit par Michel Boyer et Monique Santucci, Paris, Champion, 1983, XV, vv. 1-6.
9. 교황 이노켄티우스 3세(Innocent III)의 『비참함에 대하여』(*De miseria*), 후일 『세상의 경멸에 대하여』(*De contemptu mundi*)라는 제명으로 더 익숙해진 작품 역시 '죽음의 춤'의 기저에 있던 한 가지 원천이라 볼 수 있다.
10. *Les cinq poèmes des trois morts et des trois vifs*, éd. Stefan Glixelli, Paris, Champion, 1914.
11. 이 명칭은, '나 죽게 되리니'라는 의미인 'vado mori'라는 말을 각 시절의 처음과 끝에서 반복하고 있기에 붙여진 것이다.
12. "Je vais mourir. Ayez pitié de moi O Christ Roi tout-puissant/Pardonnant tous les péchés. Je vais mourir."
13. 1374년 유행했던 '흑사병'에서 목숨을 건졌을 것으로 추정되는 장 르 페브르는 죽음에 대한 유예를 청하며 "Je fistz de macabree la dance"라는 모호한 표현을 사용한다. 이 구절에서, 'fistz' 동사가 그가 작품을 '만든' 것인지 혹은 실제로 그가 죽음의 춤을 '춘' 것인지는 알기 어렵다.
14. 이러한 양상은 '죽음의 춤'이 보다 널리, 보다 시각적으로 재현됨에 따라 강해진다. 1424년 말-1425년 부활절에 이르는 시기, '죽음의 춤'은 파리의 이노상 묘지 담장에 벽화로 그려지며, 이후 런던, 디종, 스트라스부르 등 각지에 유사한 벽화가 그려진다.
15. P. Vaillant, "La *danse macabre* de 1485 et les fresques du charnier des Innocents", *Actes des congrès de la Société des historiens médiévistes de l'enseignement supérieur public*, 6, 1975, pp. 81-86.

16. 새로 추가되었던 인물들은 다음과 같다: 'Les Morts musiciens, Le legat, Le duc, Le maistre descole, Lomme darmes, Le promoteur, Le geolier, Le pelerin, Le bergier, Le hallebardie, Le sot.'
17. E. Mâle, *L'Art religieux de la fin du Moyen Age en France*, Paris, A. Colin, 1925, p. 364.
18. '남성들의 죽음의 춤'의 텍스트 인용은 Elina Gertsman, *The Dance of Death in the Middle Ages. Image, Text, Performance*, Turnhout, Brepols, 2010, pp. 220-242에 의거하며, 이후 DMM으로 약기한다. "O creature roysonnable/Qui desires vie eternelle./Tu as cy doctrine notable:/Pour bien finer vie mortelle./La dance macabre sappelle:/Que chascun a danser apprant./A homme et femme est naturelle./Mort nespargne petit ne grant./En ce miroer chascun peut lire/Qui le convient ainsi danser./Saige est celuy qui bien si mire./Le mort le vif fait avancer./Tu vois les plus grans comma[n]cer/[...]"(DMM, pp. 220-221.)
19. "Vous qui vivez: certainnement,/Quoy quil tarde, ainsi danceres:/Mais quant: Dieu le scet seulement/[...] Dam Pape: vous commenceres/Comme le plus digne seigneur:"(DMM, p. 222.)
20. "Hee: fault il que la danse mainne/Le premier: qui suis dieu en terre/Jay eu dignite souverainne/En leglise, comme saint pierre:/Et co[m]me autre mort me vie[n]t querre/Encore point morir ne cuidasse:/Mais la mort atous maine guerre/Peu vault ho[n]neur que si tost passe"(DMM, p. 222.)
21. "Les filz adam fault tout mourir."(DMM, p. 222.)
22. "Vous faitez lesbay se semble/Cardinal: sus legierement/Suivons les autres tous emse[m]ble/Rien ny vault ebaissement."(DMM, p. 223.)
23. "Jay bien cause de mesbair/Quant je me voy de cy pres pris/La mort mest venue assaillir:/Plus ne vestiray vert. ne gris./Chapeau rouge. chappe de pris/Me fault laisser a grant destresse:/[...]Toute joye fine en tristesse."(DMM, p. 223.)
24. "Venes noble roy couronne/Renomme de force et de proesse"(DMM, p. 223.)
25. "Je nay point apris a danser/A danse et note si savaige:/Las on peut veoir et penser/Que vault orgueil. force. linaige./Mort destruit tout: cest son usage:/[...] En la fin fault devenir cendre."(DMM, pp. 223-224.)
26. "Patriarche pour basse chiere/Vous ne povez estre quitte./Vostre double crois quavez chiere/Ung aultre aura: [...] Ja ne seres pape de rome./[...] Folle esperance decoit lomme."(DMM, p. 225.)
27. "Las: je ne scay ou regarder/Ta[n]t suis par mort a grant destroit/Ou fuiray je pour

moy aider: [...]"(DMM, p. 226.)

28. "Avance vous gent escuier/Qui saves de danser les tours./Lance pourtiies: et escu hier:/Et huy vous fineres vos jours./[...] Dansez: et panser de fuir./Vous ne poves avoir secours./Il nest: qui mort puisse fuir."(DMM, p. 227.)
29. "Puis que mort me tient en ses las/Aumoins que je puisse un mot dire,/A dieu deduis: a dieu solas:/A dieu dames plus ne puis rire./Pensez de lame: qui desire/Repos. ne vous chaille plus tant/Du corps: que tous lesjours empire/Tous fault morir on ne scet quant."(DMM, p. 227.)
30. Pierre Ruelle, "Le temps, la vie, la mort dans la conception médiévale", *Bulletin de l'Académie Royale de Langue et de Littérature Françaises*, 43, n° 2, 1985, pp. 115-116.
31. "Surtout au XVe siècle, la Mort ne se contente plus seulement de moraliser, de paraître sérieuse et terrible, de susciter la terreur et la dévotion. Maintenant, avec le froc du sermonneur, elle arbore la casque du jongleur, du fou, du sot. Elle gambade, elle saute, elle mène la danse, elle joue du tambourin, de la harpe, du fifre, de l'orgue portatif. Tout en restant hideuse, elle veut être facétieuse."(I. Siciliano, *François Villon et les thèmes poétiques du moyen âge*, Paris, A.-G. Nizet, 1933, p. 244.)
32. "Bourgeois hastez vous sans tarder./Vous navez avoir ne richesse/Qui vous puisse de mort garder./Se des biens dont eustes largesse:/Aves bien use: cest sagesse./Dautruy vie[n]t tout: a atruy passe/Fol est qui damasser se blesse./On ne scet pour qui on amasse."(DMM, p. 229.)
33. "Grant mal me fait si tost laissier/Rentes: maiso[n]s: cens: norritures/[...] Ceulx q[ui] plus ont: plus e[n]uiz meure[n]t."(DMM, p. 229.)
34. "Usurier. de sens desrugles/Venez tost: et me regardez./Dusure estes tant aveugles:/que darge[n]t gaigner tout ardez/Mais vo[us] en seres bien lardez/Car le dieu qui est merveilleux/Na pitie de vous:[...]"(DMM, pp. 232-233.)
35. "Me convient il si tost mourir:/Ce mest gra[n]t peine & grevance/Et ne me pourroit secourir/Mon or mo[n] arge[n]t ma cheva[n]ce/[...]"(DMM, p. 233.)
36. "Long te[m]ps a que[n] lart de phisique/Jay mis toute mon estudie./Javoye science et pratique./Pour guerir mainte maladie./Je ne scay que je contredie/Plus ny vault herbe ne racine:/Nautre remede quoy quon die./Contre la mort na medecine."(DMM, p. 234.)
37. "Petit enfent na guere ne:/Au monde auras peu de plaisance./A la danse seras mene/Co[m]me autre. car mort a puissance/Sur tous: du jour de la naissance/Convient

chascun a mort offrir:/Fol est qui nen a congnoissance./Qui plus vit plus a asouffrir." (DMM, p. 239.)

38. "A. a. a. je ne scay parler/Enfant suis: jay la langue mue./Hyer nasquis: huy men fault aler/Je ne faiz que entree et yssue./Rie[n] nay mesfait. mais de peur sue/pre[n]dre en gre me fault cest le mieulx[...]"(DMM, p. 239.)
39. 아울러 Ann Tukey Harrison and Sandra L. Hindman(ed.), *The Danse macabre of Women*, Kent, Ohio and London, The Kent State UP, 1994를 참조.
40. 인용은 Luise Götz, "Martial d'Auvergne: La Dance des Femmes", *Zeitschrift für französische Sprache und Literatur*, 58, n° 5-6, 1934, pp. 318-334에 의거하며, 이후 DMF로 약기하기로 한다. "Venez pres petite garsette/Bailles moy vostre bras menu/Il fault que sur vous la main mette/Vostre dernier iour est venu/[...] La mort est commune a chascun"(DMF, p. 331.)
41. "La ma mere ie suys happee/Veez cy la mort qui me transporte/Pour dieu quon garde ma poupee/Mes cinq pierres ma belle cocte/Ou elle vient trestout emporte/Par le pouoir que dieu luy donne/Vieulz et ieunes de toultes sorte/Toult vient de dieu toult y retorne."(DMF, pp. 331-332.)
42. "Cuidez vous de mort eschapper/Clerc esperdu pour reculer: [...] Prenez engre: alons ensemble/Car rien ny vault le rebeller/[...]"(DMM, p. 239.)
43. 죽음의 춤이 공연된 사실이 없지는 않다는 점을 밝힐 필요도 있다. 죽음의 춤은 1393년에 노르망디에서, 1449년에 벨기에 브뤼주에서, 그리고 1451년에는 오를레앙 공작을 위해 파리에서 공연되었다. 이에 대해서는 Tilde Sankovitch, "Death and the Mole: Two Fifteenth Century Dances of Death", *Fifteenth Century Studies*, 2, 1979, p. 211; J. H. M. Taylor, "The dialogues of the Dance of Death and the limits of late-medieval theatre", *Fifteenth Century Studies*, 16, 1990, p. 219 등을 참조.
44. 이와 관련해서는 H. Arden, *Fool's Plays. A study of satire in the sottie*, Cambridge, Cambridge UP, 1980, p. 33을 참조.
45. "Or sont maintenant bons amis/Et dansent icy dun accord:/Pleuseurs qui estoient ennemis/Quant ilz vivoient et en discord/Mais la mort les a mis dacord/[...] Tous mors son dun estat co[m]mun."(DMM, p. 241.)
46. "The Christian advice of repentance and absolution, and the promise of a better beyond, can only be found in the first and last stanzas of most Dance texts; [...]"(E. Dubruck, "Death: Poetic Perception and Imagination (Continental Europe)", in *Death and Dying in the Middle Ages*, New York, Peter Lang, 1999, p. 229.)

47. "Vous: qui en ceste portraiture/Veez dancer estas divers/Pensez que humainne nature:/Ce nest fors que viande a vers/Ie le monstre: qui gis envers/Si ay je este roy couronnez/[...] Tous estas: sont a vers do[n]nes."(DMM, p. 241.)

48. "Mais acuns sont a qui nenchault/Comme si ne fut paradis/Ne enfer. helas: il auront chault./Les livres que firent jadis./Les sains: le mo[n]stre[n]t en beaux dis./Acquitez vous que cy passes:/Et faictez des biens: plus nen dis./Bienfait vault moult es trespasses"(DMM, p. 242.)

49. "Venez dames et damoiselles/Du siecle et de religion/Veufues, mariées et pucelles/Et autres sans exception/De quelconque condition./Toutes danser a ceste danse/Vous y venrez, veullez ou non:/Qui sage est souvent y pense"(*La grande danse macabre des hommes et des femmes*, Paris, Baillieu, 1862, p. 26.)

50. 비용 작품의 인용은 *Le Testament Villon*, éd. Jean Rychner et Albert Henry, Genève, Droz, 1974에 의거한다. "Icy n'y a ne riz ne jeu./Que leur valut avoir chevances/N'en grans liz de paremens jeu,/Engloutir vins, engrossir pances,/Mener joyes, festes et dances,/De ce fere prest a toute heure?/Toute faillent telles plaisances,/Et la coulpe si en demeure."(T, CLXI, vv. 1736-1743.)

51. "Je congnois que pouvres et riches,/Sagez et folz, prestres et laiz,/Nobles, villains, larges et chiches,/Petiz et grans, et beaulx et laitz,/Dames a rebrassés colletz,/De quelconque condicïon,/Portans atours et bourreletz,/Mort saisit sans excepcïon."(T, XXXIX, vv. 305-312.)

{르네상스편}

•

손주경

{제7장}

클레망 마로

여인의 몸에서 태어난 '저자'

클레망 마로
(1496-1544)

가볍고 유쾌한 시인?

생존 시에 이미 "시인들의 왕자" 혹은 "불멸의 시인"이라는 명칭을 얻었던 클레망 마로(Clément Marot)는 동시대 시인들에게는 베르길리우스에 버금가는 '시대의 명예'였다. 프랑수아 1세 치하에 궁정집사이면서 동시에 시인이었던 아버지 장 마로(Jean Marot)가 그랬던 것처럼, 마로 역시 서한시, 롱도, 샹송, 발라드 등과 같이 중세가 건네준 장르들을 사용하며 문단에 등단하였고, 베르길리우스의 『목가』와 루키아누스의 『미노스의 심판』 그리고 오비디우스의 『변신』 제1권을 번역하며 자신의 뛰어난 라틴어 재능을 드러내기도 했다. 그렇지만 그의 시적 뛰어남이 본격적으로 인정을 받기 시작한 것은 프랑수아 1세의 누이였던 마르그리트 드 나바르(Marguerite de Navarre)의 후원을 얻게 된 23세 때였다. 그는 기법의 유희를 특징으로 삼는 대수사파의 장르들을 즐겨 사용하면서도 동시대의 어떤 시인보다도 더 자유롭게 주제를 선택하였으며, 군더더기가 없는 깔끔한 그러나 흥겨움을 자아내는 시들을 작성하였다. 오늘날 마로라는 이름을 언급하면서 '단순한' 혹은 '소박한'이라는 형용사 옆에 '경박한'이나 '가벼운'이라는 또 다른 형용사가 덧붙여지는 이유가 여기에 있다. 마로는 간단하기 때문에 명료할 수밖에 없는 문체를 사용하고 동시에 시에 유쾌함과 즐거움을 부여한 시인이라는 것이다. 그런데 마로의 재능에서 엄정함과 진중함을 배제하는 이런 평가는 16세기 당시에도 다르지 않았다.

『프랑스어의 옹호와 현양』을 작성하며 새로운 시의 출현을 선언해야만 했던 뒤 벨레가 보기에 마로는 프랑스의 뛰어난 시인이었지만 동시에 극복해야 할 대상이기도 했다. 그에게 마로는 보잘것없는 것을 일상적 말투로 찬양한 시인일 뿐이다. 또한 헐벗은 언어, 기법도 장식도 결여된 말을 사용함으로써 프랑스어를 라틴어와 같은 고대어에 비해 열등한 것으로 여기게 만든 선조들의 한 명이기도 하다. 뒤 벨레가 마로를 평가 절하한 이유가 있다. 수사적 기법의 사용이나 중세가 물려준 장르에 마로의 역량을 국한시키는 것이 새로운 시적 관점의 등장을 선언하려는 자신의 시도에 정당성을 마련해줄 수 있었기 때문일 것이다. 그래서 그의 동료인 롱사르도 마로의 뛰어난 재능이 '자기 시대의 유일한 빛'으로만 작용했을 뿐이라고 조롱하였다. 사물의 본질이 아니라 눈에 쉽게 들어오는 '첫 번째 특징들'만을 그려 보이는 데에만 뛰어났다고 비판한 것이다.

그러나 마로의 가벼움에 대한 이런 평가는 17세기에 접어들면서 다른 맥락을 띠게 된다. 부알로(Boileau)에게 롱사르는 그리스어와 라틴어로 프랑스어를 말하면서 현학성을 드러내고, 제 멋대로의 기법을 사용하면서 모든 것을 망쳐버린 지극히 오만한 시인이었으며, 이와 반대로 마로는 롱사르에 비해 훨씬 더 뛰어난 시인으로 간주되었다. 롱사르의 난해한 언어에 견준다면 그의 쉬운 글쓰기는 뛰어난 재능의 증거가 되기 때문이다. 게다가 시적 글쓰기의 무한한 자유로움을 지향한 롱사르에 비해 마로의 익살스러움은 우아함을 지니고 있다. 따라서 마로의 시적 특징은 '가르치기'와 '즐겁게 하기'를 원칙으로 삼은 고전주의 이상에 부합하는 것이기도 했다.

> 바로 직후에 마로는 발라드를 꽃피우게 했으며,
> 팔행시를 회전시켰으며, 가면극시에 운을 맞추었고,
> 롱도에 규칙적인 후렴구를 갖다 붙였다.
> 다른 방식으로 그[마로]의 뒤를 따랐던 롱사르는
> 모든 것을 규제하고, 모든 것을 망쳤으며, 자기만의 기법을 만들었다,
> 그럼에도 불구하고 그는 오랫동안 행복한 운명을 누렸다.
> 하지만 그리스와 라틴어로 말을 한 그의 프랑스어 뮤즈는
> 다음 세대에 기괴한 운명의 반동으로 인해
> 그 거창한 말들의 화려한 현학이 추락하는 것을 보게 되었다[.][1]

이처럼 17세기는 마로에게 관대한 편이었다. 부알로 이후에 라 브뤼에르(La Bruyère)나 퐁트넬(Fontenelle) 역시 매우 자연스럽고 또한 매우 쉬운, 혹은 명화하고 쉬우며, 쾌활하고 대단히 순수한 글쓰기를 마로가 지닌 뛰어남의 하나로 지적하는 데 주저하지 않았다. 그러나 이런 특징이 그의 시적 탁월함이나 시에 대한 그의 관점을 제대로 파악하지 못하게 만드는 요소가 되었던 것도 사실이다. 마로는 여전히 제대로 평가를 받지 못한 시인으로 남아 있을 수밖에 없었다.

관능적인 젖가슴

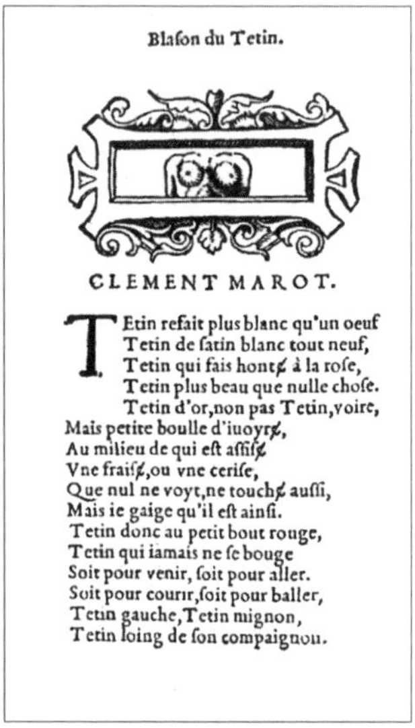
Blaſon du Tetin.

CLEMENT MAROT.

TEtin refait plus blanc qu'un oeuf
Tetin de ſatin blanc tout neuf,
Tetin qui fais honte à la roſe,
Tetin plus beau que nulle choſe.
Tetin d'or,non pas Tetin,voire,
Mais petite boulle d'iuoyre,
Au milieu de qui eſt aſſiſe
Vne fraiſe,ou vne ceriſe,
Que nul ne voyt,ne touche auſſi,
Mais ie gaige qu'il eſt ainſi.
Tetin donc au petit bout rouge,
Tetin qui iamais ne ſe bouge
Soit pour venir, ſoit pour aller.
Soit pour courir,ſoit pour baller,
Tetin gauche,Tetin mignon,
Tetin loing de ſon compaignon.

마로가 가벼운 글쓰기를 추구한 것을 부인할 수는 없으며, 그것은 분명 그에게 시적 영광을 보장해주었다. 특히 블라종(blason)의 역할이 적지 않았다. 낭송을 목적으로 삼은 중세의 '이야기'(dit) 장르에서 다소간 영향을 받은 것으로 알려진 이것은 지루할 수 있는 열거와 동일음의 반복으로 인해 섬세하지 못한 장르가 될 수 있었지만, 사랑에 빠진 자의 복잡한 심리를 라우라(Laure)의 몸을 찬양하며 드러낸 페트라르카의 영향이나 피치노의 신플라톤주의와 결합하면서 르네상스 시기에는 여성의 아름다운 몸에서 영혼의 아름다움을 읽어내는 새로운 기능을 얻게 된다. 여인의 가슴, 목, 입, 눈썹, 허리, 엉덩이 등 신체를 다루는 블라종은 많은 시인들이 선택한 장르가 되었고, 마로의 「아름다운 젖가슴의 블라종」(Blason du beau tétin)을 모든 서점에서 만날 수 있었다는 당시의 증언이 있듯이 시인에게 대중성을 확보해줄 수 있었다.

게다가 시인으로서의 독창성과 자율성을 확보하면서 저자로서의 위상을 항상 염두에 두었던 그는 오래 지속될 수 있는 작품을 작성하기를 희망하였다. 라블레식의 노골성과 진지함을 동시에 담아낼 수 있는 이 장르는 대중의 관심을 얻게 해줄 수 있는 적절한 장르였다.

그렇지만 여인의 몸을 다루는 가벼운 대중성은 가톨릭 종단의 입장에서 보면 비난의 대상이 되지 않을 수 없었다. 심지어 일부 가톨릭 출판업자들은 지나치게 노골적이고 양식화된 언어를 사용하는 블라종의 시인들을 비판하면서 진지하고도 정숙한 언어로 되돌아갈 것을 권고할 정도였다. 블라종은 종교가 요구하는 엄숙함을 비껴가는 위험한 장르로 간주될 수 있었던 것이다. 게다가 1526년 사순절 기간 동안에 돼지고기를 먹었다는 이유로 한 달 반 정도 투옥된 바 있던 마로가 블라종을 작성한다는 것은 종교적으로 매우 위험한 행위가 될 수 있었다. 그런데 「아름다운 젖가슴의 블라종」은 1534년 10월의 루터의 격문사건을 계기로 촉발된 종교개혁파에 대한 대대적 탄압을 피해 1년 정도 이탈리아 페라라 공국의 르네 드 프랑스(Renée de France)의 궁정에 머물 때 작성되었다. 르네는 국왕 프랑수아 1세의 처제였지만, 종교개혁에 매우 호의적인 태도를 지니고 있었기 때문이다. 종교개혁성향을 지닌 여러 시인들이 그녀의 후원을 찾았던 것이다. 따라서 블라종의 작성은 여성의 몸을 노골적으로 바라보면서 종교가 금하는 욕망을 드러냈다는 비난을 받기에 충분했다. 작품을 인용한다.

> 하얀 알보다도 더 하얀, 통통한 젖가슴,
> 방금 새로 나온 하얀 비단 같은 젖가슴,
> 장미를 부끄럽게 만드는 젖가슴,
> 여느 것보다도 더 아름다운 젖가슴,
> 단단한 젖가슴, 아니 그것은 젖가슴이 아니라,
> 상아로 만든 작은 공,
> 그 한복판에 놓여 있다

딸기 한 알, 아니 버찌 한 알,
그 누구도 볼 수 없고, 또한 만질 수 없다,
하지만 내 단언하니 젖가슴은 그랬었다,
하여 꼭지가 새빨간 젖가슴,
추호도 흔들리지 않는 젖가슴,
몸이 이리 오고, 저리 가도,
달려가도, 춤추러 가도.
왼쪽 젖가슴, 어여쁜 젖가슴,
언제나 벗으로부터 멀리 떨어져 있건만,
그이의 남은 흔적을
지닌 젖가슴,
사람들이 너를 보면,
수많은 욕망을 갖게 된다,
너를 만지고, 너를 손에 쥐고 싶어한다,
하지만 그것에 다가가길 억눌러야만 한다,
내 목숨 구하고 싶거든,
다른 욕망이 또 생겨날 것이므로.
오, 크지도 작지도 않은 젖가슴,
완숙한 젖가슴, 탐나는 젖가슴,
밤낮없이 소리치는 젖가슴,
어서 결혼해줘요, 결혼해줘요,
그대를 으쓱하게 만들고, 슬며시
그대 드러낸 옷깃을 젖히는 젖가슴,
젖으로 그대를 가득 채울 자는

진정 행복할 것이라 말하리라,

숫처녀의 젖가슴을

풍만하고 아름다운 여인의 젖가슴으로 만드는 자는.[2]

여성의 젖가슴을 소재로 삼은 마로에게는 마치 그림과 같이 여인의 아름다움을 묘사할 수 있는 시적 언어의 잠재력을 드러내 보이려는 의도가 있는 것처럼 보인다. 그러나 무엇보다도 눈에 띄는 것은 표현의 노골성이다. 1-2행의 가슴의 비단 같은 하얀색 위에 도드라진 3행의 장미에 비유된 젖가슴은 "수많은 욕망"을 낳기에 충분하다. 흰색과 대비되는 젖꼭지의 붉은색은 "만지고" 또 "손에 쥐고 싶"은 욕망을 불러일으키며, "크지도 작지도 않은" "완숙한" 젖가슴은 탐욕을 자아내기에 충분하다. 게다가 만져주기를 젖가슴이 온종일 외친다는 표현은 관능적 분위기를 은근히 만들어낸다. 여성의 몸은 숫처녀의 순결을 벗어나 풍만함으로 나아갈 수 있을 어떤 손길을 기다리고 있다고 작품이 말하고 있는 것처럼 보이기 때문이다.

물론 마로가 지향한 것이 이런 관능성이 아니라고 말할 수도 있다. 마지막 행에서 언급된 "풍만함"이 단지 육체의 관능성만을 강조하는 데 그치지 않는다고 지적할 수도 있다. 젖가슴은 여인의 몸이 지닌 아름다움의 제유일 뿐이기 때문이다. 시인은 오히려 젖가슴이라는 신체일부로 여인의 총체적 아름다움을 노래한다고 볼 수 있다. 작품의 첫 부분은 이미 이것을 암시하고 있다. 1행에서 "통통한"이라는 우리말로 번역한 원문의 "refect"는 본래 새로 만들어진 어떤 '신선함'이라는 의미를 함축한다. 그리고 우등비교급이 되는 1행과 4행은 흰색을 강조하면서 젖가슴의 '순수성'을 두드러지게 만든다. 그래서 2행에서 젖가슴은 "하얀 비단"에 비유될 수 있었다. 부드럽고 순결하다는 것이다. 하얀 젖가슴은 세상의 그 어떤 흰색보다도 더 하얗다. 그만큼 순수한다. 게다가 비단처럼 '매우 값진 것'이기도 하다. 작품은 관능성이 아니라 여인의 아름다움에 내포된 순수함과 고귀함을 찬양의 대상으로 삼고 있다는 반박이 가능한 것이다.

그리하여 젖가슴에 대한 찬양은 여인의 몸이 반영하는 정신적 순결함과 완벽함에 대한 최고의 노래가 된다. 이점에서 마로는 여성의 아름다움을 세상의 이데아로 간주한 신플라톤주의에 충실하다. 부분적인 육체에 대한 그의 묘사는 완벽한 아름다움을 지닌 이상적인 여인을 지향한다. 따라서 육체에서 정신으로 그의 관점이 이동하고 있다는 점에서 그는 성적 대상으로서의 여인이 아니라 보편적 추상성을 지닌 여인을 시선 안에 담아내고 있다고 보는 것이 더 적절할 수도 있다. 젖가슴을 통해 여인의 몸 전체, 나아가 풍만하고 완벽한 아름다움의 찬양을 담아내는 그의 감수성은 매우 세밀한 섬세한 시선을 반영한다. 육체에 대한 욕망은 그에게 배제되어 있다고 확언할 수도 있는 셈이다. 그는 몸을 다루지만 정신적 기쁨이나 만족을 겨냥하는 것이다.

여기에서 독자는 독특한 마로의 글쓰기 방식을 발견할 수 있다. 우선 그에게서는 대수사파 시인들(Grands Rhétoriqueurs)이 자주 사용한 기법이 드러난다. 번역문에서는 시행의 끝에 놓였지만, 원문에서는 "젖가슴"이 각 행의 맨 앞에 놓이게 되는 반복법(anaphore)이 사용되었다. 마로는 젖가슴이라는 한 사물의 지속성을 염두에 두고 있다. 또한 원문에서 "tetin qui", "tetin de" 혹은 "tetin au" 등의 젖가슴을 한정하는 다양한 표현들이 사용되면서 젖가슴을 대하는 시인의 발화가 무겁기보다는 오히려 홍겹다는 인상을 갖게 만든다. 그는 젖가슴과 관련된 온갖 요소들을 불러와서 그것을 가볍게 늘어놓는다. 이것 역시 젖가슴을 바라보는 그의 시선이 섬세하다는 것을 반증할 수 있다.

그런데 바로 이런 세밀한 시선이 그가 블라종을 단순히 뛰어난 기법을 발휘하는 공간으로 간주하지 않았다는 반증이 된다. 작품에서 다루어진 흰색과 붉은색, 부드러움과 단단함, 고정성과 운동성, 욕망의 촉구와 거부 등과 같이 상반된 것들의 대조는 27행의 "밤낮없이"라는 표현으로 나아가면서 모든 대립이 한데 어울리는 공간에 옮겨진다. 서로 다른 모든 수식들을 불러오는 젖가슴의 아름다움은 시간의 지배를 벗어난 다른 공간으로 이동한다. 이것은 젖가슴을 바라보는 시인이 육체에서 정신으로 확장하는 아름다움처럼 시간을 벗어나려는 의지를 지니고 있다는 것을 의미할 수 있다. "만지고" 또한 "손에 쥐고 싶어"하는 욕망은 단순히 관능적 차원에 머물지 않는 것이다. 그것은 영원성을 누리는 공간에 머물려는 욕망이다. 따라서 블라종에서 발견되는 기법의 수사성은 어휘나 음성 혹은 문장의 구성적 차원에서 기술적 뛰어남을 드러냈던 대수사파시인들과 마로를 확연히 구분한다. 오히려 마로에게는 작품을 영원히 변하지 않는 대리석, 그러나 정신을 반영하는 기법의 뛰어남으로 구성된 대리석으로 만들려는 시도가 있었다고 말할 수 있다.

그러니 친근한 육체에서 정신과 관련된 것을 드러내기를 원할 때 마로는 여러 위험이 놓여 있다는 것을 알고 있었다. 여성의 몸은 "상아로 만든 작은 공", "딸기", "버찌" 등과 같이 몸과 무관한 사물들과 연계되면서 인간적 면모를 상실하기 때문이다. 총체성을 지닌 추상적 아름다움을 지향하는 것은 "아니 그것은 젖가슴이 아니라"와 같은 표현을 불가피하게 도입하면서 육체성을 상실하는 여인을 남겨놓기도 한다. 바로 여기에서 예민한 독자는 여성의 몸에서 인간적인 무언가를 제거하는 남성적 욕망의 폭력성을 읽을 수도 있다. 흰색과 붉은 색의 강렬한 대조를 배경으로 삼은 풍만한 가슴을 성적 유혹의 대상으로만 여기는 파괴적 욕망이 시인에게 있는 것은 아닌지 의심할 수도 있다. 작품 후반부에서 여러 번 사용되는 "욕망"이라는 단어와 "탐나는 젖가슴"과 같은 표현은 은밀한 성적 욕망을 담은 남성의 강렬한 시선을 엿보게 할 수 있다. 남성인 시인은 여인을 "손에 쥐고 싶어"하는 소유의 욕망을 가지고 있는 것이다. 그렇기 때문에 마지막 시행들에서 그는 여인을 제 욕망으로 "가득 채우"기를 희망한다. 그리고 그것을 "행복"으로 단정한다. 아름다운 여성의 몸이 지닌 생명력을 제 것으로 만드려는 불순함을 그가 지니고 있다고 말하는 것이 지나치지 않아 보이기도 한다. 만약 마지막 시행들이 독자에게 여인의 아름다움에 대한 강한 인상을 남기려는 섬세하고 예리한 시적 의지에 기인하는 것이라면, 이 시인은 "숫처녀의 젖가슴"을 "젖으로 가득" 찬 완숙한 여인으로 변화시키려는 강박관념을 지닌 셈이다. 그는 여인의 아름다움에서 순수성을 오히려 빼앗아오려는 것이다

이런 이유로 인해 비록 아름다움에 대한 찬양으로 나아갈 지라도 여성의 육체에 대한 세밀한 혹은 생생한 해부학적 글쓰기는 일종의 폭력에 해당하게 된다. 과장이나 확장의 과정을 필수적으로 거치지 않을 수 없는 아름다움에 대한 찬양은 신체의 일부분에 대한 페티시즘의 욕망과 연계될 수 있는 것이다. 관능적 욕망을 드러내고야 마는 글쓰기는 마로를 우아하고 즐거움을 부여해주는 시인이기보다는 오히려 저속하고 외설적인 욕망을 지닌 시인, 따라서 종교적 엄숙함을

배반한 시인으로 간주하지 않을 수 없게 만들었다. 블라종은 그의 비종교적 성향을 '노골적'으로 드러내는 장르일 수 있었다. 마로를 언제나 비난하였던 프랑수아 사공(François Sagon)이라는 시인이 그를 '경박한 사랑'을 추구하다 보니 '신중함'을 상실하고 말았다고 비방한 것도 바로 이와 무관하지 않다. 그렇지만 마로의 「아름다운 젖가슴의 블라종」이 신교 탄압을 염려하여 그가 페라라에 은둔하던 시기에 작성된 것임을 상기해본다면, 마로에게서 가벼운 관능성이나 남성적 폭력성을 지적하는 것이 적절하지 않게 보일 수 있다. 종교적 태도에 대한 의심 때문에 몸을 피했는데 그런 의심을 부추길 작품을 마로가 시도했다고 추측하기 어렵기 때문이다. 여기에서 그가 작품 서두에서 언급한 "상아"와 같이 "단단한 젖가슴"이 지닌 의미를 찾는 것이 요구된다.

벗은 젖가슴의 종교성

여성의 아름다운 젖가슴에 대한 시선이 남성의 욕망을 부추긴다고 말할 수도 있겠지만, 르네상스 시기에 젖가슴은 '풍요로움'(fécondité)이라는 의미를 고대로부터 물려받기도 했다. 중세화에서 자주 발견되는 어린 예수에게 젖을 먹이는 성모 마리아의 젖가슴이나 르네상스 회화가 즐겨 그린 여인들의 풍만한 몸은 육체적 욕망을 촉발시킨다는 의미 이전에 육체와 결합된 정신의 비옥함에 대한 메시지를 전달한다. 더군다나 마로가 왼쪽 젖가슴만 대상으로 삼고 있듯이 '한쪽'(un) 젖가슴이 찬양되는 이유를 독자는 종교화 속의 성모가 오른

쪽이 아닌 왼쪽 젖가슴을 드러낸 것과 연관시켜야 한다. 왼쪽은 심장이 위치한 곳이다. 즉 모든 생명력의 기원이다. 또한 예민한 독자라면 마로가 노래하는 젖가슴이 공과 같이 완벽한 원형의 모습을 지니고 있다는 것에도 시선을 돌려야 할 것이다. "추호도 흔들리지 않는" 원형은 충만함으로 가득한 형태이며, 여인의 아름다움이 완벽하다는 것을 의미하지만, 동시에 종교적 맥락에서는 신에 대한 충실한 믿음을 내포할 수도 있다. 이렇다면 젖가슴은 남성의 폭력적 욕망을 불러오기보다는 오히려 풍요로운 생명력, 모성애 그리고 완전한 자비로움의 원천이 된다. 마로가 흰색과 붉은색을 동시에 다룬 것 역시 색채의 풍부함을 통해 믿음의 충만함을 뒷받침하기 위한 것으로 읽힐 수 있다.

그가 젖가슴의 비교 대상으로 삼은 "장미"나 "버찌"와 같은 꽃에 대한 언급도 이런 맥락과 무관하지 않을 것이다. 장미는 여성의 아름다움을 담아내는 은유이지만, 동시에 비너스의 꽃, 즉 우주적 아름다움을 내포하고, 버찌는 티치아노의 그림에서 볼 수 있듯이 성모 마리아와 항상 연계되어 등장하였다. 장미와 버찌는 종교적 상징성을 지닌 것이다. 따라서 흰색과 어울린 붉은색은 관능적 욕망을 넘어선 어떤 정신적이고 종교적인 암시를 드러내는 역할을 맡게 된다. 마로가 "만지"거나 "손에 쥐고 싶어하"는 성적인 욕망을 경계하고 있는 것은 아닌지 생각해보아야 한다. 오히려 그는 그것에 "다가가길" 억누르라고 권고하고 있는 것으로 보인다. 젖가슴을 노래하는 것이 정열적 사랑의 음란함이나 뜨거움을 불러일으키기 위한 것이 아닌 것이다. 이것은 "어서 결혼해줘요, 결혼해줘요"라는 호소에서 확인될 수 있다.

숫처녀의 호소에는 결혼을 통한 결합이라는 '합법적'이고 성스러운 합일에 대한 기원을 담고 있다. 그것은 불륜의 욕망과는 상관이 없다. 마지막 행에서 마로가 언급한 "풍만하고 아름다운 여인"은 처녀성을 상실함으로써 성숙미를 얻게 되는 관능적 여인이 아니라, 제 몸이 가진 성스러운 생명력을 합법적으로 지속시킬 권한을 가진 숭고한 여인을 가리키는 것으로 보아야 한다.

이런 해석을 지지한다면, 마로가 다룬 아름다운 젖가슴에 대한 감탄은 관능의 영역을 넘어선다. 그것은 모성애의 상징인 성모 마리아의 충만한 관대함을 상기시키면서 신성함에 대한 사랑을 표현하는 것으로 볼 수 있다. 마로가 묘사해낸 젖가슴의 육체성에는 종교적인 확고한 사랑의 의미가 결합되어 있는 것이다. 그의 블라종에서 종교적 일탈의 단서를 발견하기는 힘들다. 오히려 여인의 "결혼해줘요" 라는 표현처럼 마로는 에로스와 종교적 믿음을 결합시키며, 신의 정신을 배반하지 않는 자신의 신념을 드러내고 있다고 볼 수 있다. 비록 관능적 묘사가 당시 궁정인들의 성적 일탈과 관련된 분위기를 환기시킬 지라도 그에게는 남녀 간의 성스러운 결혼을 종교적 믿음 안에서 권고한 기독교에 대한 강한 신뢰가 있다. 작품을 시작하는 "새로 나온"이라는 표현은 부활한 예수의 '완벽한' 생명을 암시하는 것으로 읽힐 수밖에 없는 것이다. 이것은 마로가 『시편』(*Psaumes*)을 번역한 이유와도 연관된다. 신성한 말씀을 음악으로 옮김으로써 신앙심의 확산에 기여할 수 있는 시의 가능성을 그가 염두에 두었다면 「아름다운 젖가슴의 블라종」은 그에게 일관된 종교적 믿음이 있었다는 것을 반증한다. 여인의 몸을 다룬 블라종을 작성한 마로를 단지 경박하다고, 외설적이라고 비판할 수만은 없는 것이다.

그렇지만 일견 타당해 보이는 이런 해석은 마로를 종교성 안에 국한시키는 위험을 지닌다. 「아름다운 젖가슴의 블라종」의 마로는 무엇보다도 시인이었으며, 이 시인이 자신의 시적 관심사를 여인의 몸을 통해 제시하고 있는 것은 아닌지 살펴보아야 하기 때문이다. '시적 인식'의 등장을 예고했으며, 동시대의 어떤 시인들보다도 주관성의 출현을 지향했던 마로가 자신의 작품에 종교적 맥락만을 숨겨두었다고 보기는 힘들기 때문이다. 서로 어울리지 못하는 관능성과 종교성의 흔적을 모두 지닌 작품에서 독자가 찾아내야 할 것은 오히려 '작가로서의 명예'(l'honneur de l'Auteur)를 염두에 두었던 그의 모습이 아닌지 자문해보아야 할 것이다. 그것은 시인의 새로운 길을 찾아 나섰던 마로를 복원시킬 수 있을 것이기 때문이다.

젖가슴에서 태어난 시인

「아름다운 젖가슴의 블라종」에서 눈에 띄는 특징은 "젖가슴"이라는 어휘가 총 19번이나 반복되어 환기된다는 점이다. 그중 14번은 시행 맨 앞에 놓여있다. 이것은 동일 어휘를 반복하는 종교의식을 연상시킬 수 있으며, 한편으로는 비난을 불러올 수 있다. 그러나 이런 위치선정은 행에서 행으로 옮겨질 수밖에 없는 시의 제약성을 극복하는 역할을 수행한다. 시행들이 동일어휘로 인해 같은 인상을 불러일으킴으로써 행간 구분을 인식하지 못하게 만들 수 있기 때문이다. 시행에서 시행으로 옮겨갈 때 발생하는 시간적 간극을 파괴하며 이미지 전체를 동시에 제시하고 있다는 착각을 갖게 만들 수도 있다. 이런 측면에서 시의 공간적 이동성을 극복하려는 마로의 의도가 드러난다. 시행에서 시행으로 옮겨갈 때 반복되는 용어의 등장은 시행 사이의 시간적 그리고 공간적 간극을 제거하는 데 기여한다. 독자에게는 총체적 이미지가 한 순간에 다루어지고 있다는 인상을 갖게 되는 것이다.

따라서 시행들로 옮겨갈 때 발생하는 시간의 흐름을 파괴함으로써 마로는 시에 비시간성을 부여하기에 이른다. 마로가 대수사파 시인들의 전통을 계승하고 있는 것은 분명하지만, 그렇다고 해서 그가 사용하는 기법상의 특징이 기교의 현란함이나 재간을 제시하는 데 국한되지 않는다는 것을 알 수 있다. 그의 반복법은 작품 안에서 일종의 시간적 착각을 불러일으키면서 시적 주체의 발화를 비시간적 영역에 옮겨놓는 역할을 수행하기 때문이다. 그의 말 자체가 시간의 제약에서 벗어난다. 그것은 말의 진정성을 전달하기 위한 목적에 기인한다. 신의 말씀이 영원성을 지니듯, 그의 말은 시간으로부터 자유로움을 누리고자 한다. 젖가슴을 대하는 마로의 태도에 가벼움만이 있다고 말하기는 힘든 것이다.

"젖가슴"이라는 용어의 반복이 내포한 시적 발화의 진정성은 원문에서 자주 사용되는 음소 [t]의 반복적 음악성과 연결되면서 시를 구성하는 내적 구조를 견고하게 만든다. 용어들이 서로를 끌어당긴다. 이 덕분에 상아에 비교된 젖가슴의 단단한 속성이 강조되고, "수많은 욕망"과 같은 표현이 암시하듯 젖가슴을 응시하는 시선의 강렬함과 그것을 향한 끈질긴 집착이 읽혀진다. 그리하여 시어의 반복은 젖가슴의 단단함과 결합된 시선의 난난함이 시의 내부 구조를 견고하게 만드는 데 기여하게 된다. 작품 자체가 "상아로 만든 작은 공"의 견고함을 지니게 되는 것이다.

물론 시적 구조의 견고함이 어휘반복에 의해서만 형성되는 것도 아니다. 마로는 1행에서 8행에 이르는 동안 비교와 은유를 사용하며 젖가슴의 외형을 묘사하지만, 바로 뒤이어서 "그 누구도 볼 수 없고, 또한 만질 수 없다"라는 표현을 위치시키며 젖가슴이 지닌 내적인 가치도 함께 소개한다. 젖가슴의 외형은 내면의 속성이 반영된 결과인 셈이다. 그 이후에 시인은 여섯 행에 걸쳐서 비교와 은유에 기초하여 젖가슴을 다시 묘사한다. 1행에서 8행까지의 묘사를 더욱 강화하기 위해서이다. 그리고 17행과 18행에서 수많은 욕망에도 순결을 지키려는 젖가슴의 미덕을 다시 언급하면서 1행에서부터 18행에 도달하는 동안 크게 두 부분으로 구분될 수 있었을 시의 내적 구조를 서로 겹치게 만든다. 시를 견고하게 만들기 위해서이다. 이로 인해 욕망을 초래하는 젖가슴의 단단함이 강화되는 것은 일견 당연하다.

게다가 시 구조의 견고함은 여인의 젖가슴에 대한 서두른 욕망을 처벌하기보다는 오히려 확장시키는 데 기여한다. 원문의 20행에서 24행에 이르는 동안 반복되는 것은 "욕망"이라는 단어이며, 특히 그것은 19행과 20행 사이의 시행걸치기를 통해 등장함으로써 시간적 간극의 지배를 받지 않는다는 의미를 내포하게 된다. "흔들리지 않는" 젖가슴은 시간성에서 자유로워진 욕망과 겹쳐진다. 젖가슴을 탐낼 수밖에 없는 이유이기도 하다. 이런 소유의 욕망이 "결혼해줘요"라는 표현의 반복을 불러일으켰다. 젖가슴이 진정으로 갈망하는 것이 결합이 만들어낼 "행복"이라면, 그리고 그것을 응시하는 자가 지닌 욕망도 "행복"이라면, 젖가슴과 시인의 시선은 '지속'에 대하여 같은 욕망을 지니고 있다고 말할 수 있다. 「아름다운 젖가슴의 블라종」에서 젖가슴과 바라보는 자의 시선 그리고 내용과 내적 구조가 서로 겹쳐진다. 작품은 내적으로는 자유로운 욕망을 드러내면서도 동시에 단단한 형태를 틀로 삼으면서 욕망의 단단함마저 제시하기에 이른다.

마로의 블라종은 보는 자와 보기의 대상이었던 젖가슴 사이의 균형을 은근히 감추고 있다. 비록 시적 화자인 "나"는 작품에서 단 한번 등장하지만, 그의 시선은 묘사의 대상인 젖가슴과 항상 어울려 있다. 그리하여 그의 존재는 작품 전체에 걸쳐서 확인된다. 묘사의 대상과 묘사의 주체가 조화를 이루고 있다고 말할 수 있다. 젖가슴이라는 묘사대상의 사실성과 그것을 묘사하는 방식 사이의 균형 그리고 그것을 바라보는 시선과 그것을 옮겨내는 말의 조화로움이 결합한다. 젖가슴이 외치는 "결혼해줘요"라는 메시지가 설득력을 지니지 않을 이유가 없는 셈이다. 작품에서 사용된 대부분의 주어가 비인칭 "il"이거나 삼인칭 "on"인 것도 시적 화자의 개별적 욕망을 보편적 욕망으로 확대하기 위해서인 것처럼 보인다.

여기에서 독자는 마로의 뛰어난 역량을 발견할 수 있다. 그는 몸이 지닌 아름다움을 시선에서 놓지 않으면서 그것에 대한 욕망을 확장시켜나간다. 여인의 몸을 꿰뚫어보면서 그것이 함축할 수 있는 다양한 의미들을 파악하고 형식과 의미를 긴밀히 연결시킨다. 그리고 미학적 시선에 의해 투시된 몸이 지닌 다양한 의미들을 시적 화자인 자신과 독자가 지닌 욕망과 연결한다. 그리하여 자신과 독자 사이의 일종의 공모를 만들어내는 글쓰기를 시도한다. 몸에 대한 개인적 욕망을 드러내는 데 그치지 않는 것이다. 오히려 자신을 넘어서 독자의 감성을 자극하고, 자신과 독자의 공감을 지향한다. 시인과 독자의 관계를 글쓰기로 형성한 근대적 시인이 블라종에서 등장하는 것이다.

마로의 독창성은 여기에 있다. 주관성은 보편성을 향해 나아가고, 만인이 공유하는 개별적 독창성의 세계가 블라종을 통해 실현된다.

그리하여 블라종이 제시하는 대상은 여인의 몸이지만, 그 몸을 통해 마로는 시인으로서의 자신의 권위를 획득해나간다. 이 권위는 시의 구조와 의미를 복합적으로 결합시키는 예술적 자유를 누리고 숨겨놓은 시인의 특징이 된다. 이 시인에게는 말의 잠재적 역량을 최대한 발휘하여 시를 현란한 형식의 감옥에서 벗어나게 만들 능력이 있다. 그는 "여느 것보다도 더 아름"답고 완전하며, "상아"처럼 단단한 젖가슴, 즉 자연의 기적을 '다시 생겨'나게 만들 재능(virtuosité)을 지녔다. 그는 예술가로서의 "뛰어난 감수성"을 소유하고 있으며, 자연의 아름다움을 언어로 재현할 수 있는 역량을 통해 자기 글쓰기의 풍부함과 완벽함 그리고 견고함을 증명해내는 뛰어남을 지니고 있다.

이런 까닭에 풍만하고 둥그런 여인의 젖가슴에 대한 찬양은 '풍부한 말'(copia verborum)을 지향하는 시인의 미학적 시선을 담아낸다고 말할 수 있다. 여인의 몸이라는 자연적 아름다움을 시의 언어로 옮겨내면서 마로는 자연과 언어 사이의 '상응' 가능성을 그 누구보다도 먼저 제시한다. 블라종은 그에게 언어의 자연성과 자연의 인위성사이의 밀접성을 드러내도록 허용하는 장르였으며, 세상의 '정수'를 언어로 옮겨내는 창조적 시인의 탄생을 실현하는 장르가 된다. 블라종이 노래하는 "젖으로 그대를 가득 채울 자"가 여인의 몸을 통해 현재의 생명력을 미래로 추동하려는 욕망을 지닌 시인을 가리킨다면, 그는 "말하리라"라는 미래형에 제 언어의 모든 것을 맡긴 시인, '죽음에 의해 물어뜯기'기보다는 생명력이 넘쳐나는 아름다운 젖가슴으로 '저자'(auctor)인 자신에 대한 기억이 영원히 살아남게 만들 욕망을 지닌 시인이다.

{주} ....

1. "Marot, bientôt après, fit fleurir les ballades,/Tourna des triolets, rima des mascarades,/À des refrains réglés asservit les rondeaux/Et montra pour rimer des chemins tout nouveaux./Ronsard, qui le suivit, par une autre méthode,/Réglant tout, brouilla tout, fit un art à sa mode,/Et toutefois longtemps eut un heureux destin./Mais sa Muse, en français parlant grec et latin,/Vit, dans l'âge suivant, par un retour grotesque,/Tomber de ses grands mots le faste pédantesque./Ce poète orgueilleux, trébuché de si haut[.]"(Boileau, *L'art poétique*, éd. Jean-Clarence Lambert et François Mizrach, 10/18, 1966, p. 25)
2. "Tetin refect, plus blanc qu'ung œuf,/Tetin de satin blanc tout neuf,/Tetin qui fays honte à la Rose /Tetin plus beau, que nulle chose,/Tetin dur, non pas tetin voyre,/Mais petite boule d'Ivoyre,/Au milieu duquel est assise/Une Fraize, ou une Cerise,/Que nul ne voit, ne touche aussi,/Mais je gage, qu'il est ainsi :/Tetin doncq au petit bout rouge,/Tetin, qui jamais ne se bouge,/Soit pour venir, soit pour aller,/Soit pour courir, soit pour baller :/Tetin gauche, Tetin mignon,/Tousjours loing de son compagnon,/Tétin, qui porte tesmoignage/Du demeurant du personnage ;/Quand on te voit, il vient à maints/Une envie dedans les mains/De te taster, de te tenir :/Mais il se fault bien contenir/D'en approcher, bon gré ma vie,/Car il viendroit une autre envie./O Tetin ne grand, ne petit,/Tetin meur, Tetin d'appetit,/Tétin, qui nuict, & jour criez :/Mariez moy tost, mariez,/Tetin, qui t'enfles, & repoulses/Ton gorgerin de deux bons poulses,/A bon droict heureux on dira/Celluy, qui de laict t'emplira,/Faisant d'ung Tetin de pucelle,/Tetin de femme entiere, & belle."(Clément Marot, *Oeuvres poétiques,* éd. Gérard Defaux, Classiques Garnier, 1993, 2 vol., t. II, pp. 241-242)

제8장

모리스 세브

카오스의 시인

모리스 세브
(1501?-1564?)

난해한 시인

16세기 전반기에 활동한 시인 모리스 세브(Maurice Scève)의 삶에 대해서는 자세히 알려진 것이 별로 없다. 리옹에서 태어난 그는 부단히 사람들을 피해 다녔고, 영광과 명예에 대한 어떤 야심도 지니지 않았다. 그래서 그의 유일한 관심사가 운문의 세계 속으로 은둔하여 스스로를 되찾는 데 있는 것처럼 보이기도 한다. 이 시인은 제 삶에 대한 단서들을 작품 안에 별로 남겨두지도 않았고, 심지어는 해독하기 힘든 "souffrir se ouffrir", "Souffrir non souffrir", "Non sinon là"와 같은 좌우명으로 작품에 서명을 하면서 자신의 이름마저 감춰버렸다. 오만한 것인지, 아니면 극도로 염세적인 것인지, 고독을 찾는 것인지, 아니면 절대적 자유를 추구한 것인지, 그를 둘러싼 모든 것들이 명확하지 않다.

삶과 세상 그리고 시에 대한 그의 의도를 간파하기도 여전히 어렵다. 1515년에는 한 수도원의 사제로 활동했다는 것이 확인되었지만,

1533년에 페트라르카의 연인 라우라의 무덤이 아비뇽에서 발견되자 이탈리아 시인의 모방을 자신의 사명으로 삼기로 결심한 것처럼 보인다. 1534년 페라라 궁정의 르네 드 프랑스(Renée de France)가 주관한 블라종 경연대회에서 「눈썹의 블라종」(Blason du Sourcil)으로 우승을 거머쥐었기 때문이다. 1536년 즈음의 그는 페르네트 드 기예(Pernette de Guillet)라는 당시 스무 살의 여인을 만나 사랑을 꿈꾸었다. 역시 시인이었던 기예에 의해 세브가 경험한 모험담 일부가 밝혀진 것을 보면, 아마도 그녀는 동향 출신의 세브가 누리는 시적 명성에 은근한 자부심을 느꼈던 것으로 여겨진다. 반면에 세브는 그녀의 이름을 단 한 번도 작품에서 언급하지 않았다. 그리고 바로 이 시기에 8년이나 지난 뒤에야 출간될 『델리. 지고한 미덕의 대상』(*Délie. Object de plus haulte vertu*)을 작성하기 시작했다.

이 작품에서 사랑의 고통을 노래하는 모리스 세브는 프랑스시가 숭고함이라는 주제를 다룰 수 있다는 가능성을 제시한다. 그렇지만 이 숭고함은 서사시가 지닌 속성과는 무관하다. 찬란한 빛을 제대로 바라볼 수 없는 것과 마찬가지로 모호함이 의미의 주변을 칭칭 감싸고 있다. 그래서였을까? 피치노(Marsile Ficin)의 신플라톤주의를 운문으로 해석했던 퐁튀스 드 티아르(Pontus de Tyard)라는 시인은 굳이 하나의 에피소드를 들려준다. 어떤 독자에게 『델리』를 건네주었더니 양미간을 찌푸리면서 세브라는 시인에게 관심이 전혀 없을 뿐만 아니라 앞으로도 관심을 가지지 않을 것이라고 말하고는 시집을 책상 위에 던져버렸다는 것이다. 세브는 당시 사람들에게도 매우 추상적이고 이해하기 어려운 시인이었던 것이다. 그래서 10음절 10행시 형식의 총 449편으로 구성된 『델리』의 주변에는 '신비롭다'라는 표현이 언제나 떠돌았다. '고문'과도 같은 독서를 요구하는 작품이라고도 했다. 게다가 작품들 사이사이에 삽입된 50편의 '앙블렘'(emblème)이 지닌 의미는 앞뒤에 놓인 10행시와 연계되어야만 이해될 수 있다. 수수께끼를 푸는 수고를 시집이 요구한다고 말할 수 있을 정도이다.

그런데 바로 이런 특징이 프랑스 현대소설가를 대표하는 파스칼 키냐르(Pascal Quignard)의 관심을 끌었다. 개별적인 것들을 연결하는 타자라는 개념을 신비와 철학적 성찰을 뒤섞으며 형상화한 키냐르는 『델리의 말』(*La parole de la Délie*)이라는 책을 세상에 내놓았다. 현대의 소설가가 쓴 먼 과거의 시인에 대한 수필에 해당한다. 여기에서 그는 『델리』 안에서 복잡하게 전개되는 세브의 발화를 '카오스의 말'이라고 정의하면서도, 동시에 '매혹적'이라는 형용사를 덧붙여야만 했다고 고백한다. 그가 보기에 10행시 한 편 한 편이 서로 겹쳐져서 읽힐 수 있는 시집에서 세브가 다룬 것은 "내 안에 가장 소중히 지니고 있는 것을 그대 안에서 구한다"(D 1)라는 표현이 암시하듯, 여인에 대한 사랑이 자신에게 초래한 고통의 흔적들이다. 그런데 그것은 극복하기 힘든 고통이고 사랑이기도 하다. 소중한 것이 놓여 있는 장소가 내 '안'이면서 동시에 그녀의 '안'이기 때문이다. 이런 발언은 시적 화자와 그녀의 간극을 가늠하기 힘들게 만든다. 내가 하는 모든 것이 그녀에게서 나온다는 말이 대체 어떤 의미를 지향하고 있는지 가늠하기 힘들다. 발화와 해석의 난해함이 세브가 겪고 있는 번민의 주위를 감싸고 있다고 말할 수 있다.

이해될 수 없는 세계

『델리』의 1544년 판본

르네상스 당시의 여러 시인들과 마찬가지로 세브에게 델리라는 여인은 신이 만든 경이로운 작품에 해당한다. 그녀는 저속하고 탐욕스런 세계와 대비되는 신성한 존재이다. 하늘마저 황홀하게 만들 아름다움을 지닌 그녀가 자기를 바라본 시인의 정신과 육체를 빼앗아버리는 것은 당연하다. 인간의 몸을 지닌 시인이 저 찬란한 신성함을 응시할 수는 없는 법이다. 그녀를 보게 된 그날부터 시인은 "그녀의 아름다움 안에 내 죽음이, 그리고 내 생명이 머무르고 있다"(D 6)고 외치지 않을 수 없게 된다. 그런데 죽음과 생명이 나란히 놓인 이런 발언에서 독자는 여인에 대한 욕망이 시인의 죽음을 초래할 것임을 짐작할 수 있다. 그렇지만 또한 그 죽음이 세상의 종말을 의미하지는 않는다는 것을 눈치챌 수 있다. 시인의 죽음은 오히려 그를 살아나게 만들고 그에게 평화를 가져다주기 때문이다. 달리 말해 죽음과 삶의 경계를 뛰어넘는 어떤 공간에 여인의 거처가 마련되어 있는 셈이다. 이런 그녀의 시간에는 과거, 현재, 미래라는 구분이 있을 수 없다. 그녀가 머무는 공간은 시간의 지배를 벗어난 영속 안이다.

그런데 바로 이것이 시인이 경험할 비극의 원인이 된다. 영원성을 제 것으로 삼은 여인을 사랑한다는 것은 시인의 고통스런 과거가 현재와 미래에도 여전히 지속되리라는 예고가 되기 때문이다. 사라지지 않을 그의 고통은 오히려 악착같이 그에게 영원히 달라붙어 있을 것이다. 그의 "영혼" 깊숙한 곳까지 들어와 꼼짝하지 않게 될 것이다.

> 내 방황하던 젊은 날에 너무도 뜨거웠던 눈은
> 목적도, 조심성도 없이, 어슬렁거리며 돌아다녔으니,
> 이제 (오, 감미로운 공포에 대한 두려움이여)
> 나의 〈바실리스크〉는 날카로운 시선으로
> 〈몸〉과 〈마음〉과 궁핍한 〈이성〉에 구멍을 내서
> 내 〈영혼〉의 〈영혼〉 안으로 꿰뚫고 들어온다[.][1]

그는 저주를 받은 것과 다르지 않다. 그런데 시인은 이것을 원망하지도, 두려워하지도 않는다. 심지어는 그것을 행복과 다르지 않다고 여긴다. "궁핍한" 자신에게 영원한 공포와 두려움을 안겨줄 여인을 언제나 바라보면서도 그녀를 피하기보다는 오히려 그녀 "안에서 훨씬 더 많이" 살아가기를 고대한다.

> 그대 안에서 나는 산다, 그대가 비록 부재한다 하더라도,
> 내 안에서 나는 죽는다, 내가 비록 존재한다 하더라도,
> 그대가 아무리 멀리 있다 하여도, 언제나 그대는 존재하고,
> 내가 아무리 가까이 있다 하여도, 여전히 나는 부재한다.
> 내 자신 안에서보다 그대 안에서 훨씬 더 많이 사는 나를 보고는,
> 모욕을 당했다고 자연이 느끼게 될지라도,
> 한 줌의 동요도 없이 작동하여

고통에 빠진 이 육신 안에 영혼을 불어넣은 저 높은 곳의 힘은
그것이 정수를 잃을 것을 미리 간파하고는
그대 안에 영혼을 펼쳐놓는다, 마치 그녀의 온 모습인 것마냥.[2]

"그대 안"과 "내 안"이 동일시되고, 여인이 부재하는 자리가 시인이 자리를 잡는 공간과 다르지 않은 이 세계 안에서 죽어버린 모든 것이 여인 덕분에 다시 생명을 얻게 되고, 동시에 살아 있는 모든 것들이 그녀로 인해 다시 죽게 된다는 발화는 영원에 자리를 마련한 여인을 욕망한 대가로 주어진 벌이다. 또한 그것은 여인으로 인해 죽음과 삶을 구분하지 못하게 된, 아니 죽음과 닮은 고통을 삶의 행복으로 여겨야만 하는 불행한 운명에 대한 암시이기도 하다.

그렇지만 그가 죽음을 두려워할 이유는 없다. 죽음은 그에게 부활에 대한 약속과 다르지 않다. 세브가 만약 고통을 안겨주면서 동시에 그것을 치유해주는 여인을 "장갑"에 비유한다면, 그것은 여인의 아름다움으로 인해 있음과 없음, 삶과 죽음, 고통과 행복을 동일한 것으로 여기게 되었기 때문이다.

행복한 장갑이여, 나서서 노예가 되는
지유이 행복한 감옥이여, 그대는
고통을 치료법과 함께 감추고 있으니[,][3]

이 감옥은 행복의 공간이고 기원이다. 스스로 나서서 죄인이 되기를 희망하지 않을 이유가 없다. 따라서 "감추다"로 번역한 원문의 동사 "celer"는 고통을 보이지 않게 하는, 즉 '감추는' 기능을 당연히 맡아

야 하지만, 상반된 것들이 동일한 것으로 간주되는 이 희한한 세계 안에서는 '드러내다'라는 반대의 의미도 지니게 된다. 만물의 경계가 파괴된 세계로 진입한 시인으로 인해 대립하는 의미들마저도 동일한 모습을 얻게 되는 것이다.

이런 면에서 세브가 사용하는 중첩된 고통과 행복에 대한 발언이 익숙한 일상의 표현방식을 사용하리라고 기대하기는 매우 힘들다. 빛과 어둠을 겹치게 만들면서 그것이 조장하는 신기한 분위기 안에 자신을 위치시키는 방식을 그는 선호한다. 작품은 난해해진다. 권두시 「델리에게」(A sa Délie)에 실린 금언 "Souffrir non souffrir"를 '고통 받지 않기 위해 고통을 당하다'라고 옮겨야 하는지, 아니면 '고통 받는 것은 고통 받지 않는다는 것이다'라고 번역해야 하는 것인지 결정하기 어려운 것처럼, 작품의 의미는 헤어 나올 수 없는 미로의 양상을 띤다. 그래서인지 현대의 프랑스 연구자들도 세브를 영어나 다른 외국어로 번역하는 것이 과연 가능한 것인지 의문을 품지 않을 수 없었다. 심지어 『델리』에 수록된 몇몇 작품에 대한 해석은 여전히 분분하다.

안과 밖이 겹쳐진 세계

어둠의 세계와 빛의 공간이 서로 겹치고, 기쁨이 한순간에 아픔으로 모습을 바꾸며, 여인을 추적하는 것이 여인에게 쫓기는 형국이 되는 이 세계 안에서 세브는 자신이 풀어놓은 거미줄 안에 스스로 묶이고 마는 불행한 거미와 다르지 않다. 이런 삶을 그는 원망한다.

그녀의 정숙한 시선이 부드럽게 돌아서자
온갖 감미로움이 은밀한 곳에까지
뚫고 들어와 박히게 되고, 그곳에서 내 뜨거운 감정은
온 시간 내내 내 목숨을 황폐하게 만들어버리고 만다,
그 목숨 안에서 그 어떤 행복보다도 더 풍요로운 기쁨으로
그녀는 나의 내면을 달래준다.
그리하여 이 최고의 내 행복 안에서
온 정신이 얼떨떨해진 나를 보게 된다.
그렇게 무심코, 너무 의도적으로
내 펼쳐놓았던 그물에 사로잡혀 나는 죽어간다.[4]

그는 목숨이 "황폐"해져갈 때 "더 풍요로운 기쁨"을 느끼게 되는 거미와 같다. 이유가 있다. 그의 바깥에 있던 여인이 자기를 바라보는 자의 시선을 타고 그의 몸을 타고 들어와 완전히 그곳을 파괴하기 때문이다. 그런데 이해하기 힘든 것은 "온 정신이 얼떨떨해진 나를 보게 된다"는 표현이다. 이것은 파괴된 자기 안을 마치 밖에서 자기를 바라본다는 뜻으로 해석된다. 그에게 안과 밖은 다른 공간이 아닌 것이다. 자기 밖에 있는 것은 그의 안에 있는 것과 다르지 않으며, 외부와 내부가 마치 투명한 막처럼 서로를 또렷이 비춘다. 이런 그가 자신의 "뜨거운 감성"을 숨기려 한들 그럴 수 없게 되는 것은 어찌할 수 없다. 그가 감출 수 없는 것이라곤 아무것도 없다.

세브가 감추려 하지만 감춰질 수 없는 "초롱"에 자신을 비유하지 않을 수 없는 것도 모든 것이 그의 세계 안에서는 서로를 비추기 때문이다.

지극히 부드럽게 그녀의 눈에서 새어나온 독이
같은 길을 타고서 심장 깊숙한 곳으로 들어왔다,
그것은 고통도 주지 않고 자유를 갈망하는
욕망을 홀로 만나고야 말았다.
그러나 욕망을 차츰 차츰 꿰뚫고 말았으니,
그 안에는 자유로운 〈영혼〉이 안전하게 살고 있었건만.
그리하여 안전을 책임졌던 피는
사지를 팽개치고, 깊은 〈우물〉 속으로 도망가버렸다,
누구나 볼 수 있는 불꽃을 숨기려고,
그것을 나는 가리지만, 감출 수가 없다.[5]

초롱 안에서 타오르는 초의 불빛은 밖으로 새어나간다. 초롱은 '초'를 안에 감추고 있지만, 빛마저 숨기지는 못한다. 시인의 사랑도 이것과 다르지 않다. 그는 자기 사랑의 감정을 제 안에 간직해야만 한다. 그녀가 그의 감정을 간파하는 순간 제 목숨이 위태로워질 수 있기 때문이다. 그러나 숨겨야만 했던 사랑의 불꽃은 밖으로 퍼져나간다.

'숨김'이 '밝힘'이 되는 이런 피할 수 없는 세계 안에서 시인이 자유를 누린다고 말하기는 무척 힘들다. 고통 없는 영혼의 자유를 욕망하고, 그것을 저 깊은 내면의 "우물" 안에 숨겨두려 했지만 "누구나" 그것을 쉽게 "볼 수 있"기 때문에 그러하다.

새로운 프로메테우스의 시련

세브가 『델리』의 형식으로 10음절 10행시를 선택한 이유에 대해서 여러 추상들이 있었다. 10음절은 사랑을 노래하는 서정시의 대표적 형태라고도 했고, 직전 세대의 대수사파 시인들이 신호한 형식이기 때문이라고도 했다. 그래도 여전히 10행시를 택한 이유에 대하여 의문을 가지지 않을 수는 없다. 사랑의 고통을 노래하기 위해서라면 장중한 12행도, 그 이상도 가능했다. 독자는 그 이유를 그가 경험하는 사랑의 본질과 관련하여 찾을 수 있다. 각 시편들은 정사각형의 형태를 띤다. 좌우, 위아래가 같다. 그 어떤 상이함이나 차이가 이 공간 안으로 들어올 수는 없다. 위아래가 뒤집혀도 모양새는 같다. 내면의 빛이 감춰지지 않고 밖으로 비쳐지는 것과 다르지 않다. 시인의 사랑과 고통은 정사각형의 위아래 그리고 좌우에 해당하는 것이다.

따라서 여인을 추구하는 긴장감을 449번이나 반복해서 표현하는 이 형태 안에서 세브는 프로메테우스를 닮은 자신을 발견하게 된다. 독수리에게 간을 쪼아 먹히는 형벌을 받았던 이 신화적 인물의 공간이 코카서스 산정이었다면, 『델리』의 시인이 묶인 곳은 자기 내면의 정상이다. 그는 외부에서 가해지는 고통이 아니라 자기 "안"에서 내어나는 고통, 그러나 "행복에 대한 강한 욕망"이 초래한 불행에 "고문"을 당하는 운명을 짊어지게 되었다.

> 내 고통이 묶여있는 코카서스 산에서,
> 내 영원한 아픔의 〈지옥〉 안에서,
> 잊어버린 내 행복에 대한 강한 욕망은,
> 죽지 않는 내 죽음에 사로잡힌 〈새〉처럼
> 맹렬하게 정신을 갉아먹으니,
> 그리하여 뜨거운 구애에 지쳐버린
> 희망은 내 행복을 위해서가 아니라,
> 불행에서 끊임없이 다시 태어나기 위하여 그것을 되살리고,
> 결국엔 내 불행한 삶이 내 안에서
> 프로메테우스를 까닭 없이 고문하게 된다.[6]

"희망"에서 나온 "뜨거운 구애"가 불행한 삶속에 자리를 마련한다. 희망은 불행에서 부단히 다시 태어나면서 그의 정신을 "맹렬하게" 갉아먹는다. 무엇이 희망이고 무엇이 불행인지 도저히 구분할 수가 없다. 파괴되는 시인의 정신마저도 정신 "안"에 자리를 튼 프로메테우스와 분리되지도 않는다. 그가 할 수 있는 유일한 일은 프로메테우스를 고문하면서도 그를 다시 살리는 것뿐이다. 신화적 인물의 운명이 그의 운명과 겹쳐지고, 프로메테우스를 갉아먹었던 독수리는 시인의 내면에 자리 잡은 또 다른 "새", 즉 "욕망"을 대신한다. 세브가 델리라는 이름을 이 작품에서 굳이 환기하지 않은 이유도 여기에 있을 것이다. 고통의 근원이 자기 "안"에 있기 때문이며, 그것은 "까

닭"이 없기 때문이다. 안과 밖이 구분되지 않는 순환하는 고통의 세계로부터 그가 벗어날 가능성은 전혀 없다. 부재하는 여인이 언제나 그의 내면에 자리를 틀고 말았다.

만약 세브가 자신의 부재를 존재로 여겨야 한다면, 그것은 부재하면서 동시에 자기 안에 자리 잡은 여인 때문이다. 그의 자아는 타자가 되고, 타자였던 여인은 그의 자아가 된다. 델리가 그이고, 그가 델리이다. 사랑의 고통이 여인에게서 오는 것이 아니라 자기 스스로에게서 나온다고 말하는 이 시인은 자신의 '자아'를 타자이기도 한 자신에게서 찾을 수밖에 없다. 그의 다지는 자아가 마주할 수 있는 적당한 거리에 놓여 있지 않다. 타자는 자아와 다르지 않은, 아니 겹쳐진 '낯선' 이이다. 10음절 10행을 선택한 이유가 여기에 있다. 이 형식은 모든 것의 구분을 소멸시킨다. 이런 형식 안에서 자아와 타자, 시인의 안과 밖이 겹쳐진다. 아니 그것들은 하나의 다른 모습이다. 어떠한 거리두기도 불가능한 이런 욕망의 공간 안에서 세브가 델리로부터 벗어날 수 있으리라고 기대할 수는 없다. 시인이 자기 욕망을 성취하며 불행한 삶에서 벗어나게 될 것이라고 희망할 수도 없다. 그녀와 시인 사이에는 간극이란 없기 때문이다.

자아와 다지의 새로운 관계

세브의 어떤 시도도 자신에게서 델리를 떼어놓지 못한다. 자신을 죽이는 여인을 그는 당연히 부인하고 거부해야 하지만 그러지 못한다. 그가 "내 경우를 보고 있노라면, 내 자신에 내가 겁이 난다"[7]라고 말하지 않을 수 없었듯이, 여인은 그의 생각마저도 제 것으로 삼았고, 그의 피를 타고 온 몸을 돌면서 그에게 생명을 만들어준다.

> 그러나 내 혈관 속에 스며들어온 〈달〉처럼,
> 그대는 델리였고, 델리이며, 델리일 것이고,
> 〈사랑〉이 내 헛된 생각에 묶어두었던 것이며,
> 〈죽음〉이 추호도 그것을 그대에게서 풀어버리진 않을 것이다.[8]

"델리였고, 델리이며, 델리일 것"이라는 표현은 여인의 모든 시간으로부터 벗어나지 못할 것이라는 불안한 예감을 다룬다. "〈죽음〉이 추호도 그것을 그대에게서 풀어버리진 않을 것"이라는 표현은 절망의 토로에 해당한다. 델리로 인해 분열되었던 그의 과거는 미래에도 여전히 진행될 것이고, 그는 여전히 분열된 상태에 머무르게 될 것이다. 시간의 간극에 아랑곳하지 않는 이 여인은 시인의 내면에 머물면서 죽음마저 다시 살려놓을 것이다. 시인이 고통을 피하기 위해 죽음을 원한다고 해도 그는 다시 살아날 수밖에 없으며, 고통을 다시 겪어야만 한다.

세브가 시집의 마지막 장에 무덤과 초가 그려진 앙블렘을 삽입한 이유를 여기에서 찾을 수 있다. 향로 안에서 피어오르는 촛불과 넘쳐흐르는 촛농, 그것은 자신이 죽은 뒤에도 여전히 타오르며 흘러넘칠 자신의 눈물과 다르지 않다는 것이다. 물과 불, 그것들은 서로 상반된 속성을 지녔지만 언제나 함께하며. 시인이 흘리는 눈물 역시 또 다시 불꽃으로 변하여 활활 타오를 것이고, 그 불꽃에서 눈물방울 같은 촛농이 또 흘러내리리라는 것이다.

여러 요소들 중에서 가장 적대적인
불 그리고 물이 있는 것을 보고는,
내 무덤 위에 상반된 두 가지를 사람들이
왜 놓았는지 그대가 묻는다면,
그대에게 알려주겠노라, 그것들이 아주 필요했다는 것을
그대에게 분명하게 보여주기 위해서라고,
내 마음의 거주자들인
눈물방울들과 불꽃은 쓰라리게 격렬한 싸움을 벌이고 있으니,
내 죽은 뒤에도 여전히 이 안에서
그대의 냉정함에 나는 눈물 흘리며 불타오를 것임을.[9]

그는 자신의 소멸을 자신의 존재와 다르지 않은 것으로 파악한다. 그의 죽음은 살아 있음이고, 살아 있음은 죽음과 같은 무늬를 지닌다. 따라서 여인과 벌이는 그의 전쟁은 결코 멈추지 않을 것이고, 그가 선택하는 모든 것을 여인은 이미 알아차리게 된다. 고통의 원인은 그의 마음 안에 있다. 거울을 바라보는 그는 거울 속에 비친 자기가 거울을

마주한 자기를 바라보는 이상한 경험을 하지 않을 수 없다. 그의 마음은 거울에 비치고, 비쳐진 마음이 자신을 바라본다는 신기한 그러나 소름끼치는 고통의 체험이 그의 운명에 달라붙어 있다. 바라보는 자이면서 바라보기의 대상이 되는 역설의 운명이 그를 따라다닌다. 자신의 소멸을 선언할 때 비로소 자신을 구할 수 있건만, 그 소멸이 살아 있음의 원천이 되는 이런 세계 안에서 자기 안과 자기 밖이 구분되지 못하는 처벌을 그는 받고 말았다.

분명 '이데아'(L'idée)의 글자순서를 바꿔 놓은 델리라는 이름이 지닌 미덕은 "가장 높은 것"이지만, 그것은 페트라르카의 라우라처럼 영원한 평화에 대한 열망을 시인이 갖게 만들지는 못한다. 그녀가 머문 곳은 시인의 내면이며, 그 안에서 혼돈과 갈등, 충돌과 무질서, 욕망과 처벌이 촛농 같은 눈물이 되어 영원히 흘러넘친다. "가장 높은 곳"은 시인의 마음 속 가장 '낮은 곳'과 구분되지 않는다. 서로 다른 모든 것이 서로를 간섭하며 결국엔 구분되지 않는 이 세계 안에서 꼬리에 꼬리를 물고 뱅뱅 도는 뱀의 운명을 세브가 자기 언어에게 부여한 것은 어쩌면 당연하다고 말할 수 있다. 가장 높은 미덕이 비참한 운명과 같은 모습을 지닐 때, 무엇인가가 '완성'되었다고, 해결되었다고 말하기는 무척 힘들다. 상반된 모든 것들은 서로의 영역을 부단히 침범하면서 완결된 무언가에 대한 가능성마저 파괴해버린다. 그런 세계 안에 세브가 놓여 있다.

그래서 세브의 언어에는 종착점이 없다고 말할 수 있다. 그의 단어들은 서로의 꼬리를 물고서 돌고 돈다. 사물들 사이의 경계가 그로인해 파괴된다. 바로 이것이 세브가 그려 보이는 세상의 모습이다. 그가 시 안에 담아놓은 것들은 서로가 살을 섞지 않을 수 없는 그런 세계이다. 앞과 뒤, 위와 아래가 서로를 닮아버린 세계이다. 그가 10행시 448편에서 굳이 "우리"라는 표현을 쓴 것도 이와 연관이 있다.

> 저 성스러운 불꽃은 밝게 빛나며 지속되리라,
> 많은 이들 앞에 모습을 드러내면서 언제나 빛나리라,
> 이 〈세계〉가 그 자체로 남아 있는 한,
> 사람들이 〈사랑〉을 경배하는 한.
> 또한 우리의 마음을 뒤쫓을 저 열정과,
> 아주 길고 넓은 〈천상〉 너머로
> 우리를 살아서 뒤쫓을 저 미덕 사이에
> 별 차이가 없다고 나는 보고 있다.[10]

시인인 자신과 델리, 그가 옮겨내는 고통과 욕망 그리고 그녀의 경멸, 이 모든 것들이 서로에게 녹아들어 간다. 가로와 세로가 가득차서 빈 공간이 존재하지 않게 된 세계, 그 안에서 세브는 융해된 말을 만들어낸다. 말이 말을 추적하고, 서로를 자유롭게 넘나들이 하는 공간을 구축하기 위해서이다. 『델리』를 구성하는 449편의 각각의 10행시들은 "가장 높은 곳의 미덕"이 마음 속 "가장 낮은 곳"에 또아리를 틀게 되는 새로운 세상을 탄생시킨다. 세상의 구성요소들이 경계를 풀어버리게 만드는 세브의 시가 새로운 존재를 언제나 만들어내고야 마는 시적 언어의 위상을 드러낸다고 말할 수 있는 것도 이런 독특한 그의 세계관 덕분이다.

{주}

1. "L'Oeil trop ardent en mes jeunes erreurs/Girouetoit, mal cault, à l'improurveue :/Voicy (ô paour d'agreable terreurs)/Mon Basilique avec sa poignant' veue/Perçant Corps, Coeur, et Raison despourveue,/Vint penetrer en l'Ame de mon Ame."(Maurice Scève, *Délie. Object de plus haute vertu*, éd. Gérard Defaux, Droz, 2004, 2 vol., t. I, p. 5, vv. 1-6. 개별 10행시는 'D 1'식으로 약기한다).
2. "En toy je vis, où que tu sois absente :/En moy je meurs, où que soye present./Tant loing soit tu, tousjours tu es presente :/Pour pres, que soye, encore suis je absent./Si la nature oultragée se sent/De me veoir vivre en toy trop plus, qu'en moy :/Le hault povoir, qui ouvrant sans esmoy,/Infuse l'ame en ce mien corps passible,/La prevoyant sans son essence en soy,/En toy l'estend, comme en son plus possible."(*ibid.*, I, p. 68, D 144)
3. "Vous, Gantz heureux, fortunée prison/De liberté voluntairement serve,/Celez le mal avec la guerison,"(*ibid.*, I, p. 79, D 169, vv. 1-3.)
4. "Au doulx rouer de ses chastes regardz/Toute doulceur penetramment se fiche/Jusqu'au secret, où mes sentementz ars/Le plus du temps laissent ma vie en friche,/Où du plaisir sur tout aultre bien riche/Elle m'allege interieurement :/Et en ce mien heureux meuilleurement/Je m'en voys tout en esprit esperdu./Dont, maulgré moi, trop voluntairement/Je me meurs pris es rhetz, que j'ay tendu."(*ibid.*, I, p. 187, D 411)
5. "Si doulcement le venin de tes yeulx/Par mesme lieu aux fonz du coeur entra,/Que sans douleur le desir soucyeux/De liberté tout seul il rencontra./Mais l'occupant, peu à peu, penetra,/Où l'Ame libre en grand seurté vivoit :/Alors le sang, qui d'elle charge avoit,/Les membres laisse, et fuit au profond Puys,/Voulant cacher le feu, que chascun voit./Lequel je couvre, et celer ne le puis."(*ibid.*, I, p. 23, D 42)
6. "Au Caucasus de mon souffrir lyé,/Dedans l'Enfer de ma peine éternelle,/Ce grand desir de mon bien oblyé,/Comme l'Aultour de ma mort immortelle,/Ronge l'esprit par une fureur telle,/Que consommé d'un si ardent poursuyvre,/Espoir le fait, non pour mon bien, revivre :/Mais pour au mal renaistre incessamment,/Affin qu'en moy ce mien malheureux vivre/Prometheus tourmente innocemment."(*ibid.*, I, p. 77, D 77)
7. "Voyant mon cas, de moi je m'espouvante"(*ibid.*, I, p. 107, D 231, v. 10)

8. "Mais comme Lune infuse dans mes veines/Celle tu fus, es, et seras DELIE,/ Qu'Amour a joinct à mes pensées vaines/Si fort, que Mort jamais ne l'en deslie."(*ibid.*, I, p. 14, D 22, vv. 7-10.)
9. "Si tu t'enquiers pourquoy sur mon tombeau/L'on auroit mys deux elementz contraires,/Comme tu voys ester le feu, et l'eau/Entre elementz les deux plus adversaires :/Je t'advertis, qu'ilz sont tresnecessaires/Pour te monstrer par signes evidentz,/Que si en moy ont esté residentz/Larmes et feu, bataille asprement rude :/ Qu'apres ma mort encores cy dedens/Je pleure, et ars pour ton ingratitude."(*ibid.*, I, p. 203, D 347)
10. "Flamme si saincte en son cler durera,/Tosjours luysante en publicque apparence,/ Tant que ce Monde en soy demeurera,/En qu'on aura Amour en reverence./Aussi je voy bien peu de difference/Entre l'ardeur, qui noz coeurs poursuyvra,/Et la vertu, qui vive nous suyvra/Oultre le Ciel amplement long, et large."(*ibid.*, I, p. 204, D 448, vv. 1-8.)

{제9장}

아마디스 자맹

스승의 그림자 뒤에 선 시인

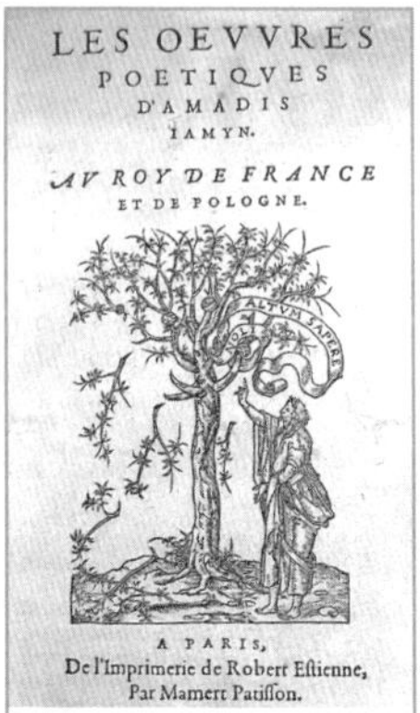

자맹의 『시집』
1575년 판본

롱사르의 시동

한 시대를 풍미하는 위대한 시인을 스승으로 모시고 있건만 아직 자신의 시적 재능을 인정받지 못한 제자의 심정은 어떠할까? 시의 길을 선택했지만 여전히 빛을 보지 못하는 자신의 신세를 한탄할 것인가, 아니면 스승의 후광 덕분에 조만간 시인의 호칭을 얻게 되리라는 희망을 가질 것인가? 또 아니면 자신의 시적 역량을 인정하지 않는 스승을 원망하며 그와 다른 길을 선택할지 고민하게 될 것인가? 그런 제자를 곁에 둔 스승의 심정은 어떠할까? 뛰어난 자질을 지니고 있지만 아직은 설익은 그에게 엄격한 수련을 계속 요구할 것인가, 아니면 언젠가 자신을 뛰어넘을 것을 생각하여 그를 제자라는 위치에 영원히 가둬두어야 할 것인가? 또 아니면 스승인 자신의 영광을 시기하는 자들이 제자마저 희생양으로 삼을 것을 염려하면서 그를 세상의 위협으로부터 영원히 감춰두어야 할 것인가? 미묘한 긴장감이 스승과 제자 사이를 팽팽하게 채운다.

롱사르에게 그런 제자가 있었다. 이름은 아마디스 자맹(Amadis Jamyn, 1540-1593). 1575년에 첫 번째 『시집』(*Oeuvres poétiques*)을 간행하고 1584년 재판을 출간한 그는 1540년에 트루아(Troyes) 근교의 카우르스(Chaource)라는 마을에서 태어났다. 그의 부친은 스페인 작가 몽탈보(Montalvo)가 쓴 기사도 문학 『아마디스 드 골』(*Amadis de Gaule*)의 주인공 이름을 막 태어난 아들에게 부여했다. 당시에 이 책은 모두가 탐독하는 베스트셀러였고, 또한 자맹이 태어난 바로 그 해에 니콜라 데르브레(Nicolas d'Herberay)에 의해 프랑스어로도 번역되었기 때문이다. 태어나면서부터 문학의 길을 가도록 운명 지어진 셈이다.

자맹이 롱사르를 어떻게 만났는지 밝혀주는 문서는 아직까지 발견되지 않았다. 그러나 1549년에 작성된 롱사르의 「바쿠스제」(Les Baccanales)에 따르면 자맹은 그의 시동(page)이었다. 이 작품에서 롱사르는 파리 남쪽에 위치한 에르쾨이유 계곡에서 하루를 함께 보낸 동료 시인들의 자유로운 노래가 새로운 세상의 문을 활짝 열어젖히리라고 예고한다. 시인은 동료들을 부대(bragide)라고 불렀다. 술병의 황홀함에 취해 날개달린 수많은 짐승들이 자기들 머리 위를 날아다니는 모습을 이 시인들은 바라보면서 자기네들 노래만이 완벽하다고 선언한다. 거친 들판을 달려 새로운 시의 성문을 통과할 자신들에게는 "말의 감미로움"이라는 무기가 있다는 것을 확신하기 때문이다.

> 일어나라! 부대가 오는 소리가 들린다,
> 쾌활한 우리 벗들의
> 소란스런 소리가 들리니,
> 그네들은 우리를 깨우려고

쉰 피리소리를 울리고
노래 부른다.

벌써 기타소리가 슬쩍 들리는구나,
그들의 발걸음에 땅이
튀어 오르는구나,
대중없이 굴러대는,
그네들 춤의
자유로운 박자가 들려온다.

코리동, 문을 열거라,
이른 아침부터
그네들에게
포도주와 함께 바쳐질
희생양들인,
절인 고기와 파이와 소시지를
갖다주거라.[1]

이들 무리에 "코리동"이라는 인물이 포함되어 있었다. 롱사르는 지적이고 조심성 있는 이 시동을 처음에는 "양자"로 삼았으며, 자신의 스승 장 도라(Jean Dorat)와 고전인문학자인 튀르네브(Adrian Turnèbe)의 가르침을 받게 했고, 여러 인문주의자들에게 그를 소개했다. 심지어 1562년에는 그를 비서로 삼았는데, 글씨체가 매우 뛰어났기 때문이었다. 롱사르의 구술을 자맹이 옮겨 쓴 편지들이 일부 남아 있는데,

자맹의 글씨체는 매우 또박또박하다. 차분한 성격을 읽어낼 수 있다. 코리동은 롱사르를 그림자처럼 뒤따른 것으로 보인다. 자크 그레뱅(Jacques Grévin)이 롱사르의 종교전쟁 참여를 비난하며 1563년에 작성한 「롱사르의 무덤」(Le Temple de Ronsard)에 코리동이라는 이름이 여전히 등장하기 때문이다.

> 그 안에 반짝이는 멋진 펜촉으로 새겨질 것이다.
> 있는 척하는 네 시동 아니 네 코리동의 이름이[.][2]

많은 연구자들은 코리동이 아마디스 자맹일 것이라는 데 데에 의견을 같이한다. 물론 롱사르가 1584년에 다섯 번째 『전집』(*Oeuvres complètes*)을 간행하면서 코리동이라는 이름을 자맹으로 퇴고하지 않은 이유에 대한 해석은 분분하지만, 『롱사르의 생애』(*La vie de Ronsard*, 1586)를 작성한 클로드 비네(Claude Binet)는 티아르, 뒤 벨레, 바이프, 벨로, 가르니에 등의 플레이아드 시파의 명단에 자맹을 포함시켰다.

자맹에 대한 평가

자맹의 작품에 대한 평가는 16세기 당시나 지금도 매우 다양하다. 아그리파 도비녜(Agrippa D'Aubigné)에 따르면 그는 호메로스를 번역할 정도로 그리스어에는 뛰어났지만, 프랑스어로는 훌륭한 그 무엇도 만들어내지 못한 시인이다. 그러나 뒤 베르디에(Du Verdier)와 같은 작가는 그를 자기 시대의 뛰어난 프랑스 시인들 중 한 명으로 고려하기도 했다. 심지어 롱사르에 대한 동시대인들의 평가를 다룬 책을 쓴 17세기 초의 기욤 콜테(Guillaume Colletet)는 그의 작품을 눈물을 머금으며 읽었다고 고백하기도 했다. 당시에 아주 큰 유명세를 누렸으며, 어떤 이들에 의해서는 롱사르의 맞상대로도 간주되었던 자맹은 스승의 위대함에 비견될 수 있을 정교한 글쓰기 재능을 지녔던 시인이기도 했고, 무미건조한 산문투와 추상성을 지향했던 궁정의 지적 취향을 만족시키는 평범한 재능의 시인이기도 했다. 심지어 위에서 언급한 도비녜는 그를 롱사르의 정원에서 꿀들을 끌어모은 부지런한 벌일 뿐이라고 폄하했다.

롱사르는 제자인 자맹을 언제나 곁에 두었다. 스승의 배려 덕분에 자맹은 1565년에 바이욘(Bayonne)에서 개최된 궁정축제에 참가하여 시를 남길 수 있었다. 스승은 제자에 대한 문단과 후원가들의 관심을 끌려고 노력했으며, 자맹 역시 롱사르의 서사시 『라 프랑시아드』(*La Franciade*)의 발간을 돕기도 했다. 사실 『라 프랑시아드』 원고를 국왕에게 처음으로 소개한 이도 자맹이었고, 소개를 위해 자맹은 국왕에게 바치는 다음과 같은 4행시를 작성하기도 했다.

> 롱사르여, 그대가 이 책을 쓴 것이 아니다,
> 이것은 국왕의 손으로 만들어졌으니,
> 박식하고 용맹하며 지혜로운 샤를이
> 이 책의 저자이니, 그대는 옮겨 쓴 자일 뿐이다.[3]

롱사르도 자맹의 『일리아드』 번역을 도우면서 그의 성공을 위한 발판을 마련했다. 그 덕분에 자맹은 1571년에 롱사르와 함께 샤를 9

세와 오스트리아 엘리자베트와의 결혼식에 참석하여 혼인축하시를 노래할 수 있었으며, 그해 3월로 예정되었던 국왕부부의 파리 입성을 위한 축제시를 롱사르의 스승 장 도라와 함께 준비하기도 했다. 그리고 마침내 1571년에는 샤를 9세의 왕실교수(lecteur royal)에 임명되었으며, 1573년에는 국왕의 비서로 활동하게 되었다.

또한 오리안(Oriane), 칼릴레(Calliré), 아르테미스(Artémis)라는 세 여인에 대한 사랑을 노래한 『시집』(*Oeuvres poétiques*)을 1575년에 발간하면서 그는 당시에 궁정시인이었던 데포르트(Philippe Desportes)와 어깨를 견주는 시인이라는 평가를 얻기도 했다. 앙리 3세 시대의 '시와 음악의 궁성 아카데미'를 위해 롱사르가 「지적인 품성과 도덕적 품성에 관하여」를 작성할 때, 그의 곁에서 여섯 편의 또 다른 연설문을 작성하면서 국왕비서이자 왕실교수로서의 안정적 지위를 누리기도 했다. 그렇지만 프레시오지테(préciosité)의 경향에 심취하여 롱사르보다 데포르트를 더 뛰어난 시인으로 받아들였던 당시 궁정에 혐오를 느끼고 만 그는 궁정을 떠나 고향으로 돌아갔다. 그리고 1585년 롱사르가 사망한 이듬해 초에 파리에서 거행된 롱사르 추념식을 위해 서둘러 간행된 시인들의 문집 『롱사르의 무덤』(*Tombeau de Ronsard*)에 수록된 그의 「스탕스」(Stances)는 모든 활동을 중단시킬 정도로 큰 충격을 주었던 스승의 죽음에 대한 애도와 비통을 담고 있다.

> 아마디스는 가슴 저 깊은 곳에서
> 롱사르의 죽음에 대한 충격적인 고통을 느꼈으니,
> 쓰라림이 그의 영혼 이곳저곳 상처를 입히면서
> 이 애석함을 흐느낄 생각미저 앗아가 버리고 말았다.

그러니, 용맹한 〈시〉여, 비통에 빠진 구름을 가로지르라,
우주로 날아올라 빛나는 소리를 울리면서,
그를 위해 그대의 시로 부단히 슬퍼하면서,
미래의 프랑스인들에게 그의 떠나감을 들려주라 […]

그러나 헬리콘과 파르나스에
뮤즈들이 지극히 멋지고도 아름다운 거처로
롱사르의 〈무덤〉을 선택했다고 나는 생각하고 있으니,
그곳 아닌 다른 곳에서 그녀들을 본다면 부끄러워하시라.[4]

오늘날 우리가 확인할 수 있는 것은 자맹이 스승이 사망하고 나자 몇몇 우울한 어조의 스탕스만을 작성하다가 1593년 고향에서 사망했다는 사실뿐이다.

시적 동반자

롱사르가 자맹을 언제나 격려한 것은 아니었다. 특히 그는 제자가 사랑을 소재로 삼은 시에 몰두하는 것을 만류하였다. 펠르티에, 벨로, 바이프, 티아르 등과 같은 여러 뛰어난 시인들이 사랑시를 선택했기 때문에 서정시인으로서의 명성을 얻기 힘들다고 본 것이다.

자, 그러니, 자맹이여, 네 청춘을 구하기 위해서라도
그리스의 능란한 영웅의 조언을 따르라,

〈사랑〉의 강변에 추호도 오지 말라,
돌아갈 희망도 없이 그곳에서 늙어가게 될 것이니.[5]

그렇지만 이런 만류에는 자맹이 이런 시인들과 경쟁할 만한 시적 역량을 갖추지 못했다고 파악한 롱사르의 판단이 담겨 있다. 프랑스가 여전히 기대하고 있는 서사시의 길을 선택하는 것이 오히려 자맹에게 영광을 얻게 해줄 것이라고 생각한 것이다. 그런 이유로 그는 제자에게 『일리아드』의 1권부터 12권까지 번역했던 위그 사렐(Hugues Salel)을 이어서 나머지 작품들을 번역할 것을 권고하였다. 롱사르 자신이 서사시를 작성하던 중이었음을 환기한다면 이런 만류에는 일종의 동료의식이 있었던 것이 아닌지 생각해볼 수도 있다. 호메로스의 유연한 문체를 번역에 반영함으로써 독자로부터 관심을 얻을 수 있을 자맹을 기대한 것이다.

1585년에 발간된 「샐러드」(La Salade)에서 롱사르가 약초를 구해오라고 자맹에게 심부름을 시킨 것은 그가 비서였기 때문이겠지만, "따로 떨어져 홀로 가련다"라는 표현에서 알 수 있듯이 이 작품은 아무도 가지 않은 새로운 영감을 찾는 길에 자맹을 시적 동반자로 삼았다는 증거가 될 수 있다.

꼼꼼하고 깨끗하게 손을 씻거라,
일어 나거라, 식탁보를 가져오거라,
채소를 따러 가자,
연배에 맞춰 계절의 결실을 따러 가자.
나는 발길 닿는 대로, 잘 보이지 않는 곳으로,

이리저리 멀리 떨어진 여러 곳으로,
강가로, 구릉 위로,
경작하지 않고도 온갖 종류의 야채들이
절로 자라나는, 농부들이
버려둔 들판 위로,
따로 떨어져 홀로 가련다.
자맹, 너는 다른 곳에서
꼼꼼하게 찾아보거라, 냉이와
잎이 얇은 데이지와
피와 장기와 허리 병에 좋은
오이풀을.[6]

자맹 역시 「롱사르에게 바치는 소네트」(Sonnet à Monseigneur de Ronsard)에서 열병에 걸린 그에게만 아폴론이 유일하게 불멸의 운명을 나누어주었다고 찬양하면서 삼 개월 동안 시 작성에 함께 몰두했다고 밝히기도 했다.

다시 건강에 신경 쓰라, 나의 롱사르여, 그대의 즐거움이
그대 건강을 다시 세우고 조절할 수 있을 뿐이니,
식물을 심고, 씨를 뿌리고, 정원돌보기를 좋아하고,
무엇보다도 시골의 삶을 선택하라,
[…]
그런데 그대는 이 시리고도 뜨거운 시련을 물리치려고
벽걸이에 꼼짝 못하게 그대가 걸어두었던

고통을 주던 리라를 다시 손에 들고 말았다,
그것을 물리쳤던 그대의 영혼은 그 조화로움에 매혹되어
삼 개월 동안 우리에게 시의 물결을 쏟아부었으니,
쓰라린 고통의 감미로운(누가 이 말을 믿겠는가?) 과일이었더라.[7]

그에게 롱사르는 아폴론으로부터 월계관을 나누어 받고, 국왕들 사이에서 자라나서 뮤즈들의 사랑을 "자기 펜"[8]으로 얻어낸 뛰어난 스승이었다.

스승을 비껴가라

이런 롱사르로부터 자맹은 시적 소재들에 대한 많은 영감을 얻었다. 심지어 일부의 동시대 사람들은 그의 시를 읽으면서 롱사르가 저자라는 인상을 갖기도 했다. 그렇지만 그에게는 스승과 다른 시적 영감이 있었다. 그것은 롱사르에게서는 발견하기 힘든 세기말적 징후라고 불릴 관점이다. 다양성을 추구하며 역동적인 세계를 시에 옮겨놓은 스승과는 달리 그는 비극으로 인해 억제된 세계관을 드러낸다. 그 예로 1575년 『시집』 제4권에 실린 「소네트 XXXIX」을 들 수 있다.

곱슬곱슬한 머리카락들, 내 영혼의 부드러운 매듭들,
내가 그만큼 사랑하는 것들, 그리하여 내 가장 큰 불행은
저 금빛 색깔을 지니치게 바라본 것에서 오고 있으니,
풀어헤쳐진 그것들이 여인의 아름다운 가슴을 내게 숨긴다.

그때 내 마음 저 금빛 씨실들 사이로 휙 날아가버렸고,
이 가지 저 가지로 제 욕망에 따라 멋대로 뛰어오르는
그늘 우거진 푸른 숲속 한 마리 새인 양 불쑥,
하여 지금 내게로 돌아오라 외친들 헛될 뿐이다.

가늠할 수 없이 아름다운 두 손이 민첩하게
금빛 함정의 물결들을 다시 잡아매었고,
그 안에 내 마음을 감싸서 묶어버렸다.

나는 소리를 외쳐댔다, 그러나 내 피는 두려움에 얼어붙었고,
내 목소리를 허파 안에서 억눌려 짓눌리도록 만들었으니,
그 사이에 내 마음은 묶여 추호도 달아나지 못하였다.[9]

자신과 여인을 묶어두는 역할을 수행하는 머리카락의 “매듭들”은 물결처럼 출렁이면서 그의 영혼을 사로잡고 지배한다. 이것을 표현하기 위해 자맹은 “머리카락”과 “영혼”을 시행 앞뒤에 나란히 위치시키면서 머리카락에 종속된 자신의 상황을 암시한다. 그러나 여인과의 합일을 원하는 그에게는 “곱슬거리는” 머리카락의 운동성에 어울리는 자신을 드러내려는 욕망도 있다. 1행의 후반부에 “내 영혼의 부드러운 매듭들”이라고 옮긴 원문 “doux liens de mon ame”이 모음과 비음을 나열하면서 머리카락만큼이나 흔들거리는 리듬을 자아내기 때문이다. 그의 “영혼”에는 여인을 닮으려는 강한 사랑의 욕망이 자리한다. 그렇지만 “것들”이라고 옮긴 원문 2행의 접속사 “Que”의 날카로운 파열음은 그런 욕망이 그에게 불행을 초래한다는 것도 암

시한다. 2행의 전반부와 후반부 사이에 '쉼표'가 놓인 것도 지속적인 사랑에 대한 욕망이나 사랑에 대한 부단한 욕망이 갑작스런 단절의 상황을 맞이할 수밖에 없다는 것을 드러내기 위해서이다. 그의 욕망은 즐거움이 아니라 불행의 원천이었던 것이다.

여기에서 자맹의 글쓰기 방식의 특징을 엿볼 수 있다. 이 시인에게는 의미와 표현을 일치시키는 민감한 영혼이 있다. 원문 2행의 각운 "불행"(malheur)과 3행의 각운 "색깔"(couleur)이 운을 이루는 것은 불행이 여인의 눈부신 머리카락을 욕망한 것에서 온다는 것을 제시하기 위해서였다. 동시에 그것은 불행이 여인의 금발만큼이나 찬란하다는 것도 담아낸다. 4행의 "풀어헤쳐진"과 "숨기다" 사이에 "내게"라는 표현이 위치한 것 역시 불행을 극복할 수 없는 상황에 처한 그를 떠올리게 한다. 그는 머리카락의 걷잡을 수 없는 막강한 힘에 사로잡혀있다. 서로 상반된 의미를 지닌 것들이 '나'를 감싸는 이런 상황에서 시인의 욕망은 불행의 원인이다.

이런 이유로 욕망의 대상인 여인의 머리카락 안에 몸을 숨겨버린 제 마음을 그가 비난하는 것은 당연하다. "훽 날아가버리다"(s'envoler)의 단순과거가 환기하듯 그는 제 마음마저도 통제하지 못했다. 날아가 버린 과거가 남긴 상처는 여전히 현재에도 지워지지 않는다. 마음을 빼앗겼던 과거는 그의 현재가 되고, 시간이 흘러도 불행은 멈추지 않는다. 따라서 시간의 경계가 서로를 넘나드는 자리에서 달아난 마음에게 시인이 되돌아올 것을 명령해도 소용이 없다. 목소리마저 여인에게 사로잡혔기에 그의 외침은 헛되다. 자맹이 3연에서 굳이 "다시 잡아내었고"와 "묶어버렸다"로 옮긴 원문의 "Reserrer"와 "Serrer"의 유사이늘 을 반복한 이유가 여기에 있다. 반복되는 어근은

"멋대로" 날아가버린 제 마음을 다시 찾을 가능성이 전혀 없다는 것을 부각시킨다. 불가능한 세계를 마주한 그의 외침이 할 수 있는 일이란 아무것도 없다.

그런데 자맹의 위 작품은 롱사르가 『카상드르에 대한 사랑시집』에 수록한 「소네트 CCVIII」를 다시 쓴 것이기도 하다. 이 작품에서 스승 역시 여인의 머리카락을 노래하면서 모든 것을 상실한 자신을 드러내지만, 숨겨진 어조는 조금 다르다.

황금빛 곱슬머리, 그 아름다움 때문에
내 고통 커갈수록 더욱 더 찬양하게 되니,
어느 날 이마의 매듭을 풀어헤치고는
내 숭배하는 젖가슴 위로 흩어져 내렸다.

아! 그때를 되돌아본들 허망할 뿐이다,
숲으로 날아올라 이 가지 저 가지
제 맘대로 옮겨가는 한 마리 어린 새처럼
내 심장은 그 안으로 날아가버리고 말았다.

열 손가락, 상아빛 열 개의 가지는
아름다운 머리카락의 잔가지 그러모아
날 홀린 그물로 내 심장 사로잡았으니,

나는 그것을 보았건만 소리칠 수 없었다,
공포가 내 혀를 묶으러 왔고,

단번에 내 마음과 내 말을 얼려버리고 말았다.[10]

롱사르는 자신의 모든 것을 소멸시키며 여인의 모든 것을 찬양한다. 이런 그의 태도에는 제 것을 여인에게 바칠 강한 의지를 지닌 한 시인의 모습이 서려 있다. 여인의 상대가 될 만한 자격이 제게 있다는 확신을 그는 지닌 것이다. 그래서 완벽한 패배 앞에서도 자신을 어떻게든 지켜내려고 몸부림치지 않는 당당한 태도가 슬며시 흘러나온다. 여인에게 제 심장을 빼앗겼다는 말을 통해 그는 완벽한 패배를 고백하면서도 그 패배를 그대로 수용하는 자의 위상을 드러내는 것이다. 주체의 소멸에서 주체의 강화된 의지를 되살리는 이런 어조를 자맹에게서 발견할 수는 없다. 메두사에 비유된 여인으로 인해 목소리를 상실한 자신을 등장시키면서도 아름다움이 지닌 힘에게 최고의 찬사를 바치는 자신을 스승이 남겨놓는다면, 자맹은 패배의 순간을 벗어날 수단을 마련하지 못한다. 그에게서는 모든 것이 헛되다는 외침만 남아 있을 뿐이다.

패배자의 목소리

제 욕망으로 인해 불행에 빠지게 되는 무력한 태도의 자맹은 여러 작품들에서 발견되는데, 특히 롱사르의 『카상드르에 대한 사랑시집』에 수록된 「소네트 CXX」를 모방한 1575년 『시집』 제4권에 수록된 「소네트 CLXIX」가 그러하다.

이성에서 벗어나 광기의 노예가 된
나는 야생의 짐승을 사냥하러 갈 것이다,
때로는 산에서, 때로는 강을 따라,
때로는 젊음과 방황의 숲 속에서.

나에겐 묶을 끈 대신에 불행이란 긴 화살이 있고,
나에겐 설개 대신에 드센 용기가 있고,
나에겐 벌개들 대신에 열정과 젊은 나이가 있고,
나에겐 채찍 내리치는 인부 대신에 희망과 고통이 있다.

그러나 이것들은 쫓으면 쫓을수록
더 날렵하게 달아나는 야생의 짐승을 보고 나서는,
먹잇감을 버리고 내게로 되돌아와

내 살로 감히 배를 채우려 한다,
종들이 주인을 다스리려고 하니,
이 얼마나 가련하단 말인가 (나를 해치는 걸 내 피할 수는 없구나).[11]

롱사르의 작품에서 사냥개들을 이끌고 사랑이라는 먹잇감의 사냥에 나선 시인은 사랑을 먹이로 얻지 못해 굶주림에 지친 개들에게 물어뜯기는 불행한 자이다. 그가 쫓는 "야생의 짐승"에 비유된 사랑은 개들보다 더 빠르고 더 민첩하다. 그것은 사냥꾼을 살찌울 수 있는 양식이었지만, 사냥에 실패하면서 그는 자신을 개들의 희생물로 맡길 수밖에 없었다. 사냥의 도구였던 개들이 제 불행을 초래한 것이다.

아르테미스를 엿본 대가로 죽음을 얻은 사냥꾼 악테온에 자신을 비유하는 자맹의 작품에도 개들이 등장한다.

나는 극도로 잔인한 저 정숙한 디안의
벌거벗은 아름다움을 바라본 사냥꾼을 닮았다,
제 사냥개들로 몸이 조각나게 되었기에,
그토록 아름다운 모습이 너무도 값비싼 것이었기 때문이다.

아! 인간은 종종 제 불행 때문에 땀을 쏟아내고,
나는 기쁨을 값 비싸게 사고 말았으니,
내 행복을 위해서 결코 모습을 보여주지 않을
그대의 아름다움이 나를 수많은 조각으로 잘라버렸기 때문이다.

생각, 욕망, 희망 그리고 공포는
내 허리를 끈질기게 물어뜯으며
내 마음을 공격하는 사랑스런 개들이다.

아! 그리하지 말라, 그대들의 주인은 바로 나라고
개들에게 외쳐댄들 소용이 없다, 이런 대답을 듣고 말았다,
바로 이것이 위대한 여신을 바라본 대가이다."[13]

롱사르처럼 자맹도 아름다움을 사냥하러 나섰지만, 자기 개들에게 세운 몸을 맡기지 않을 수 없는 상황에 빠지고 만다. 살이 찢겨나가는 고통이 그의 죽음을 불러온다. 특히 여인을 바라보는 행위로 인해 초래

사냥하는 아르테미스
(퐁텐블로 유파, 1560년경)

된 죽음을 위해 자맹은 1행의 "벌거벗은"(nue)과 4행의 "모습"(veue)을 운으로 일치시킨다. 물론 1연은 산문투로 구성되었지만, "사냥꾼"(chasseur)과 "사냥개"(chiens) 그리고 "값비싼"(cher)의 원어에 내포된 날카로운 음성들이 각 행의 중간에 의도적으로 배치되면서 죽음의 역설이 강조된다. 그리고 이것을 강화시키기 위해 자맹은 4행의 "모습"을 2연에 다시 등장시키고, 1연의 "값비싼"을 환기시키는 "값 비싸게"(cherement)를 6행에 불러오면서 진부할 수도 있을 반복을 피해간다. 나아가 1연의 "나"를 2연에서는 "인간"으로 확장시키며 불행에 처할 수밖에 없는 불가항력의 운명을 소개한다. 바라보았다는 이유로 죽음을 당하는 그에게 어떤 구원도 불가능하다. 그렇지만 그의 죽음은 바라본 제 행위의 대가로 주어진 것이기도 하다. 3연에서 자신의 "생각"과 "욕망" 그리고 "희망"과 "공포"가 파괴의 주체로 등장하는 이유이기도 하다. 파괴주체가 자기 "마음"이라면 불행을 원망해도 어찌할 수 없는 법이다.

그래서 마지막 연에서 사용된 "소용이 없다"(avoir beau)라는 발언은 제 안의 것을 타자로 여겨야 하는 불행에 이끌린 한 삶을 한마디로 정의한다. "아! 그리하지 말라, 그대들의 주인은 바로 나"라고 외쳐댄들 그의 말은 죽음을 메아리로 돌려줄 뿐이다. 자기 것이었던 모든 것을 상실하고, 그것의 희생물로 남을 수밖에 없는 이런 시인의 외침은 메아리를 알지 못한다. 그 외침마저 자신을 배반하기 때문이다.

필로멜레의 삶

이처럼 롱사르가 자기소멸에서 자신의 가치를 확인하는 의연함을 지녔다면, 자맹에게서는 버림받은 자신을 확인하는 자의 모습이 발견된다. 그렇지만 롱사르와의 비교에서 자맹의 한계를 굳이 지적할 필요는 없다. 그는 스승과는 다른 패배의 길을 선택했기 때문이다. 불행을 양식으로 삼는 시인의 길을 그는 지향하며, 불행의 극복이 불가능하다는 인식을 의도적으로 작품 안에 남겨놓는 것을 그는 선호한다. 불행한 자신의 초상을 기록하는 것이 스승과 구분될 수 있는 독창성을 보장할 것이라는 기대가 그에게 있기 때문일 것이다. 따라서 불행한 자로서의 시인의 모습을 선호한 낭만주의 시인들이 즐겨 선택한 필로멜레의 테마를 그가 수용하는 것은 매우 당연해 보인다.

그대의 냉정함이 압도하게 만들고,
수많은 잔인함 앞에서 내가 말을 잃게 만들려고,
그대의 아름다움이 쏘아댄 수많은 화살들이
내 피 안으로 들어온 그 금빛 촉들을 더럽히고 난 후에,

저 잘난 테레우스의 분노를 모방하면서,
그대의 화살들은 내 혀 안에서 피를 뒤집어썼고,

그리고 불현듯 화살의 날카로운 촉들이
내게서 마음과 희망 그리고 목소리를 앗아가 버렸다.

하지만 천을 짜서 제 언니에게 당해야만 했던 잔인함과
제 운명과 제 슬픔과 제 감옥과 제 불행을
폭로하였던 필로멜레처럼,

지워지지 않을 잉크로 언니들의 천 위에
나는 그려낼 것이다, 그대의 냉정함과 내 비참한 운명을,
어떤 정신이, 어떤 이성이 그 고통을 찾지 못하겠는가?[13]

형부 테레우스에 의해 폭행을 당한 필로멜레의 잘려진 혀는 불행의 흔적이다. 그것을 이 시인은 "지워지지 않을 잉크"로 "천 위에" 그려 보이길 원한다. 혀를 잃은 고통이 너무도 크기 때문이다. 말을 할 수 없기에 그는 "제 운명과 제 슬픔과 제 감옥과 제 불행을" "은밀"하게 노래하는 방식인 그림을 선택한다. 그림의 이미지들만이 자신의 비극을 더 생생하게 남겨놓고, 지워지지 않을 상상을 불러일으켜 자신의 비극을 영원히 기억하게 만들 수 있기 때문이다. 그는 과거가 물려준 현재의 불행을 "피를 뒤집어"쓴 혀로 "그려"내면서 13행에서 사용된 동사의 미래형이 암시하는 것처럼 다가올 시간의 복수를 간절히 희망한다. 불행을 그려 보이는 것만이 기억의 신전으로 자신을 인도할 것이라고 확신하기에 그는 "피를 뒤집어"쓴 자신을 소개하는 데 인색하지 않다. 오히려 색채감과 의문문이 뒤섞인 불안정하면서도 비균형적인 바로크적 특성을 의도적으로 선택한다.

필로멜레를 겁탈하는 테레우스
(오비디우스, 『둔갑이야기』, 1562년 판본, 제6권 519-562행)

이점에서 자맹을 스승의 소재와 표현들을 다시 취한 빈약한 재능을 지닌 시인으로만 간주할 수는 없을 것이다. 오히려 그는 사랑의 패배를 다루면서도 언제나 당당하였던 스승과는 다른 문맥, 젊은 날의 고통과 수고를 현재에도 껴안고 갈 수밖에 없는 자신을 기꺼이 내놓는다. 그는 번민이 언제나 감미롭다고 여기기를 주저하지 않는다. 푸른 들판의 녹농을 감싸는 제피로스의 따스하면서도 감미로운 바람이 그를 비껴갈 것을 알고 있기 때문이다.

> 대체 어떤 바람이, 대체 어떤 처소가 내게 보장할 수 있을 것이란 말
> [인가?

저 아름다운 별이 느끼게 해준 커다란 따스함을,
내가 차가움으로부터 그런 불꽃을 끌어당기기 때문인가?

도움을 얻기 위해 달려갔던 월계수들 사이에서
태양이 그림자를 지고 있고, 불어대는 바람이
사랑의 유황을 점점 더 세게 지피기 때문인가?[14]

자신이 사랑했지만, 그 사랑에서 "유황"의 쓰라림을 얻을 수밖에 없었던 그의 길 위에는 자신의 불행을 기억해주기를 바라는 욕망과 고통 그리고 패배의 흔적이 뒤섞여 흩뿌려져 있다. 영광을 누리며 한 시대를 풍미했던 스승의 그림자 뒤에서 자맹은 극복할 수 없는 불행의 흔적으로 자신만의 세계를 그려나가려고 시도했다. 언제나 같이 했던 롱사르가 사망하자 그는 궁정과 펜을 떠나 고향으로 은둔하고 말았다.

{주} ....

1. "Debout ! j'enten la brigade,/J'oy l'aubade/De nos amis enjouez,/Qui pour nous esveiller sonnent/Et entonnent/Leurs chalumeaux enrouez. // J'entr'oy desja la guiterre,/J'oy la terre/Qui ressaute sous leurs pas :/J'enten la libre cadance/De leur danse,/Qui trepigne sans compas.//Corydon, ouvre la porte,/Qu'on leur porte/Dés la poincte du matin/Jambons, pastez et saucices,/Sacrifices/Qu'on doit immoler au vin."(Pierre de Ronsard, *Oeuvres complètes*, éd. Jean Céard, Daniel Ménager et Michel Simonin, Gallimard, coll. Bibliothèque de la Pléiade, 1993-1994, 2 vol., t. II, p. 823)
2. "Où en beaux poincts luysants sera cousu le nom/De ton laquaus mignard ou de ton

Corydon."(*La polémique protestante contre Ronsard*, éd. Jacques Pineaux, Paris, Nizet, 1973, 2 vol., t. II, p. 310)

3. "Tu n'as, Ronsard, composé cet ouvrage,/Il est forgé d'une royalle main,/CHARLES sçavant, victorieux et sage/En est l'autheur, tu n'es que l'escrivain."(Amadis Jamyn, *Les Oeuvres poétiques. Premières poésies et Livre Premier*, éd. Samuel M. Carrington, Genève, Droz, 1973, p. 123)
4. "Amadis sentit au fonds de son courage/Un tel coup de douleur du trepas de Ronsart,/Que l'ennuy luy navrant l'ame de part en part/Luy desroba l'esprit de plaindre un tel dommage.//Donc, brave Poësie, en dueil coupe la nue,/Vole par l'univers et d'un son esclatant/Pour luy avec tes vers sans fin te lamentant/Raconte cette perte aux François avenue [...]//Mais je pense qu'au lieu d'Helicon et Parnasse/Les Muses pour logis tresexcellent et beau/Ont choizi maintenant de Ronsard le Tombeau/Honteuzez qu'on les voye ailleurs qu'en cette place."(Théodosia Graur, *Un disciple de Ronsard, Amadis Jamyn (1540?-1593). Sa vie, son oeuvre, son temps*, Paris, Champion, 1929, Genève, Slatkine Reprints, 1981, pp. 338-339)
5. "Ainsi, Jamin, pour sauver ta jeunesse,/Suy le conseil du fin soldat de Grece :/N'aborde point au rivage d'Amour,/Pour y vieillir sans espoir de retour."(Ronsard, *op. cit.*, t. I, p. 242)
6. "Lave ta main, qu'elle soit belle et nette,/Resveille toy, apporte une serviette,/Une salade amasson, et frison/Part à nos ans des fruicts de la saison./D'un vague pied, d'une veue escartée/Deçà delà en cent lieux rejettée/Sus une rive, et dessus un fosé,/Dessus un champ en paresse laissé/Du laboureur, qui de luy-mesme apporte/Sans cultivver herbes de toute sorte,/Je m'en iray solitaire à l'escart./Tu t'en iras, Jamyn, d'une autre part/Chercher songneux, la boursette toffue,/La pasquerette à la fueille menue,/La pimprenelle heureuse pour le sang/Et pour la ratten et pour le mal de flanc :"(*ibid.*, t. II, p. 715)
7. "Fait nouveau mesnager, mon Ronsard, ton plaisir/N'estoit que rebastir et regler ton mesnage,/Planter, semer, enter, aymer le jardinage,/Et la vie rustique avant toutes choisir : [...]/Or' toy, pour enchanter ce froid et chault martyre,/As repris en tes mains la tortueuse Lyre,/Que tu avois pendue au croq sans mouvement,/Et la poussant, ton ame, en telz accords saisie,/En trois mois nous versa ces flots de Poësie,/Doux fruits (qui le croira ?) d'un si aigre tourment."(Jamyn, *op. cit.*, pp. 66-67)

8. "Je ne tairai vostre poëte Ronsard/A qui Phoeubus tout son laurier depart,/Ronsard qui fut nourry dés son enfance/De ce grand roy qui vous donna naissance,/Lequel pour estre entre les roys nourry,/Et pour sa plume, est des Muses chery." (*ibid.*, p. 78)

9. "Ces cheveux crespelus, doux liens de mon ame,/Que j'aime d'autant plus, que mon plus grand malheur/Vient de trop regarder le blond de leur couleur,/Desnouez me cachoyent le beau sein de Madame ://Lors mon coeur s'envola dans cette blonde trame,/Saillant comme l'oyseau sous l'ombreuse verdeur/De branche en branch saute au gré de son ardeur,/Et maintenant en vain vers moy je le reclame.// Deux mains incontinent, outre mesure belles,/Reserrerent les flots de leurs blondes cautelles,/Et serrerent dedans mon coeur enveloppé.//Je criay, mais mon sang qui se gela de crainte/Fit estouffer ma voix en l'estomac contrainte,/Tandis il fut lié et n'en est échappé." (Jamyn, *Les Oeuvres poétiques. Livres II, III et IV(1575)*, éd. Samuel M. Carrington, Droz, 1978, pp. 184-185)

10. "Franc de raison, esclave de fureur,/Je vay chassant une fere sauvage,/Or' sur un mont, or' le long d'un rivage,/Or' dans le bois de jeunesse et d'erreur. // J'ay pour ma lesse un long trait de malheur,/J'ay pour limier un violent courage :/J'ay pour mes chiens, l'ardeur, et le jeune âge,/Et pour piqueurs, l'espoir et la douleur.// Mais eux voyans, que plus elle est chassee,/Plus elle fuit d'une course eslancee,/ Quittent leur proye : et retournent vers moy//De ma chair propre osant bien leur repaistre./C'est grand pitié (à mon dam je le voy)/Quand les valets comandent à leur maistre."(Ronsard, *op. cit.*, t. I, p. 133)

11. "Franc de raison, esclave de fureur,/Je vay chassant une fere sauvage,/Or' sur un mont, or' le long d'un rivage,/Or' dans le bois de jeunesse et d'erreur. // J'ay pour ma lesse un long trait de malheur,/J'ay pour limier un violent courage :/J'ay pour mes chiens, l'ardeur, et le jeune âge,/Et pour piqueurs, l'espoir et la douleur. // Mais eux voyans, que plus elle est chassee,/Plus elle fuit d'une course eslancee,/Quittent leur proye : et retournent vers moy // De ma chair propre osant bien leur repaistre./C'est grand pitié (à mon dam je le voy)/Quand les valets comandent à leur maistre."(*ibid.*, t. I, pp. 84-85)

12. "Je ressemble au chasseur qui veit la beauté nue/De la chaste Diane, estreme en cruauté :/Car il fut par ses chiens en pieces emporté,/Et luy cousta bien cher une si belle veue. // Ah! qu'un homme souvent pour son dommage sue/Et que j'ay cherement un plaisir acheté,/Puisque en cent mille parts me tranche ta beauté/

Qui jamais pour mon bien ne devoit estre veue. // Le penser, le desir, l'esperance et la peur/Sont les amoureux chiens qui m'assaillent le coeur,/Me dechirant le fancs d'une importune presse. // J'ay beau crier aux chiens : Helas ! épargnez moy,/ Vostre maistre je suis : pour leur response j'oy,/On ne voit qu'à tel prix une grande deesse."(Jamyn, *Les Oeuvres poétiques. Livres II, III et IV(1575)*, p.301)

13. "Apres que mille traits tirez de tes beautez/Ont souillé dans mon sang leurs pointures dorées,/Afin que tes rigueurs fussent demesurees/Et que muet je fusse à tant de cruautez : // En ma langue tes dards se sont ensanglantez,/Imitant la furuer des superbes Terees,/Et tout d'un mesme coup leurs pointes acerees/M'ont le coeur et l'espoir et la voix emportez. // Mais comme Philomele en sa toile tissue/Découvrit à sa soeur la cruauté receue,/Sa fortune, son dueil, sa prison, son malheur : // Sur la toile des soeurs d'une ancre perdurable/Je peindray ta rigueur et mon sort miserable/ Quel esprit, quel advis ne trouve la douleur ?"(*ibid.*, p.143)
14. "Mais quel air, quel sejour me pourra guarantir/Du grand chaud que me fait un bel astre sentir,/Puis que d'une froideur telle flamme j'attire ? // Puis qu'entre les lauriers où pour aide je cours/L'ombre porte un soleil, et le vent qui respire/Allume plus en plus le soulphre des amours ?" (*ibid.*, p.340)

{제10장}

조아생 뒤 벨레

유배당한 시인의 초상

조아생 뒤 벨레
(1522-1560)

우울한 시인

한 시인의 신화가 있다. 사랑을 정복하려는 자로서의 당당함보다는 절제와 쓰라림을 선택한 시인, 우아함과 부드러움을 드러내는 유려한 시행들로 낭만주의의 도래를 예고했지만 군소시인으로 규정될 수밖에 없었던 시인, 명문가 출신이었지만 적자(嫡子)가문이 아니었고, 어릴 때 고아가 되어 맏형의 보호를 받아야만 했던 시인, 일찍 찾아온 질병으로 인해 2년간 집에 틀어박혀 있어야 했던 시인, 삼촌인 추기경을 따라 로마를 여행했지만 사라진 고대의 영광에 실망을 느끼게 된 시인, 법률을 공부하려 했지만 롱사르의 권유에 따라 코크레 학원(Collège de Coqueret)에서 고대시인들을 공부하고 시의 개혁을 위한 모임에 가담하게 되었던 시인, 그러나 시를 써서 세속적 성공과 명예를 얻으려는 어떤 야망도 갖지 않았던 시인, 1560년 1월 1일 서른여덟의 이른 나이에 세상을 떠나야 했던 시인.

19세기의 생트뵈브(Sainte-Beuve)가 바라본 조아생 뒤 벨레(Joachim

Du Bellay)의 초상은 이러했다. 낭만주의의 이론적 토대를 마련해야만 했던 그는 뒤 벨레를 이렇게 소개하면서 라마르틴(Lamartine)과 비니(Vigny)의 목소리를 그에게서 찾을 수 있다고 주장했다. 그에 따르면 뒤 벨레는 시적 혁신을 도모한 낭만주의 시인들의 위대한 선배들 가운데 한 명이었다. 그러나 이런 뒤 벨레의 초상은 롱사르에게서 발견되는 영웅적이면서도 숭고한 울림에 대한 찬양을 동반하지는 못했다. 그는 무엇보다도 가벼우면서도 우울한 작품을 쓰는 시인으로 남아야 했다. 그런 이유로 1558년에 간행된 뒤 벨레의 『회한시집』(*Les Regrets*)은 친근하고 자연스런 어조에 실린 우울한 감정들을 노래하지만, 오히려 그것들이 롱사르의 웅장한 목소리를 더욱 돋보이게 만들 뿐이라고 간주되었다. 언제나 뒤 벨레는 롱사르의 뒤에 자리를 마련한 빛나는 2인자였다. 낭만주의가 정의한 뒤 벨레는 이러했다.

물론 앙주 출신의 이 시인에게서 생트뵈브가 찾았던 특징들이 발견되지 않는다고 말할 수는 없다. 1549년에 『프랑스어의 옹호와 현양』(*La Deffence, et Illustration de la langue françoyse*)을 발간하면서 고대어를 능가하는 모국어의 발전, 나아가 프랑스 시와 문화의 개혁을 마치 진격을 지휘하는 사령관의 목소리처럼 울려댔던 그의 어조는 운문 안에서는 역동적 힘을 상실하고 마는 것처럼 보인다. 세상에 메아리치는 장중한 목소리를 롱사르가 지향했다면, 뒤 벨레의 목소리는 절제되어 있고, 소박하며, 우울하다. 당시의 조상화에서도 알 수 있듯이 그는 내직인 성향의 시인이었다. 당연히 세상에 대한 그의 시선이 긍정적이고 낙관적인 경우는 많지 않았다. 『올리브』(*L'Olive*, 1550), 『회한시집』 그리고 『로마의 유적』(*Les Antiquitez de Rome*, 1558)과 같은 시집에서 발견되는 음울하고 구슬픈 울림은 격리당하고 소외당한 그의 불행한 상황을 대변하는 것처럼 보인다. 롱사르보다 먼저 문단에 소개되었지만 플레이아드(La Pléiade) 수장의 그림자를 따르는데 만족해야만 했던 뒤 벨레에게는 『회한시집』에 수록된 「소네트 4」와 같은 작품이 암시하듯, 야망을 추구할 의지가 없었다고 말하는 것이 더 나아 보이기도 한다.

> 나는 그리스의 뛰어난 책들을 뒤적이길 원치 않는다,
> 나는 호라티우스와 같은 이의 멋진 문장들을 뒤따르길 원치 않는다,
> 나는 조금도 모방하지 않으련다, 페트라르카 같은 이의 우아함이나
> 롱사르 같은 이의 목소리를, 내 〈회한〉을 노래하기 위해서라면.
>
> 아폴론의 진정 신성한 시인들, 그들은
> 좀 더 대담하게 자기네 시에 활기를 불어넣겠지만,
> 더 낮은 영감으로 동요된 나로서는
> 저 심연의 비밀 속으로 깊숙이 들어가지 않으련다.
>
> 단지 열정이 말하게 만드는 것을
> 자연스레 옮겨 적는 데 나는 만족할 것이며,
> 다른 곳에서 더 진지한 소재들을 찾지는 않을 것이다.
>
> 게다가 이 책에서 모방할 시도를 하지 않았다,
> 자기네 글 덕분에 소생하였노라고,
> 무덤 밖으로 온전히 살아서 나왔노라고 으스대는 자들을.[1]

이 소네트가 수수하고 소박한 시의 영역을 개척하려는 시인의 뜻

을 전한다는 것을 부인할 수는 없다. 호메로스와 같은 위대한 그리스 시인들의 웅장함, 멋진 경구들을 작품 안에 새겨놓은 호라티우스의 뛰어남, 그리고 페트라르카의 사랑노래에서 들을 수 있는 우아한 탄식들, 동료 시인인 롱사르의 장대한 목소리로부터 그는 벗어나려고 한다. 심지어는 이들 시인들이 지닌 숭고한 영감에 비한다면 자신의 영감은 매우 낮다고 밝히기도 한다. 겸손을 시의 미덕으로 삼으려는 것인가? 그는 심각한 주제들보다는 마음의 감정들을 기록하려고 하며, 그런 행위에서 사후의 명성을 얻으려는 희망을 갖지도 않는다. 르네상스 시인들을 찾아 나선 생트뵈브가 그의 작품에 흥미를 가진 것은 바로 이러한 낭만주의의 전조들 때문이었다.

그런데 뒤 벨레의 소박한 겸손에는 다른 의도가 가리어져 있다. 그에게는 자기만의 독창적이고 고유한 시의 길을 만들어가겠다는 의지가 엿보이기 때문이다. 단지 열정이 말하게 만드는 것을 따르겠다는 계획이 그에게 있다. 1연에서 그는 모방의 원칙을 거부하고 그 대상을 고대와 현대의 모든 뛰어난 시인들로 확장시키며, 2연에서는 신성한 영감의 원칙마저 거부한다. 3연에서는 숭고한 주제에 등을 돌리려고 하며, 마지막 연에서는 시인의 불멸성마저 쫓지 않으려 한다. 이런 이유로 작품의 원문이 부정구문의 나열로 이루어져 있다. 비록 3연에서 긍정구문이 사용되었을지라도 그것 역시 부정적 의미의 한정을 받는다. 뒤 벨레는 자신의 시석 복상성을 위해 존재하는 모든 훌륭한 시들의 속성을 벗어나려는 시도를 감행하는 것이다. 그들과 절연해야 한다. 그래서 마지막 행의 원문 "Et se tirer tout vifs dehors des monuments"에서는 [e], [i], [y]와 같은 단음과 [t], [v], [f]의 파열음들이 서로 결합하면서 이런 단절의 의지를 음성적으로 표현해내지 않을 수 없었다.

당연히 새로운 시학에 대한 이런 추구에 고통이 뒤따를 것을 그는 잘 알고 있다. 그렇지만 그가 찾으려는 이 독창성은 '다른 곳'에서나 찾을 수 있는 "심연의 비밀"들 안에 놓여 있지 않다. 그는 자신의 내면적 감정에서 시의 샘을 발견하기를 희망한다. 신이나 영웅과 같은 숭고한 자들의 신전이 아니라, 나의 내부, 즉 가장 원초적이면서도 가장 소박한 장소로 그는 들어가려고 한다. 1인칭 주어가 작품 내부에 흩뿌려져 있다는 인상을 갖게 되는 이유이기도 하다. 도처에 '나'가 있다.

따라서 '나'를 노래의 대상으로 삼는 그에게 조금의 야망도 없었다고 말하는 것은 적절하지 않다. 생트뵈브가 간과한 것도 바로 이것이었다. 원문의 1행과 4행이 "Grec"과 "Regrets"를 각운으로 엮고 있듯이, 그에게는 진정성과 서정성으로 채색될 자신의 개인적 감정을 고대 시에 견줄 수 있게 만드려는 의지가 있다. 4행의 "Regrets" 앞에 "mes"라는 1인칭복수 소유형용사를 굳이 사용한 것도 이것에 기인한다. 그의 겸손하고 소박한 태도 뒤에는 고대이든 현대이든 시대에 상관없이, 그리고 그리스이든 프랑스이든 장소에 무관하게 독창성을 지닌 시의 세계를 개척하려는 의지가 숨어 있는 것이다. 그리고 그런 독창성을 그는 자연스러움에 근거하여 펼치려는 계획도 가지고 있다. 번역문 10행의 "간결하게"라고 옮긴 원문의 부사 "simplement"은 16세기에는 '자연스럽게'(naïvement)라는 뜻을 지니고 있었기에 그러하다. 작품을 읽으면서 우리는 이 부사를 단지 겸양의 표현으로 여기고 빠르게 지나갈 수 있겠지만, 그것은 뒤 벨레 시학의 핵심을 이루게 될 요소에 대한 암시를 담아낸다. 그는 인위적이고 과장된 것보다는 자연의 소박한 원칙을 따르려고 했으며, 당연히 자연스러운 문체, 가

벼운 문체, 동시에 흐르는 물처럼 흘러가는 문체를 필요로 했다

그렇지만 자연스러움에 대한 추구가 가벼움과 유려함만을 동반한다고 말하기도 힘들다. 자연이 시인에게 요구하는 비밀에 대한 포착이라는 무거운 사명이 그 뒤에 놓여 있다. 달리 말해 그에게는 사물의 자연스러움을 포착하는 시인의 뛰어난 자질을 드러내려는 자부심이 있는 것이다. 이런 점에서 그를 불행했던 한 시인이라고 규정하는 것이 충분하지 않다. 소박함에 대한 추구 이면에는 시인이라는 자가 노래해야 할 것이 무엇인지를 탐색한다는, 지금의 우리가 보기에는 근본적인, 르네상스 당시로서는 '근대적'인 질문이 놓여 있었다. '근대적'이라고 말할 수 있는 것은 가늠하기 힘든 세계를 마주한 시인의 새로운 상황을 그가 그려보였기 때문이다.

고향에 대한 그리움

『회한시집』은 뒤 벨레가 1553년부터 5년 동안 로마에 체류하면서 작성한 시집이다. 수록 작품들은 대개 동경의 대상이었던 로마에 대한 걷잡을 수 없는 실망과 고향으로의 귀향에 대한 간절한 심정을 노래한다고 여겨져왔다. 폐허가 되어버린 로마의 운명에 실망하게 된 시인은 "불행한 나는 낯선 땅에서 늙어갔다"[2]라고 고백하지 않을 수 없었으며, 심지어는 고대모방을 주장했던 『프랑스어의 옹호와 현양』의 시인은 더 이상 "존재하지 않는다"고 단언해야만 했다.

너의 뒤 벨레는 더 이상 존재하지 않는다, 허리 굽은

강물위에 누워 있는 나무 밑둥일 뿐이니,

얼마 안 되는 푸르름 말고는 더 이상 생생한 것이라곤 없다.[3]

고국에 대한 그리움과 로마라는 낯선 곳에 대한 거리두기라는 서로 상반된 시선이 시집의 긴장을 유지해간다. 그 대표적인 작품으로는 프랑스어로 작성된 소네트 가운데 최고의 걸작으로 평가받는 「소네트 31」를 들 수 있다.

Heureux qui, comme Vlyſſe, a fait un beau uoyage,
Ou comme ceſtuy la qui conquit la toiſon,
Et puis eſt retourné, plein d'uſage & raiſon,
Viure entre ſes parents le reſte de ſon aage!
Quand reuoiray-ie, helas, de mon petit uillage
Fumer la cheminee, & en quelle ſaiſon,
Reuoiray-ie le clos de ma pauure maiſon,
Qui m'eſt une prouince, & beaucoup d'auantage?
Plus me plaiſt le ſéiour qu'ont baſty mes ayeux,
Que des palais Romains le front audacieux,
Plus que le marbre dur me plaiſt l'ardoiſe fine:
Plus mon Loyre Gaulois, que le Tybre Latin,
Plus mon petit Lyré, que le mont Palatin,
Et plus que l'air marin la doulceur Angeuine.

행복하도다, 율리시스처럼 멋진 여행을 한 자는,

혹은 황금양털을 손에 넣은 그 사람처럼,

그리곤 경험과 분별력으로 가득 차 돌아와서

남은 인생을 부모와 함께 사는 자는.

아아, 언제 볼 것인가, 내 조그만 마을의

굴뚝에서 연기가 피어오르는 것을, 그리고 대체 어느 계절에
내 가난한 집의 뜰을 보게 될 것이란 말인가?
나에겐 영지이고, 그 이상인 것을.

나는 더 좋아한다. 내 선조들이 건설한 저 거처를,
로마 궁정의 저 오만한 성벽보다도,
저 단단한 대리석보다도 얇은 기와지붕을,

로마 티브르 강보다 프랑스의 내 루아르 강을,
팔리티누스의 산보다 내 자그만 리레(지방)를,
그리고 저 대양의 대기보다 앙주의 감미로움을.[4]

작품은 오직 자기 것 안에서만 온전히 자기일 수 있고, 전적으로 독창적일 수 있다는 암시로 가득 차 있다. 그가 돌아가려고 희망하는 조국은 행복과 생명의 양식을 마련해주는 공간이다. 그가 "선조"들을 굳이 언급한다면, 그것은 "영지"라는 표현에서 알 수 있듯이 자신이 고국이 남겨준 풍요로운 유산의 상속자라는 점을 드러내기 위해서이다. 그곳에서 뒤 벨레는 풍요로움의 수혜자였다.

예술과 군대와 법의 어머니, 프랑스여,
너는 네 가슴의 젖을 오랫동안 나에게 먹여왔다.[5]

이런 고향의 반대편에는 거만하고 오만한 로마의 궁정이 있다. 이제는 무너지고 퇴락한, 감미로움과 소박함을 상실하고 만 로마이다.

그런데 뒤 벨레의 회환은 사라진 로마의 영광을 목격했기 때문이라고 말하기는 힘들다. 오히려 그것은 생명의 원천이 고향에서 멀리 떨어져 있다는 상황이 만든 것으로 보아야 한다. 아래의 시행들이 노래하는 것처럼 그는 무너져버린 로마에 대한 허무한 기대를 가슴에 안고 고향을 떠나왔다는 사실에 상실감을 느꼈다. 로마로의 여행이 그에게는 고통과 불안만을 가져다주었으며, 그의 청춘을 빼앗아가 버리고 만 것이다.

> 나는 철학과 수학과 의학에서도 역시
> 현자일 수 있으리라.
> 법률가일수도 있으리라. 매우 고상한 관심을 가지고
> 신학의 비밀을 배울 수도 있으리라 […]
>
> 오, 인간들의 멋진 말들이여! 나는 너무 먼 곳에서 왔다.
> 고통과 늙음과 불안을 키우려고,
> 가장 좋은 시기를 여행하면서 잃어버리려고.[6]

이런 시인의 발화는 로마라는 낯선 곳은 지나치게 유혹적인 곳이고, 고향으로의 회귀를 가로막고, 심지어는 자아의 상실마저 초래하는 공간으로 로마를 인식하고 있다는 인상을 갖게 만든다. 고향으로 되돌아갈 것을 간절히 기원하는 그에게서 낯선 것을 거부하려는 의지가 엿보인다고 말할 수도 있다. 그런데 이렇게 해석한다면 이 시가 노래하는 본질을 간과할 수밖에 없을 것이다.

낯섦이 초래한 위기

르네상스는 고대작가들의 모방을 통해서 새로운 자국문학의 태동을 지향했다. 뒤 벨레는 『프랑스어의 옹호와 현양』 곳곳에서 고대시인들의 뛰어남을 자국의 작가들이 포착하여 모국어로 옮겨내기를 권고하였다. 특히 작품의 결론에서 그는 목소리를 높여 자국 문학의 화려한 개화는 고대라는 낯선 것의 수용을 필요로 한다고 역설한 바 있다.

> 자, 그러니 프랑스인들이여, 저 위대한 로마의 도시를 향해 당당하게 진군하라. 그리고 그곳의 유물들로(그대들이 여러 번 그러했던 것처럼) 그대들의 신전과 제단을 장식하라.[7]

프랑스의 영광과 승리는 낯선 것과의 접촉을 전제로 한다는 것이다. 따라서 타자의 것에 관한 뒤 벨레의 이런 관점을 고려한다면 「소네트 31」에서 읽혀지는 로마를 배격하고 고향으로의 귀환을 열망하는 그의 태도가 쉽게 이해되지 않는다.

그의 회환과 그리움은 흥미로운 점을 감추고 있다. 우선, 뒤 벨레가 행복을 얻은 자라고 소개한 1행과 2행에 등장하는 인물들의 운명이 시에 대한 해석의 흐름을 바꿔놓을 수 있다. 율리시스는 트로이전쟁을 승리로 이끈 후 고향인 이타케로 금의환향한 그리스의 영웅으로 알려져 있지만, 귀향을 한 후의 그는 자신이 없는 동안 아내 페넬로페를 탐냈던 고향사람들과 무한한 싸움을 벌이지 않을 수 없었다. 고향은 그에게 친숙한 곳이었지만, 낯선 괴물들과 영웅들이 아니라 동향인들과 그가 싸움을 벌어야 했던 공간이 된 셈이다. 이곳에서 율리시스는 또 다른 이방인으로 간주되었다. 낯섦을 경험한 그는 이타케라는 동일한 공간에 머물고 있는 자들과 같은 무늬와 속성을 지니지 못한 인물이 되고 만 것이다. 그의 몸에는 이타케 너머에 있는 낯선 공간의 흔적이 여전히 남아 있었던 것이다. 낯선 곳을 거치며 돌아온 고향에서 낯선 존재가 되고 만 그의 운명은 이국의 땅에서와 마찬가지로 고향에서도 투쟁을 요구했다.

이아손의 운명은 더욱 비참했다. 헤라클레스와 오르페우스 등과 같은 인물들을 아르고호에 태워서 황금양털의 정복에 나섰던 이아손은 그것을 손에 얻은 후 고국으로 돌아왔다. 그에게는 왕위에 대한 정당한 권리를 요구할 자격이 생겼다. 그러나 조국으로 돌아온 그는 부모가 살해되었다는 사실을 알게 되었다. 그의 영웅적인 귀환은 또 다른 비극의 시작된 것이다. 부모의 죽음을 복수하려 했지만 그와 부인이었던 메데이아는 결국 쫓겨나게 되었고, 유형의 삶을 살아가지 않을 수 없었으며, 그 유형의 끝에서 자기 자신과 자식들의 죽음을 맞이할 수밖에 없었다.

고대영웅들의 이 유명한 삶을 잘 알고 있는 뒤 벨레의 동시대 독자들은 「소네트 31」을 읽으면서 다른 해석을 가질 수 있었을 것이다. 시의 전범인 고대 로마에 대한 실망과 그것을 바탕으로 고향에 대한 충실함을 드러내는 뒤 벨레에게는 무언가 불안감이 내재되어 있기 때문이다. 율리시스와 이아손의 운명이 보여주었듯이, 선조들의 저 소박한 공간이 과연 자신을 환대할 것인지에 대한 의문이 그에게도 여전히 남아 있다. 고향 역시 자신을 거부하고 보들레르의 「알바트로스」(L'Albatros)처럼 자신을 비웃을 것이라는 두려움이 그를 엄습한 것이다.

뱃사람들은 아무 때나 그저 장난으로,
커다란 바닷새 알바트로스를 붙잡는다네,
험한 심연 위로 미끄러지는 배를 따라
태무심하게 나르는 이 길동무들을.

그자들이 갑판 위로 끌어내리자마자
이 창공의 왕자들은, 어색하고 창피하여,
가엾게도 그 크고 흰 날개를
노라도 끄는 양 옆구리에 늘어뜨리네.

이 날개 달린 나그네, 얼마나 서투르고 무력한가!
방금까지 그리 아름답던 신세가, 어찌 이리 우습고 추레한가!
어떤 녀석은 파이프로 부리를 때리며 약을 올리고
또 다른 녀석은, 절름절름, 하늘을 날던 병신을 흉내 내네!

〈시인〉도 그와 다를 것이 없으니, 이 구름의 왕자,
폭풍 속을 넘나들고 사수를 비웃건만,
땅 위의 야유 소리 한가운데로 쫓겨나선,
그 거인의 날개가 도리어 발걸음을 방해하네.[8]

「소네트 31」에는 간절히 원하였던 귀향의 끝에서 아무것도 남아 있지 않다는 것을 염려하는 그가 있다. 낯선 공간이 되어버린 로마에서처럼 고향에서도 유형을 경험하게 될 것을, 즉 공간이 어떠하든 자신이 낯선 자로 남게 될 것이라는 우울함이 그를 감싼다. 낯섦과의 조우는 그의 희망과 운명마저도 일치시키지 않은 것이다. 그는 자신의 희망으로부터도 배반당할 것이다. 외부에 있는 친숙한 것들, 그리고 내면에 있는 익숙한 것들, 이들 모두로부터 낯선 자가 된다. 로마는 그에게 잔인한 땅이지만, 고향 역시 다르지 않다.

> 나 역시 율리시스가 생각했던 것처럼
> 언젠가 난로에 피어오르는 연기를 보고,
> 오랜 체류 끝에 어머니의 땅에서 자기 친지를
> 다시 보는 것보다 더 즐거운 것은 없으리라고 생각했다 […]
>
> 아, 하지만, 이 오랜 계절의 고통을 겪은 나는
> 수많은 근심이 내 집을 물어뜯고,
> 위안의 희망을 잃은 내 심장을 갉아먹는 것을 보게 되리니.[9]

귀향을 했건만 로마에서 경험했던 유형을 다시 겪을 수밖에 없는 것에는 이유가 있다. 시인은 '변질'(altération)의 운명을 낯섦과의 조우에서 얻었기 때문이다. 이곳과 저곳 어느 곳에서라도 자신을 반겨줄 무엇이 있으리라는 확신을 갖지 못한 그는 심지어는 스스로마저 알아볼 수 없는 자, 자기 존재의 의미를 상실한 채 유배에 처해지지 않을 수 없는 자가 되었다. "지금의 나는 더 이상 과거의 내가 될 수 없"다고 그는 외쳐야만 했다.

> 자, 이제, 나의 비뇌여, 내 사랑하는 비뇌여, 자 이제
> 나는 연약하고 연약한 자가 되었노라,

지금의 나는 더 이상 과거의 내가 될 수 없다,
내 시간과 내 젊음 역시 잃어버렸으므로.[10]

이런 까닭에 「소네트 31」이 제시하는 로마에 대한 실망과 고향에 대한 그리움이 친숙한 것에 충실하고 낯선 것을 거부하는 시인을 다루고 있다고 말하기는 힘들다. 무너져버린 로마에 대한 뒤 벨레의 비판이 고향에 대한 그의 집착만을 드러내지 않기 때문이다. 낯섦의 경험은 그에게 떠돌아다닐 수밖에 없는 운명을 부여했다.

내 배가 (카를!) 티레니아 바다를 떠돌게 된 것이
내가 원해서가 아니다. 격렬한 바람이
온몸을 비트는 파랑을 일으켜 내 배를 쫓아내버렸고,
그대에게 영감을 주었던 북극성은 보이지도 않았다.[11]

낯선 것들과의 만남을 피할 수 없는 그의 운명은 방황의 경험을 요구한다. 물론 그에게는 랭보의 「나의 방랑」(Ma Bohème)에서 읽을 수 있는 이슬방울을 이마에 맞으며 떠나는 한 소년의 단호함은 결여되어 있다.

구멍 뚫린 주머니에 손을 넣은 채 나는 길을 나섰다,
내 외투 역시 낡아빠졌고,
나는 하늘 아래를 걸었으니, 뮤즈여! 나는 너의 충복이었다,
오! 라! 라! 얼마나 찬란한 사랑들을 나는 꿈꾸었던가!

내 단벌 바지에는 커다란 구멍이 나 있었다.
— 꼬마 몽상가인 나는 길을 가면서 시를
뿌렸다. 내 거처는 큰곰자리였다.
— 하늘에 있는 내 별들은 살랑살랑 부드러운 소리를 내고 있었다.

그리곤 길가에 앉아 그 소리들에 나는 귀를 기울였다,
활기를 돋우는 술처럼 내 이마에 떨어지는 이슬방울들을
느끼던 9월의 멋진 저녁에.

그곳, 환상적인 어둠의 한복판에서 노래를 지으며,
낡아빠진 내 신발의 고무끈들을 마치 리라처럼
가슴에 한 발을 댄 채 끌어당기곤 했다.[12]

랭보는 스스로 방황을 찾아 나서면서 뮤즈의 인도를 받으리라고 기대하지만, 뒤 벨레의 유형은 그를 언제나 항구에서 멀리 떨어지게 만들었을 뿐이다. 게다가 그에게서 시적 영감마저 앗아가 버리고 말았다. 그러나 "북극성은 보이지 않는다"라는 그의 발언은 북극성을 찾아 헤매는 그의 험난한 여정을 암시한다. 그의 방황은 불안하고 두려운 대상이지만, 유형을 경험하는 그는 어린 랭보가 "큰곰자리"라고 불렀던 것에 비견되는 "북극성"을 구원의 대상으로 여긴다. 북극성, 그것은 빛나는 시의 영감, 시인을 시인이게끔 만들어주는 어떤 찬란함이다. 낯선 공간을 떠도는 그의 방랑은 뮤즈를 찾아 나선 이에게 주어진 공동의 운명인 셈이다.

시를 찾아서

뒤 벨레가 「소네트 31」에서 "행복한 자"를 환기하는 것은 고향으로 무사히 귀환한 자들의 운명을 부러워해서가 아니다. 선조들의 공간을 다시 보는 것이 불가능할 것임을 그는 예감하고 있었다. 2연에서 그가 "아아, 언제 볼 것인가" 혹은 "보게 될 것이란 말인가"라는 질문을 스스로에게 던지는 것은 자신이 바라던 그곳으로의 돌아감이 실현되지 못할 것을 알고 있었기 때문이다. 고향에 대한 '사랑'이 '죽음'을 초래할 것을(amor-mort) 그는 예전에 행복했을 수도 있었던 율리시스와 이아손의 운명에서 느끼고 있었다. 이제 그의 "영지"이고 "이상"은 다른 공간에 놓이게 된다. 자신에게 자유를 보장해줄 유일한 위안은 고향이 아니라 뮤즈를 향해 떠도는 삶 그 안에 있을 것이다. 그래서 그는 이렇게 말하였다.

> 누구나 어떤 고통에 한탄한다.
> 그러나 슬퍼하는 방식은 다양하다.
> 나로서는 시의 방식을 선택하련다,
> 나를 괴롭히는 근심을 다독이기 위해.[13]

자신을 둘러싼 죽음의 공간, 즉 로마, 고향에서 벗어날 수단이 오직 시의 길 위에 있나고 확신하는 그는 오직 펜과 책에 의지함으로써 살아갈 수밖에 없다고 말하지 않을 수 없었다. 시가 그를 구원의 길로 안내해줄 것이기 때문이다.

이를 위해 그는 유형의 고통을 받아들이면서 그 괴로움을 극복해나간다. 아니 롱사르가 『카상드르에 대한 사랑시집』의 소네트 160편에서 노래했던 잃어버린 혀로 자신의 비극을 비극의 장소인 숲에서 노래하면서 비극적 운명을 견디어간 필로멜레(Philomèle)처럼 고통을 극복하기 위해서 그는 고통을 노래하지 않을 수 없다.

정액으로 흥분한 주피터가
소중한 자식들을 낳고 싶어하는 지금,
불타는 뜨거운 허리로
주노의 촉촉한 가슴에 씨를 뿌리는 지금,

바다, 그리고 격렬한 바람이
무장한 거선에 자리를 내주는 지금,
우거진 숲 속에서 새 한 마리
트라케 사람의 고통을 다시 노래하는 지금,

형형색색의
들과 꽃들이
저토록 기뻐하는 대지의 가슴을 채색하는 지금,

홀로 생각에 잠겨 아주 은밀한 바위 속에서
소리 없는 마음으로 내 슬픔을 말하노라,
숲 속을 거닐며 내 상처를 감추리라.[14]

자기가 부를 노래 안에서 그는 고통을 벗어날 수단을 마련한다. 떠도는 자의 삶은 불행하지만, 그 불행은 자유라는 새로운 불행을 잉태시켜주기 때문일 것이다.

따라서 그가 부른 "행복한 자"는 시인이란 누구인가, 시인이란 무엇을 노래해야 하는가라는 근본적인 문제와 관련이 있다고 말할 수 있다. 생트뵈브가 '나'를 노래하는 서정성으로 넘쳐나는 뒤 벨레를 발견한 것은 지극히 옳은 것이었지만, 그가 포착하지 못한 것은 바로 유형을 통해서만 시인일 수 있다는 믿음을 지닌 뒤 벨레의 모습이었다. 낯섦과의 조우가 아니라면 '나'를 노래의 대상으로 삼을 수 없다는 운명에 괴로워하면서도 그 괴로움을 시의 공간 안으로 불러들여야만 했던 시인의 상황이었다. 뒤 벨레의 유형은 낯섦과의 만남이 초래한 것이고, 그 만남을 그가 계속할 수밖에 없는 것은 그것이 시인에게 정체성을 부여할 유일한 수단이었기 때문이었다. 따라서 고대시인들도, 동시대의 그 어떤 시인들도 그가 참조해야 할 전범이 되지 못한다. 오직 자신만이 자기 시가 노래할 유일한 대상이 된다. 그리고 낯섦과의 만남이 그에게 가져다줄 어떤 알 수 없는 "미덕"에 대한 사랑, 자신을 "새로운 백조"로 만들어줄 어떤 "사랑"을 찾는 일만이 그에게 남아 있을 뿐이다.

> 미덕에 대한 사랑은 나의 유일하고 확실한 안내자,
> 새로운 백조처럼 나를 천상으로 인도하니,
> 그곳에서 질시와 사악의 시간을 벗어나
> 내 아름다운 이름으로 그 거대한 빈 공간을 가득 채우리라.[15]

분명 그것은 그에게 불행을 안겨줄 것이지만, 그 불행은 행복의 얼굴을 하고 있다. 프레베르가 「열등생」(Le Cancre)의 마지막 행에서 노래했던 비웃음을 받던 소년, 그러나 "불행의 검은 칠판 위에 행복의 얼굴을 그리"는 창조의 능력을 지닌 소년의 모습을 뒤 벨레에게서도 엿볼 수 있다.

그는 머리로는 아니라고 말한다
그러나 가슴으로는 예라고 말한다
그는 자기가 좋아하는 것에는 예라고 말한다
그는 선생에게는 아니라고 말한다
그가 자리에서 일어나고
선생이 그에게 묻는다
별의별 질문들이 던져지고
문득 그는 폭소를 떠트린다
그러자 그는 모든 것을 지워버린다
숫자도 단어도
날짜도 이름도
문장도 함정도
선생의 위협에도 아랑곳없이
우등생 아이들의 야유를 받으면서
온갖 색깔의 분필들을 들고서는
불행의 검은 칠판 위에
그는 행복의 얼굴을 그린다[16]

어떤 면에서 그의 유형은 운명에 의해 강제된 것이라기보다는 오히려 그가 스스로 희망한 것이기도 하다. 풍랑에 밀쳐지는 떠도는 삶의 고통을 경험하면서 자신의 "아름다운 이름"으로 가득 빛날 창공을 그가 꿈꾸었다고 말해도 지나치지 않다. 낯섦을 만나면서 그는 "빈 공간"을 가득 채울 제 목소리를 찾을 수 있고, 시인으로서의 새로운 정체성을 얻을 수 있을 것이다.

이 점에서 뒤 벨레에게 주어진 유형의 삶은 그에게 시인의 운명을 내포하는 새로운 시와의 조우를 허용한다고 말할 수 있다. 낯섦이 초래하는 고통이 그런 고통을 토로하지 않을 수 없는 지경에 그를 처하게 만든 것은 분명하지만, 그것은 동시에 그를 시로 인도하는 안내자가 된다. 그가 경험할 고통과 방황 그리고 낯섦과의 조우는 그가 "미딕"이라고 부른, 그리고 그의 뒤에 올 시인들이 "저 너머" 혹은 "구름"이라고 부를 무언가를 찾아 나서게 만든다.

시는 낯섦의 공간이다. 시 안에서 익숙한 것이란 없다. 시인들의 언어는 일상의 언어이지만, 그들이 그 언어로 만들어 제시하는 세계는 익숙하지 않다. 시의 공간으로 들어가기 위해 시인은 일상의 자신을 부정하고 또 다른 자아를 향해 건너간다. 그리고 이동의 이 험한 경로 속에서 그의 자아는 또 다른 자아, 그러나 자아라는 이름 안에 이미 숨어 있었던 낯선 자아를 만난다. 낯선 것은 낯선 것이 아니었으며, 그것에 대한 비전을 시인은 지향한다. 시의 공간 안에 이성적 사고를 이끄는 지표들이 없는 이유이기도 하다. 시라는 공간 안에는 변화될 가능성들이 자리하고 있다.

그리하여 친숙한 것과 낯선 것이 자리를 공유한다. 침묵이 메아리를 동반하고, 메아리가 닿을 곳에 침묵의 세계가 있다. 시인의 번민과 불안은 그것을 감싸 안으려는 그에 의해서 번민과 불안의 모습을 벗어낸다. 시인을 한 곳에 머물지 못하는 자라고 부를 수 있는 이유이기도 하다. 그는 언제나 흔들리는 공간을 자신의 영역으로 삼아야 하는 불행한 운명을 지녔다. 하지만 유형의 공간이라고 부르는 것이 마땅할 이 시의 대양 안에서 시인은 새로운 자신을 만들어가고, 새로운 세계에 대한 전망을 펼쳐놓는다. 낯섦의 공간에서 고통을 토로했던 뒤벨레의 운명은 바로 시인의 운명 그 자체였다. 그는 낯섦을 외치면서 새로운 시를 쓰게 될 미래의 자신을 만들어갔다. 시의 새로운 얼굴을 그리기 위해서였을 것이다.

{주} ....

1. "Je ne veux feuilleter les exemplaires Grecs,/Je ne veux retracer les beaux traits d'un Horace,/Et moins veux-je imiter d'un Pétrarque la grâce,/Ou la voix d'un Ronsard, pour chanter mes Regrets. // Ceux qui sont de Phoebus vrais poètes sacrés/Animeront leurs vers d'une plus grande audace :/Moi, qui suis agité d'une fureur plus basse,/Je n'entre si avant en si profonds secrets. // Je me contenterai de simplement écrire/Ce que la passion seulement me fait dire,/Sans rechercher ailleurs plus graves arguments. // Aussi n'ai-je entrepris d'imiter en ce livre/Ceux qui par leurs écrits se vantent de revivre/Et se tirer tout vifs dehors des monuments."(Joachim Du Bellay, *Oeuvres poétiques*, éd. D. Aris & F. Joukovsky, Classiques Garnier, 1993, 2 vol., t. II, p. 41)
2. "Je vieillis malheureux en estrange province"(*ibid.*, p. 51, sonnet 24)
3. "Ton Dubellay n'est plus, ce n'est plus qu'une souche/Qui dessus un ruisseau d'un doz courbé se couche,/Et n'a plus rien de vif, qu'un petit de verdeur" (*ibid.*, p. 49, sonnet 21)
4. "Heureux qui, comme Ulysse, a fait un beau voyage,/Ou comme cestuy là qui conquit la toison,/Et puis est retourné, plein d'usage & raison, /Vivre entre ses parents le reste de son aage ! // Quand revoiray-je, helas, de mon petit village/Fumer

la cheminee, & en quelle saison/Revoiray-je le clos de ma pauvre maison,/Qui m'est une province, & beaucoup d'avantage ? // Plus me plaist le sejour qu'ont basty mes ayeux,/Que des palais Romains le front audacieux :/Plus que le marbre dur me plaist l'ardoise fine, // Plus mon Loyre Gaulois que le Tybre Latin,/Plus mon petit Lyré que le mont Palatin,/Et plus que l'air marin la doulceur Angevine."(*ibid.*, p. 54, sonnet 31)

5. "France mere des arts, des armes, et des loix,/Tu m'as nourry long temps du laict de ta mamelle" (*ibid.*, p. 43, sonnet 9).
6. "Je me feray sçavant en la philosophie,/En la mathematique, et medecine aussi,/ Je me feray legiste, et d'un plus hault souci/Apprendray les secrets de la theologie : [...]/O beaux discours humains ! je suis venu si loing,/Pour m'enrichir d'ennuy, de vieillesse, et de soing,/Et perdre en voyageant le meilleur de mon aage" (*ibid.*, p. 55, sonnet 32).
7. "La donq', Francoys, marchez couraigeusement vers cete superbe Cité Romaine : et des serves Depouilles d'elle(comme vous avez fait plus d'une fois) ornez voz Temples, et Autelz" (Du Bellay, *La Deffence, et Illustration de la langue françoyse*, éd. Jean-Charles Monferran, Droz, 2001, p. 179).
8. "Souvent, pour s'amuser, les hommes d'équipage/Prennent des albatros, vastes oiseaux des mers,/Qui suivent, indolents compagnons de voyage,/Le navire glissant sur les gouffres amers. // À peine les ont-ils déposés sur les planches,/Que ces rois de l'azur, maladroits et honteux,/Laissent piteusement leurs grandes ailes blanches/ Comme des avirons traîner à côté d'eux. // Ce voyageur ailé, comme il est gauche et veule !/Lui, naguère si beau, qu'il est comique et laid !/L'un agace son bec avec un brûle-gueule,/L'autre mime, en boitant, l'infirme qui volait ! // Le Poète est semblable au prince des nuées/Qui hante la tempête et se rit de l'archer; Exilé sur le sol au milieu des huées,/Ses ailes de géant l'empêchent de marcher."(Charles Baudelaire, *Oeuvres complètes*, éd. Claude Pichois, Gallimard, coll. Bibliothèque de La Pléiade, 1975, 2 vol., t. I, pp. 9-10 ; 샤를 보들레르, 『악의 꽃』, 황현산 옮김, 민음사, 2016, p. 13)
9. "Et je pensois aussi ce que pensoit Ulysse,/Qu'il n'estoit rien plus doulx que voir encor' un jour/Fumer sa cheminée, et apres long sejour/Se retrouver au sien de sa terre nourrice [...] // Las mais apres l'ennuy de si longue saison,/Mille souciz mordants je trouve en ma maison,/Qui me rongent le coeur sans espoir d'allegence." (Du Bellay, *op. cit.*, p. 104, sonnet 130).

10. "C'est ores, Mon Vineus, mon cher Vineus, c'est ore/Que de tous les chetifs le plus chetif je suis,/Et que ce que j'estois plus estre je ne puis,/Aiant perdu mon temps, et ma jeunesse encore" (*ibid.*, p. 60, sonnet 42).

11. "Ce n'est pas à mon gré (Carle) que ma navire/Erre en la mer Tyrrhene : un vent impetueux/La chasse maugré moy par ces flots tortueux/Ne voiant plus le pol, qui sa faveur t'inspire" (*ibid.*, p. 103, sonnet 128).

12. "Je m'en allais, les poings dans mes poches crevées ;/Mon paletot aussi devenait idéal ;/J'allais sous le ciel, Muse ! et j'étais ton féal ;/Oh ! là ! là ! que d'amours splendides j'ai rêvées ! // Mon unique culotte avait un large trou./- Petit-Poucet rêveur, j'égrenais dans ma course/Des rimes. Mon auberge était à la Grande-Ourse./- Mes étoiles au ciel avaient un doux frou-frou // Et je les écoutais, assis au bord des routes,/Ces bons soirs de septembre où je sentais des gouttes/De rosée à mon front, comme un vin de vigueur ; // Où, rimant au milieu des ombres fantastiques,/Comme des lyres, je tirais les élastiques/De mes souliers blessés, un pied près de mon coeur !"(Arthur Rimbaud, *Oeuvres*, éd. Suzanne Bernard, Garnier, 1981, p. 81)

13. "De quelque mal un chacun se lamente,/Mais les moyens de plaindre sont divers :/ J'ay, quant à moy, choisi celuy des vers/Pour desaigrir l'ennuy qui me tourmente" (Du Bellay, *op. cit.*, p. 37). Cf. "J'etois à Rome au milieu de la guerre,/Sortant desja de l'aage plus dispos,/A mes travaulx cherchant quelque repos,/Non pour louange ou pour faveur acquerre" (*ibid.*, p. 35).

14. "Or que Jupin espoint de sa semence/Veut enfanter ses enfans bien-aimez,/Et que du chaud de ses reins allumez/L'humide sein de Junon ensemence : // Or' que la mer, or' que la vehemence/Des vents fait place aux grans vaisseaux armez,/Et que l'oiseau parmi les bois ramez,/Du Thracien les tançons recommence : // Or' que les prez et ore que les fleurs/De mille et mille et de mille couleurs/Peignent le sein de la terre si gaye, // Seul et pensif aux rocher plus segrets/D'un coeur muet je conte mes regrets,/Et par les bois je vay celant ma playe."(Pierre de Ronsard, *Oeuvres complètes*, éd. Jean Céard, Daniel Ménager et Michel Simonin, Gallimard, Bibliothèque de la Pléiade, 1993-1994, 2 vol., t. I, p. 108)

15. "L'amour de la vertu, ma seule et seure guide,/Comme un cygne nouveau me conduit vers les cieux,/Où en despit d'envie, et du temps vicieux,/Je rempliz d'un beau nom ce grand espace vide" (Du Bellay, *op. cit.*, p. 133, sonnet 189).

16. "Il dit non avec la tête/mais il dit oui avec le coeur/il dit oui à ce qu'il aime/il dit

non au professeur/il est debout/on le questionne/et tous les problèmes sont posés/soudain le fou rire le prend/et il efface tout/les chiffres et les mots/les dates et les noms/les phrases et les pièges/et malgré les menaces du maître/sous les huées des enfants prodiges/avec des craies de toutes les couleurs/sur le tableau noir du malheur/il dessine le visage du bonheur"(Jacques Prévert, *Paroles*, Gallimard, 1949, p. 63)

{제11장}

피에르 드 롱사르

새로운 사랑을 위한 낡은 세계에 대한 복수

피에르 드 롱사르
(1524-1585)

잊혀진 "프랑스 시인들의 왕자"

시에 대한 기존의 관점을 갱신하면서 프랑스 르네상스 시 세계를 화려하게 꽃피운 대표적 시인 피에르 드 롱사르(Pierre de Ronsard)는 한국의 독자들에게 친근한 시인이 아니다. 르네상스를 특징짓는 풍요, 변화, 다양성, 운동성 등을 시어로 옮겨내면서 '뮤즈들과 시, 모두의 아버지' 혹은 '시인들의 왕자'라는 칭호를 이미 생존 시에 얻을 수 있었던 그의 시가 깊은 독서의 대상이 되는 경우는 매우 드물었기 때문이다. 프랑스에서도 한때 이런 경향이 없지는 않았다. 1585년에 그가 사망하고 나서 30여 년이 지난 후에 에티엔 파스키에(Etienne Pasquier)라는 한 인문주의자가 그의 시적 생애를 "지금의 우리에게 작품을 남긴 시인들 가운데에서 그 누구도 그처럼 시를 쓰지 않았다. 시에 자신의 정신을 부여했던 그는 고대작가들을 모방하면서 그들을 능가했고, 적어도 그들과 어깨를 겨루었다. 프랑스어로 시를 쓴 모든 시인들 중에서 그와 같은 시인은 없다. […] 그는 호메로스, 핀다로스, 테오크

리토스, 베르길리우스, 카툴루스, 호라티우스, 페트라르카를 프랑스어로 대신했으며, 자신이 원하는 방식으로 문체의 소리를 때로는 높이거나 줄이면서, 혹은 중간소리를 내면서 다양하게 만들었다. [⋯] 롱사르의 작품에서 그 무엇도 가려서 추려낼 수는 없다. 그의 모든 것이 아름답기 때문이다"라고 칭송하고, 셰익스피어, 스펜서, 벤 존슨, 월터 페이퍼 등의 외국 시인들이 롱사르를 가장 뛰어난 르네상스 프랑스 시인이라고 찬양했지만, 균형과 비례의 원칙을 세계를 가늠하는 척도로 삼은 고전주의의 시대에 접어들면서 그의 명성은 저물어가는 황혼의 흐릿한 빛이 되고 말았다.

특히 그의 영광에 결정적 일침을 가한 자는 『시학』(*L'Art poétique*, 1674)의 작가 부알로(Boileau)였다. 고전주의 시학의 이론가라고 할 수 있는 그는 롱사르에게 단 한마디의 긍정적 어휘마저 할애하지 않았다. 그리스어나 라틴어를 프랑스어에 억지로 도입하여 사용하면서 모국어의 고유함과 독창성을 훼손시켰을 뿐만 아니라 방탕하게 여겨질 정도로 자유로우면서도 다양한 소재와 형식을 현학적 표현들을 사용한 시인으로 그를 간주했다.

> 다른 방식으로 그[마로]의 뒤를 따랐던 롱사르는
> 모든 것을 규제하고, 모든 것을 망쳤으며, 자기만의 기법을 만들었다,
> 그럼에도 불구하고 그는 오랫동안 행복한 운명을 누렸다.
> 하지만 그리스와 라틴어로 말을 한 그의 프랑스어 뮤즈는
> 다음 세대에 기괴한 운명의 반농으로 인해
> 그 거창한 말들의 화려한 현학이 추락하는 것을 보게 되었다[.][1]

보편적 이성에 기초한 새로운 시법을 새로운 시대의 시인들에게 제시할 야망이 부알로에게 있었기 때문일 것이다. 과도한 자유로움을 시에 부여하고 지적이면서도 의미가 중첩된 어휘를 사용한 롱사르를 인정하기보다는 엄정하고 명료한 시어를 사용하면서 균형과 안정적인 세계관을 제시하는 시의 도래를 노래하는 것이 그에게 더욱 시급했다.

19세기에 와서야 롱사르의 이름은 비로소 세상에 본격적으로 알려지지 시작한다. 생트뵈브는 1828년에 『16세기 프랑스 시와 연극에 관한 역사적, 비평적 개관』(*Tableaux historique et critique de la Poésie Française et du Théâtre au XVIe siècle*)과 이 책의 부록인 『롱사르 시선』(*Oeuvres choisies de Pierre de Ronsard*)을 세상에 내놓으면서 그의 완전한 복권을 시도했다. 19세기 낭만주의가 제기할 수 있는 시와 문학의 문제를 탐색하기 위해 16세기를 다시 바라보아야만 했던 그는 낭만주의 시인들이 선호하게 될 12음절 시행을 진솔함과 웅장함을 바탕으로 자유롭게 탐색하였던 롱사르를 찾아낸다. 그와 낭만주의 시인들에게 자아와 세계의 새로움을 발견하는 르네상스를 대변했던 롱사르는 이상적인 시인이었으며, 고전주의가 내세운 이성에 맞서는 낭만주의 시인들의 선배일 수 있었다. 생트뵈브가 보기에 롱사르는 지난 200년 동안 부알로가 지녔던 어리석은 정신에 부당하게 희생당한 자였던 셈이다.

> 롱사르여, 그대에게, 부당한 운명에 의해
> 두 세기 동안 역사의 경멸에게 팔아넘겨졌던 그대에게,
> 구역질나는 판결로부터 그대를 정화시킬
> 속죄의 제단을 두 손으로 나 바치노라.[2]

생트뵈브의 서서가 낭만주의의 미석이고 이데올로기석인 투쟁에 끼친 영향은 상당했다. 네르발 역시 1830년에 롱사르와 뒤 벨레가 포함된 르네상스 시인들의 『시 선집』(*Choix de poésies*)을 발간하지 않을 수 없었다. 보들레르 역시 「빨강 머리 거지 계집애에게」(A une mendiante rousse)에서 롱사르의 용어들을 다시 취했으며, 테오도르 드 방빌(Théodore de Banville)은 1861년 생트뵈브의 견해를 좀 더 확장하여 롱사르에 의해 고대 이후에 처음으로 시가 색채의 조화를 담게 되었으며, 조화로운 음절이 화합의 강한 인상을 얻게 되었다고 지적한다.

그러나 생트뵈브의 롱사르 칭송에는 다소간 한계가 있다고 말하지 않을 수 없다. 그는 롱사르의 서정성이 쉽게 드러나는 가벼운 시만을 높이 평가했기 때문이다. 철학, 과학, 역사, 정치 그리고 문학의 문제들을 다룬 무겁고 진지한 시편들에 대해서는 별 관심을 갖지 않았다. 생트뵈브가 롱사르의 부활과 복권을 위한 토대를 마련했다는 것을 인정해야겠지만, 그는 후세가 가질 롱사르에 대한 인식의 시선을 좁게 조정해놓고 말았다는 한계를 지닌다. 그 한 사례로는 프랑스인들이 여전히 롱사르라는 이름에서 떠올리는 '장미의 시인'이라는 기억이다.

장미를 노래한 시인

사랑을 노래한 롱사르의 작품에서 장미는 자주 등장하는 소재이지만, 무엇보다도 그를 장미의 시인으로 규정하게 만든 작품은 1553년 『오드시집』(*Les Odes*) 증보판에 수록된 「사랑하는 여인에게」(A sa maistresse)일 것이다.

아름다운 이여, 보러 갑시다, 장미를,
오늘 아침 햇빛을 받으며
제 진홍빛 드레스를 활짝 펼쳐 보였건만,
이 저녁에 다 잃지나 않았는지,
진홍 드레스의 주름 주름들을,
그리고 그대 닮았던 그 낯빛을.

아! 보시게나, 그것은 얼마 가지 않아
제 자리에, 아름다운 이여,
아! 아! 제 아름다움 떨어뜨리고 말았으니,
오, 진정 자연은 가혹하구나,
아침부터 저녁까지
그렇게만 꽃잎이 살아가야 할 뿐이라니!

자, 아름다운 이여, 그대 나를 믿거든,
그대 나이 그토록 푸르른 신선함 속에서
꽃 피우고 또 피우는 동안,
누리시라, 누리시라, 그대의 젊음을,
이 꽃처럼, 늙음이란
아름다운 그대의 윤기 앗아갈 것이므로.[3]

사랑시의 보편적 형식인 8음절 시행들로 구성된 이 오드는 여인을 장미에 비유하면서 호라티우스에 의해 널리 알려진 '현재를 즐기라'(carpe diem)라는 교훈을 전하는 작품으로 인정받아왔다. "햇빛"의 노란색과 장미의 "진홍색"이 서로 어울리며 강한 색채감을 드러내는 가운데 시인의 목소리는 아침에 피었다가 저녁에 시드는 장미의 일회적 운명을 여인에게 바라볼 것을 권고한다. 장미의 아름다움이 영원성을 누리지 못하는 것처럼 여인의 아름다움 역시 때가 되면 사라지리라는 것이다. 이런 권고를 전하는 시인의 목소리는 사랑을 구하는 자의 간절함과 더불어 여인에 대한 원망의 심정을 담고 있다. 1칭 복수명령형 "보러 갑시다"에서 2인칭 단수명령형 "보시게나"로 변하는 그의 권고가 가끔은 잔인한 경고처럼 들리는 것은 이런 애달픈 사랑의 마음 때문일 것이다. 물론 이런 마음은 장미의 붉음을 여인의 옷이나 안색과 어울리게 만들고, 장미의 신선한 아름다움을 여인의 푸르른 청춘과 엮어내는 시인의 시선에도 반영되어 있다.

그러나 여인과 시인의 거리는 여전히 멀다. 시인은 장미와 여인의 닮음을 바라보지만, 여인은 장미에게서 제 운명을 읽어낼 눈을 가지고 있지 않다. 시인의 눈과 여인의 눈이 같은 기능을 하지 못하는 것이다. 시인은 장미라는 사물에서 여인의 아름다움이 지닌 일회적 운명을 통찰력 있게 찾아내지만, 여인은 주변의 사물이 겪게 될 운명에 시선을 두지 못한다. 시인이 사물과 인간의 완벽한 일치를 읽어낼 수 있다면, 여인은 그것에서 멀리 떨어져 있다. 이 간극이 시인에게 고통을 안겨준다. 여인이 자신과 다르다는 점, 그녀가 자신에게서 멀리 떨어져 있다는 처절한 사실을 확인하게 되기 때문이다. 그것은 또한 자기 마음에 깃든 사랑의 욕망이 자신과 여인과의 차이로 인해 채워지지 못할 것이라는 불안을 갖게 만드는 동인이기도 하다. 장미의 운명에서 제 것을 읽지 못하는 여인과 장미 자체와의 불일치, 시인과 여인의 간극, 시인의 시선과 그가 지닌 욕망 사이의 불일치, 우리는 이것들이 결핍의 불안한 심정을 낳는다고 말할 수 있다. 서로 겹쳐 있는 이런 결핍을 거부하기 위해 시인은 후세가 자신을 장미의 시인으로 간주하는 데 결정적 역할을 한 이 시를 작성하게 되었다. 여인에게 삶의 진실을 바라보도록 요구하는 목소리를 그는 찾아야만 했으며, 사랑의 호소에 화답하는 여인을 욕망하는 간절한 호소를 그는 만들어야만 했다. 그것만이 장미와 여인 그리고 자기 사이의 일치를 보장할 유일한 수단이었기 때문이리라.

롱사르가 사랑을 선택한 이유가 여기에서 발견된다. 사랑이 『카상드르에 대한 사랑시집』(1552)에 수록된 서로를 바라보는 롱사르와 여인의 초상이 암시하듯이 화합과 소통에서 탄생하는 것이라면, 그는

『카상드르에 대한 사랑시집』 초판본에 수록된 롱사르와 카상드르의 초상

여인과의 합일과 자연과의 일치 안에서 만물이 서로를 반영하고 서로를 엮고 있다는 어떤 '진실'을 보게 만들어야 했다.

장미의 아름다움이 여인의 아름다움을 반영하고, 장미의 운명이 여인의 운명을 비추는 세계 속에서 욕망의 대상인 여인이 제 사랑의 공간을 채우도록 하기 위해 그는 사랑을 선택해야만 했다. 타자인 여인과 타자인 장미가 서로 거울처럼 비춘다는 진실을 전달하고, 시인의 주체와 타자인 여인 사이의 간극이 소멸되어야 한다는 것을 언어의 잠재적 상징성을 활용하여 제시해야만 했다. 사물들 사이의 조화를 보장하고 그것을 보여주는 것이 새로운 시의 세계를 개척할 시인의 몫으로 여겼기 때문이다. 불화와 갈등, 단절과 파괴에 맞서서 세상이 감춰놓은 행복의 발견을 위한 고된 장정을 스스로 짊어지는 것이 그가 스스로에게 부여한 역할이었다.

『오드시집』의 「독자에게」(Au Lecteur)에서 그가 자신을 굳이 "프랑스 최초의 서정시인"(le premier auteur Lirique)으로 내세운 것 역시 이런 이유 때문일 것이다. 사랑의 심정을 다루는 이 시인은 시의 공간 안에 알 수 없는, 그러나 존재하는 어떤 진실을 담아내기 위해 남이 가지 않은 새로운 오솔길에 최초의 발을 내디딘 자로 자신을 규정할 수밖에 없었다. 이런 시인의 운명을 시간이 한참 지난 후에 폴 엘뤼아르(Paul Eluard) 같은 초현실주의 시인이 「사랑에 빠진 여인」(L'Amoureuse)에서 되풀이하게 될 것이다. 하늘에 떠 있는 돌멩이처럼 지상적인 것과 천상적인 것이 구분되지 않고 서로를 비추는 세상에 대한 비전을 제시하는 것이 시인의 글쓰기가 실현해야 할 대상이 된다.

그녀는 내 눈꺼풀 위에 서 있다
그녀의 머리칼은 내 머리칼 안에 있다,
그녀는 내 손의 모양을 하고 있다,
그녀는 내 눈의 색깔을 하고 있다,
그녀는 내 그림자 안에 잠긴다
마치 하늘의 돌멩이처럼.

그녀는 언제나 눈을 뜨고 있다
나를 잠들게 두지 않는다.
환한 빛 속의 그녀의 꿈은
햇빛들을 사라지게 하며
나를 웃고, 울고, 웃고,
할 말이 전혀 없어도 말하게 한다.[4]

롱사르에게 장미의 시인이라는 수식어를 부여하는 것이 부당하지는 않다. 그러나 작품의 표면적 아름다움과 의미만을 바라보는 것은 낡은 것을 부인하며 새로운 시선을 창조해야만 했던 이 시인의 정체성을 파악하는 데 크게 도움이 되지는 않을 것이다. 그가 왜 사랑을 소재로 선택했는지, 사랑의 노래 안에 숨긴 것이 무엇이고, 전달하려는 의미가 무엇인지를 파악하려는 모든 노력을 그것은 무위로 돌릴 수 있다. 그보다는 여인이라는 타자와 자아를 서로 겹치게 만들면서 세상의 영혼이자 사물들 사이의 균형을 지탱하는 본질, 즉 진실의 발견에 무모하게 나서는 시인의 모습을 찾으려는 노력이 필요해 보인다. 우주를 구성하는 '본질'의 발견에 초대된 운명을 따르기 위해 그는 장미와 여인 그리고 시인인 자신을 서로 엮고 있는 매듭들을 새로운 시선으로 바라보게 만들기 때문이다.

> 신은 도처에 계시고, 모든 것에 개입하신다.
> 보이는 모든 것의 시작과 끝 그리고 중간이시며,
> 그의 영혼은 모든 것 안에 머무르고,
> 영혼이 육체에 그리하듯
> 만물이 생기를 띠게 만드신다.[5]

롱사르는 글을 쓸 때는 "미친 자가 된다"고 말한 바 있다. 그는 일상의 영역 밖에 위치한다. "고상하고도 당당한 정신"을 지닌 그는 우주의 품 안에 자신의 시적 자아를 새롭게 맡겨놓기 위해 낡고 진부한 것을 벗어나려고 부단히 시도한다. 그래서 그가 다룬 사랑은 세상의 사물들이 지니고 있는 감춰진 알레고리들의 시적 표현이 된다.

> 〈시〉는 최초에는 인간의 투박한 머리 속으로 즐겁고도 다채로운 이야기를 통해 그들이 이해할 수 없는 비밀들을 들어가게 만들기 위한 알레고리로 된 신학일 뿐이었다.[6]

사랑은 간구이 소멸할 때에만 가능하고, 사랑의 힘이 이런 소멸을 지향하기 때문이다. 우주를 구성하는 사물들이 서로 다양하게 결합되어 있으며, 서로에게 의미를 건네고 있다는 것을 장미의 시인은 노래하려고 한다.

그렇지만 그의 시도가 언제나 성공을 거두었다고 말하기는 힘들다. 사랑하는 여인에게 쓰라린 경고의 말을 그가 던지지 않을 수 없는 것처럼, 결합은 여전히 미래의 몫이기 때문이다. 만약 그가 사랑의 성취를 이루었다고 노래하는 순간이 온다면, 그의 노래는 힘을 잃고 소멸할 것이다. 그래서 노래의 생명을 연장하기 위해서라면 그는 현재의 결핍을 드러내고 미래를 상대해야만 한다. 장미의 운명을 보지 못하는 여인을 불러내는 것, 사랑을 이루지 못한 시인의 모습을 생생하게 새겨놓은 것이 메아리가 될 시의 힘을 보장하는 요소가 되기 때문이다. 이런 까닭에 그는 자신에게 주어진, 그리고 지상의 사물들이 운명처럼 안고 가야만 하는 이 결핍과 곤궁을 벗어나려는 시도를 멈출 수 없었다.

결핍에 대한 노래

『카상드르에 대한 사랑시집』 안에서 한탄에 빠진 시인의 곤궁한 모습이 자주 발견되는 것은 그가 사랑에 빠진 이들이 경험하는 갖가지 감정의 굴곡을 비껴가지 못했기 때문일 것이다. 예를 들어 다음과 같은 「모래 위에 씨앗을 뿌린다」(Sur le sablon la semence j'épan)라는 작품이 그러하다. 자신을 소개하는 그의 목소리에는 쓰라림이 묻어 있다.

> 모래 위에 씨를 뿌린다.
> 심연의 깊이를 재어본들 소용없다.
> 아무도 나를 부르지 않건만, 언제나 스스로 나선다.
> 버는 것도 없이 세월을 소비한다.

목숨 걸고 한 맹세 때문에 그녀의 초상에 집착하니,
그녀의 불길 앞에서 내 가슴은 유황으로 변하고,
그녀의 눈 때문에 오히려 내 괴로워하니,
고통은 수 없지만, 하나도 후회하지 않는다.

그 누가 알 수 있으리, 내 삶이 얼마나 단단한지를,
결코 사랑에 빠지길 원치 않았을 터인데,
뜨거움에, 차가움에, 나 불타오른다.

내 모든 기쁨은 쓰라림으로 절어 있으니,
번민에 살고, 고통에 파괴되니,
너무 사랑했기에 이리 되고 말았다.[7]

사랑으로부터 아무런 것도 얻지 못한 제 신세를 한탄하는 그의 목소리는 패배자의 탄식을 닮았다. 그는 사랑을 욕망했지만, 그 어떤 보상도 받지 못했다. 욕망이 머물었던 자리의 주인이 된 것은 이제 자나가버린 세월이 남겨놓은 빈 공간일 뿐이다.

그러나 그가 얻은 것이 전혀 없다고 말하기는 힘들다. 3연에서 그는 어조를 갑자기 바꾸면서 뜨거움과 차가움이 자신을 감싸게 되었디고 노래하고, 뒤이은 연에서 쓰라림이 남게 되었음을 고백하기 때문이다. 그런데 시인의 발언에서 눈에 띄는 것은 뜨거움과 차가움의 반복과 마찬가지로 번민과 고통으로 인한 삶과 죽음 역시 되풀이된다는 점이다. 그리하여 고통은 기쁨을 되살리고, 기쁨은 고통을 새로 만들면서 시인을 불태운다. 보들레르가 후에 「가난한 자들의 죽음」

(La mort des pauvres)에서 죽음을 살아가기의 동력으로 여길 것을 간절하지만 당당한 목소리로 권고했다면,

그것은 〈죽음〉, 우리를 위로하고, 아! 살게 해준다,
그것은 삶의 목적, 그리고 그것은 유일한 희망이다,
그것은, 감로주(묘약)처럼, 우리를 들어 올려 우리를 도취시키고,
우리에게 저녁까지 걸어갈 용기를 준다.

폭풍우와 눈 그리고 서리를 가로질러
그것은 우리의 어두운 지평선에서 깜빡이는 광채이다,
그것은 책에 적혀 있는 이름난 주막이니,
그곳에서 우리는 먹고, 자고, 앉을 수 있으리라.

그것은 〈천사〉이니, 자력 띤 손가락 사이에
잠과 황홀한 꿈의 선물을 움켜쥐고,
가난하고 헐벗은 자들의 잠자리를 다시 마련해준다.

그것은 〈신들〉의 영광, 그것은 신비의 곳간이다,
그것은 가난한 자의 돈주머니이고 고대의 조국이다,
그것은 미지의 〈하늘〉로 펼쳐진 회랑이다![8]

롱사르는 자신을 불태워서 모든 것을 앗아가는 것이 사랑에 대한 욕망을 다시 살아나게 만드는 원천이 된다는 것을 이미 알고 있었다.

그런 까닭에 고통은 그의 파괴를 부단히 부추겨야만 한다. 고통이

소멸하는 순간, 즉 사랑의 욕망이 실현되는 순간, 그의 노래는 더 이상 생산의 힘을 지니지 못하게 될 것이기 때문이다. 새로운 사랑을 기대할 수 없게 된다는 것은 영원한 죽음을 시인이 맞이하게 된다는 것과 다르지 않다. 따라서 사랑에 빠진 롱사르에게서 고통은 기쁨의 정체성을 간직하고 있어야만 한다. 물론 이때의 기쁨은 여인이 자신에게 화답을 했기 때문에 얻어지는 그런 감정의 상태를 말하지는 않는다. 롱사르가 위에서 인용된 작품에서 언급하고 있는 것처럼 "그녀의 초상"에 집착한 덕분에 얻게 되는 기쁨이다. 왜 그는 그녀의 실제가 아니라 그녀의 얼굴에 집착하는가? 그녀의 초상이 사랑의 욕망을 불러일으키는 실제적 주체이기 때문일 것이다. 여인의 이미지가 사랑에 대한 상상을 보장하기 때문에 그는 초상을 품에 안는다. 따라서 그녀로 인해 초래된, 그리고 스스로 추구한 사랑이 부여한 고통을 원망할 수는 없다. 사랑의 욕망을 가진 것도 후회할 수 없다. 오히려 초상을 가슴에 품고 바라보아야 한다. 그것이 그에게 수많은 변화를 겪게 만들고, 그에게 모든 불행한 심정을 갖게 만들지라도 그는 품에 안은 초상을 저버릴 수 없다.

불태우라

위에서 인용한 작품에서와 마찬가지로 롱사르의 작품에서 불의 이미지가 자주 발견되는 것에는 당연한 이유가 있다. 불은 무엇보다도 사랑의 열정에 내재된 뜨거움의 속성을 지녔다. 그것은 사랑의 대상을 향한 강렬한 열망을 대신할 수 있다. 사랑에 빠진 자가 사랑의 뜨거움을 얻기 위해서라면, 그런 사랑을 불러일으킨 상대방의 속성에 자신을 닮도록 만드는 것이 마땅할 것이다. 그런데 바로 이것이 그에게 고통을 안겨준다. 사랑의 뜨거움에 불타버린 시인은 자신의 몸과 영혼이 모두 잿더미가 되어버린 것을 보게 되기 때문이다.

> 나에겐 더 이상 힘줄도, 동맥도, 신경도 남아 있지 않다.
> 사랑에 빠진 나를 고통스럽게 만드는 불길은 너무 험해서
> 내 온 몸과 온 영혼을 잿더미로 만들고야 말았다.[9]

사랑의 불길은 그를 분해하고 파괴한다. 욕망을 가졌던 그는 예전에 자신을 살게 만들었던 "동맥"도, "신경"도 남아 있지 않게 된 것을 보게 된다. 그의 어조에 비탄의 장중함이 깃들어 있는 것을 간파할 수 있다. 그러나 "잿더미"가 된 자신을 바라보는 그의 시선에서 회한만을 발견할 수는 없다. 오히려 사랑의 불길이 "열기에서 나오는 빛줄기에 녹아버리는 양초같"이 자신을 녹여버리는 것을 기꺼이 받아들이려는 태도가 그에게 엿보인다. 그가 변화를 수용하는 이유가 있을 것이다. 자신이 지녔던 사랑의 욕망만큼이나 그렇게 뜨겁게 불타오르기 위해서라면, 즉 사랑의 욕망을 지속시키기 위해서라면 불의 뜨거움을 그는 자신의 속성으로 삼아야 했기 때문인가? 그럴 것이다. 자신을 불태울 때 자신의 목숨을 앗아가는 사랑의 잔혹함에 당당히 맞설 수 있게 될 것이기에 그러하다. 그렇지만 이것이 불을 수용하는 유일한 이유일 수는 없다. 다음의 소네트를 보자.

> 이 불완전한 내 인간 껍질을 불태워

저 하늘로 날아가버리고 싶다,
불꽃에 휩싸여 신들 사이에 자리 잡은
알크메네의 아들마냥 영원을 누리면서.

이미 지고의 행복을 열망하는 나의 정신은
반항아가 되어 내 살덩이 속에서 어슬렁거리며,
그대 시선이 뿜어내는 불꽃에 바쳐질
희생의 장작더미를 벌써 그러모으고 있다.

오, 성스러운 잉걸불이여, 오 신의 불길이
피어놓은 불꽃이여, 그대 뜨거움으로
내 낯익은 껍질을 활활 불태우라,

그리하여 자유롭고 그리고 벌거벗은 나 하늘 너머로
단번에 뛰어올라 그곳에서 찬미하련다,
그대의 아름다움을 낳은 또 다른 아름다움을.[11]

사랑을 노래한 롱사르의 시편들 중에서 가장 장엄하고 영웅적인 어조를 띤 작품으로 고려되는 위 소네트에 등장하는 시인의 의지는 매우 단단하다. 그는 제 몸을 불태움으로써만 지상의 고통을 벗어나 천상에 오를 수 있었던 헤라클레스의 영웅적 운명에 자신을 비유한다. 카상드르의 시선이 자기 내부에 남겨놓은 갈등과 고통의 수동적 희생자가 되기를 그는 거부한다. 오히려 그녀의 시선을 성스럽다고 말하면서 그것이 지닌 뜨거움으로 자신의 낯익은 육체를 기꺼이 불태울 것을 약속한다. 자신의 정신이 불완전하기 그지없는 육체에 반항하며 벗어나려고 하기 때문이다. 낯익은 육체는 행복의 본질을 담아두지 못한다고 정신이 판단했기 때문이다.

낯익은 "살덩이". 그것은 여인의 아름다움 안에서 그 아름다움을 만든 어떤 본질을 찾아나서기 위해 거부되어야만 하는 대상이다. 낯익은 것은 새로운 아름다움에 향한 상승을 허용하지 않는다. 당연히 진부한 육체 안에서 새로운 사랑에 대한 욕망이 자유로움을 누리며 태어날 수는 없다. 만약 여인의 아름다움을 만든 본질적인 아름다움과 조우하기를 욕망한다면, 육신이라는 친근한 일상의 공간을 버리고 정신을 불로 정화시키는 것이 필요하다. 무엇인지 알 수는 없겠지만 그럼에도 불구하고 세상에 아름다움을 탄생시킨 어떤 시원(始原)에 대한 접근을 위해서는 불태우는 것이 필요하다.

명민한 독자라면 헤라클레스의 운명을 자신의 것으로 삼으려는 이 시인의 모습에 결연함이 묻어 있다는 것을 알 수 있다. 그리고 롱사르의 이런 태도에서 19세기를 살았던 한 시인의 목소리를 엿들을 수 있을 것이다.

> 나날과 계절들, 사람들과 나라들이 멀리 사라진 뒤에,
>
> 피 흘리는 고깃덩이 깃발, 북극의 바다와 꽃들로 짠 비단 위로 펼쳐지고, (그런 것들은 실재하지 않는다.)
>
> 영웅심을 고취하는 해묵은 팡파르—우리의 가슴과 머리를 여전히 공격한다—에서 풀려나,—옛날의 암살자들에게서 멀리 떨어져—
>
> 오! 피 흘리는 고깃덩이 깃발, 북극의 바다와 꽃들로 짠 비단 위로 펼쳐지고, (그런 것들은 실재하지 않는다.)

감미로움이여!

서리의 돌풍 속에서 비 내리는 숯불들,―감미로움이여!―

우리를 위해 영원히 탄화하는 지심(地心)이 던져버린 다이아몬드의 비바람이 되어 떨어지는 불길들.―오 세계여!―

(들을 수도, 느낄 수도 있는, 해묵은 은둔지와 해묵은 불길에서 멀리 떨어져.)

타오르는 숯불과 거품. 음악, 심연의 소용돌이이며 얼음덩이와 별의 충돌.

오 감미로움이여, 오 세계여, 오 음악이여! 그리고 거기, 형태와 땀과 머리카락과 눈동자들, 떠돈다. 그리고 거품 이는, 하얀 눈물들,―오 감미로움이여!―그리고 극지의 화산과 동굴 깊은 곳에 들려오는 여인의 음성…

깃발은…[12]

랭보는 「야만인」(Barbare)이라는 제목을 지닌 이 작품에서 세상의 창조를 위한 혼란을 조성하면서 차가움에 맞서는 불의 현기증 나는 세계를 그려 보인다. 작품 안의 그 무엇도 현실을 지시하지 않는다. 물과 불의 힘이 서로 폭발하는 이 세계는 비시간적이고 비공간적이다. 여기에서는 오직 말들에 의해서 이미지들만이 존재하게 될 뿐이다. 그렇지만 북극의 꽃이라는 단단함과 꽃의 결합은 "실재하지 않는" 순수하고 극단적인 아름다움이 탄생될 조건을 암시한다. 존재하지 않음, 즉 비어 있음에서 궁극의 아름다움이 탄생될 수 있기 때문이다. 이를 위해 시인은 모든 낯익은 것들을 자신에게서 뜯어내야만 한다. 야만적이라는 표현이 기존의 언어구조로서는 이해할 수 없는 언어를 가리키기 위해 사용되었다면, 새로운 시는 혁명적이고 야만적(barbare)이며 피로 물들은 깃발과 같다. 새로운 시가 탄생하기 위해서라면 최초의 힘들이 서로 경쟁하고 서로를 파괴하고 동시에 서로 결합할 때 가능하다. 불과 얼음이 서로 결합해서 새로운 북극의 꽃을 피우기 위해서라면 모든 것은 파괴되어야 한다. 새로운 창조는 비어 있음과 혼돈에서 탄생하기 때문이다. 낯익은 것은 그것이 가장 혐오하는 대상이다.

롱사르 역시 헤라클레스의 운명을 자신에게 부여하면서 "벌거벗은"이라는 표현을 사용한 바 있다. 낯익은 것이 되기 이전의 육체, 시간과 시선의 때가 묻지 않는 어떤 몸, 어떤 공간만이 아름다움의 본질을 향한 자유로운 비상을 허용할 수 있다. 그러므로 기존의 것들은 전복되어야만 한다. 새로운 아름다움의 획득이 기존 세상에 대한 시인의 내기가 되는 이유가 여기에 있다. 고통을 새로운 생명을 얻기 위한 자산으로 삼아야 하는 그는 지금의 정체성을 파괴하여 새로움을 위한 희생물로 삼아야만 하기 때문이다.

그래서 롱사르는 혼란스러운 자신의 사랑의 심정을 대변하기 위해 전복되어 혼란에 빠진 세계를 적극적으로 그려 보인다. 그는 파괴를 즐기는 시인이다.

> 머지않아 저 수많은 별들의 춤은
> 시들해질 것이며, 머지않아 바다는 파도를 잃을 것이고,
> 허둥대며 도망치는 저 태양도
> 돌고 돌아서 다시 달려오지 않을 것이다.

머지않아 천상의 벽들이 열리고,
세상은 조만간 형태를 알 수 없는 혼돈에 빠질 것이다,
내가 금발 여인의 시종이 되던
내 초록 눈이 여인을 찬양하던 상관없이.

오 아름다운 갈색 눈이여, 내 영혼에서 그대 느끼니,
그대, 불꽃으로 나를 한껏 불태웠기에
그 어떤 다른 초록 눈도 그대를 이기지 못하리니!

그대 불꽃 너무 강해, 나의 주름진 노란 피부 안에서
정신마지 녹아내리는데, 나는 사랑하련다,
내 심정의 태양인 아름다운 갈색 눈의 이데아를.[13]

이 소네트가 노래하는 사랑의 공간은 안정적이지 못하다. 처음 6행에서 세계는 파괴되었다. 태양이 멈추었기 때문이다. 원문에서 각운을 이루는 "divers", "travers", "ouvers", "vers"는 온 공간이 혼돈에 처하게 되었음을 암시한다. 사랑에 흔들리는 혼란한 심정만큼 시의 공간은 사지가 찢겨나가는 상처들과 틈으로 가득 채워졌다. 이런 가운데 8행에 등장하는 "느끼다(sentir)" 동사는 이 시인이 궁극적으로 지향하는 바가 무엇인지를 보여준다. "갈색 눈", 고대가 노래한 이상적인 눈의 색깔은 검은색이었다. 그런데 갈색 눈을 지닌 여인을 선호한다는 그의 발언은 새로운 아름다움을 추구하려는 의지를 드러낸다. 만약 고대의 시인들이 갈색 눈을 노래했다면, 그것은 미네르바를 가리키기 위해서였다. 로마신화에서는 아테나와 동일시되었던 여신.

문예와 예술, 전쟁과 지혜의 여신인 그녀는 파괴와 지혜로운 창조의 행위를 상징한다. 그녀는 농업기술을 관장하였으며, 실잣기를 즐기는 여신이기도 하다. 여인의 갈색 눈에 대한 롱사르의 언급은 그래서 새롭게 창조되는 아름다움과 그것을 노래하는 시의 새로운 탄생을 가리키는 것으로 간주될 수 있다.

그것을 위해 그는 세상에 반기를 들고 그것의 파괴에 적극적으로 가담한다. 세상의 일상적 흐름에 그는 거역한다. 낯익은 세상이 자신이 꿈꾸는 사랑을 허용하지 않는다면, 그는 이 세상을 과감히 파괴하여 오히려 자기 사랑이 실현될 새로운 공간으로 조성한다. 사방으로 튕겨나가는 운동성으로 시의 공간을 가득 채우면서 그는 의도적으로 카오스의 세계를 구축한다. 붕괴된 이 세계만이 새로운 아름다움을 향해 나서려는 그의 시적 의도를 실현시켜줄 유일한 공간이 될 수 있다.

휴식을 모르는 시

여기에서 시적 창조에 대한 롱사르의 관점 하나를 읽을 수 있다. 그에게서 시적 창조와 세계의 창조는 모두 폭력성을 전제로 한다. 창조가 파괴의 행동 뒤에 온다는 것을 그가 신뢰하고 있다는 것도 알 수 있다. 이런 그의 시가 정지와 휴식을 알지 못하는 것은 일견 당연해 보인다.

> 그대처럼 사랑스런 이 장미를 받으라,
> 세상에서 가장 아름다운 장미이며,

세상에서 가장 새로운 꽃이니,
그 향기 내 온 몸을 도취시키고 있다.

이 장미를 받으라. 날개 결코 가져보지 못한
내 마음을 그대 가슴으로 통째로 껴안으라.
그 마음 한결같으니. 수많은 쓰라린 상처에도
그 믿음을 언제나 간직하고 있다.

장미와 내가 단 하나 다른 점이 있다면,
장미의 탄생과 죽음을 지켜본 것이 단 하나의 태양이라면,
내 사랑의 탄생을 지켜본 것은 수많은 태양이다.

내 사랑의 움직임은 휴식을 알지 못한다.
그처럼 사로잡힌 내 사랑이
꽃과 같이 단 하루만 살아갈 수 있다면.[14]

롱사르가 아름다움을 가리키기 위해 최상급을 사용한 것은 자신을 사로잡는 아름다움이 최고의 단계에 속하는 것임을 암시하기 위해서이다. 그것은 페트라르카의 시가 그러한 것처럼 시인을 종속적인 존재로 만들어버린다. 그는 "도취"되어 있다. 8행에서 사용된 "믿음"이라는 어휘 역시 여인에게 종속된 시인을 보여주는 것으로 간주될 수 있다. 그러나 그의 어조는 당당하다. 그는 2연에서 한결같은 마음을 대변하는 장미를 받으라고 여인에게 요구한다. 그리고 프로메테우스의 고난에 비유될 수 있는 "쓰라린 상처"에도 불구하고 언제나 꿋

꿋한 믿음을 견지한다. 그가 원하는 것은 단 하루의 사랑이지만 그것의 탄생을 바라보았던 태양은 하나가 아니었다. 수많은 태양이 서로 순서를 바꾸어가면서 그의 사랑을 지켜보았다. 생성과 소멸을 영원히 반복하는 시간을 시인은 단 하루라는 시간 안으로 끌고 들어오려고 시도한다. 하루를 영원의 시간으로 바꾸려는 것이다. 이런 까닭에 그의 사랑이 휴식을 알지 못하는 것은 마땅하다. 고통은 멈추지 않을 것이며, 그의 욕망 역시 정지하지 않을 것이다. 그것이 새로운 "꽃"을 추구하는 그에게 부여된 운명이다. 휴식을 알지 못하는 고통으로 채워진 그의 시만이 그에게 영원히 사랑노래를 부르게 허용할 수 있는 것이다.

따라서 롱사르의 작품에 등장하는 장미는 여인만을 지칭하지 않는다고 말할 수 있다. 그것은 여인의 아름다움만을 상기시키지 않는다. 오히려 그것은 새로운 아름다움을 창조하기 위해 험한 길에 나서는 그의 뜨거운 열정을 지시한다. 이 내적인 열정이 장미이다. 이것을 기꺼이 여인에게 그는 바치면서 그녀 역시 이런 장미의 속성을 갖게 만들려고 한다. 위 작품에서 여인을 향하는 그의 어조는 매우 간절하지만, 그 안에는 영웅적 목소리가 있다. 자신이 추구하는 사랑이 최고의 사랑이라는 것을 그는 확신하기 때문이다. 그것은 기존의 세상에 "실재하지" 않았던, 모든 것의 파괴와 무질서에서 새롭게 창조된 욕망이다. 여인에게 사랑을 바치는 최고의 찬사가 되는 그의 노래를 "수많은 태양"이 바라보게 만듦으로써 그는 시의 탄생을 목격하는 새로운 우주를 조성해간다. 그의 어조는 카오스에서 질서를 창조하는 신들의 민활함을 닮았다.

그리하여 장미를 통해 여인을 찬양하는 그에게는 "언제나 한결같은" 사랑의 숭고한 감정을 드러내면서도 동시에 그런 장미를 '소유한' 자신의 시적 관점의 새로움을 암시하려는 모습이 있다. 르네상스라는 한 시기를 살았던 롱사르는 새로운 우주 안에 머물 아름다운 "꽃"에 대한 창조를 꿈꾸는 시인이었다. 그것은 그의 시적 개혁이 추구했던 유일한 대상이기도 했으며, 현재가 아닌 미래를 살아갈 시인들이 지녀야 했던 어떤 사명에 대한 빠른 약속이기도 했다. 새로운 꽃을 피우기 위해 그는 시적 창조에 대한 새로운 비전을 제시할 수 있는 시인의 탄생을 노래해야만 했다. 그가 부르는 노래는 생명이라는, 그리고 창조라는 원천에서 솟아오를 미래의 시에 대한 예언이 되어야 했던 것이다. 만약 롱사르를 장미의 시인으로 부를 수 있다면, 그것은 자신이 피울 장미가 미래의 새로운 꽃이 될 것을 미리 제시했기 때문일 것이다.

이 시인이 자신의 묘비명에 고통을 새겨줄 것을 요구한 것도 바로 이런 이유에 기인한다

이 아름다운 시선이 내 죽게 되기를 판단하여
때가 되기도 전에 나를 저곳으로 쫓아내고,
운명의 여신이 내 발걸음을
이 행복한 강변의 건너편으로 이끌고 간다면,

그때, 동굴과 초원, 그대 숲들은
내 불행을 슬퍼하며 날 멸시하지 말아주오.
오히려 그대 품 그림자 안에
영원하고 고요한 거처를 마련해주오.

사랑에 빠진 시인이 와서
내 불행한 운명을 가엽게 여겨
떡갈나무에 이런 에피그램을 기록하게 해주시오.

이 아래에 방돔의 연인이 누워 있으니,
여인의 아름다운 두 눈을 너무 사랑했기에
고통이 이 숲에서 그의 목숨을 앗아갔도다.[15]

사랑이 그에게 고통만을 안겨주었을지라도, 그것은 시인이 끊임없이 노래하도록 재촉한 동인이었다. 고통을 스스로 짊어진 자신의 불행한 초상을 "사랑에 빠진" 미래의 젊은 시인이 노래하기를 바란다면, 그것은 과거의 고통이 기억되기를 바라기 때문이다. 고통을 기억하는 것, 그것은 시간을 극복하는 유일한 수단이다. 새로운 꽃을 피우기 위해 겪었던 고통을 미래의 고통으로 이어지게 만드는 것은 망각에 맞서서 그 화려했던 시도를 영원한 것으로 만드는 창조적 행위에 해당한다. 롱사르는 장미를 노래했던 자신의 "불행한 운명"을 "기록"하면서 시인에게 부여된 고통과 창조의 시련이 영원히 살아가기를 희망한다. 사랑의 죽음은 그에게 시인의 탄생이었다.

{주} ....

1. "Ronsard, qui le suivit, par une autre méthode,/Réglant tout, brouilla tout, fit un art à sa mode,/Et toutefois longtemps eut un heureux destin./Mais sa Muse, en français parlant grec et latin,/Vit, dans l'âge suivant, par un retour grotesque,/

Tomber de ses grands mots le faste pédantesque./Ce poète orgueilleux, trébuché de si haut[.]"(Boileau, *L'art poétique*, éd. Jean-Clarence Lambert et François Mizrach, 10/18, 1966, p. 25)

2. "A toi, Ronsard, à toi, qu'un sort injurieux/Depuis deux siècles livre aux mépris de l'histoire,/J'élève de mes mains l'autel expiatoire/Qui te purifiera d'un arrêt odieux."(Charles Augustin Sainte-Beuve, *Vie, Poésies et Pensées de Joseph Delorme. Poésies de Sainte-Beuve*, Michel Lévy frères, 1863, p. 73)
3. "Mignonne, allons voir si la rose/Qui ce matin avait déclose/Sa robe de pourpre au soleil,/A point perdu cette vêprée/Les plis de sa robe pourprée,/Et son teint au vôtre pareil. // Las! voyez comme en peu d'espace,/Mignonne, elle a dessus la place/ Las! las! ses beautés laissé choir!/O vraiment marâtre Nature, /Puisqu'une telle fleur ne dure/Que du matin jusques au soir! // Donc, si vous me croyez, mignonne,/ Tandis que votre âge fleuronne/En sa plus verte nouveauté,/Cueillez, cueillez votre jeunesse:/Comme à cette fleur, la vieillesse/Fera ternir votre beauté."(Pierre de Ronsard, *Oeuvres complètes*, éd. Jean Céard, Daniel Ménager et Michel Simonin, Gallimard, coll. Bibliothèque de la Pléiade, 1993-1994, 2 vol., t. I, p. 667)
4. "Elle est debout sur mes paupières/Et ses cheveux sont dans les miens,/Elle a la forme de mes mains,/Elle a la couleur de mes yeux,/Elle s'engloutit dans mon ombre/Comme une pierre sur le ciel. // Elle a toujours les yeux ouverts/Et ne me laisse pas dormir./Ses rêves en pleine lumière/Font s'évaporer les soleils/Me font rire, pleurer et rire,/Parler sans avoir rien à dire."(Paul Eluard, *Oeuvres complètes*, éd. Marcelle Dumas et Lucien Scheler, Gallimard, coll. Bibliothèque de La Pléiade, 1968, 2 vol., t. I, p. 140)
5. "Dieu est par tout, par tout se mesle Dieu,/Commencement, la fin et le milieu/ De ce qui vit, et dont l'ame est enclose/Par tout, et tient en vigueur toute chose,/ Comme nostre ame infuse dans nos corps."(Ronsard, *op. cit.*, t. II, p. 699)
6. "La Poésie n'estoit au premier aage qu'une Theologie allegorique pour faire entrer au cerveau des hommes grossiers par fables plaisantes et colorées les secretz qu'ils ne pouvoient comprendre."(*ibid.*, t. II, p. 1175)
7. "Sur le sablon la semence j'épan :/Je sonde en vain les abymes d'un gouffre :/Sans qu'on m'invite à toute heure je m'ouffre,/Et sans loyer mon âge je dépan. // En voeu ma vie à son portrait j'apan :/Devant son feu mon coeur se change en souffre,/Et pour ses yeux ingratement je souffre/Dix mille maux, et d'un ne me repan. // Qui

sçauroit bien quelle trampe a ma vie,/D'estre amoureux n'auroit jamais envie./De chaud de froid je me sens allumer. // Tout mon plaisir est confit d'amertume :/Je vi d'ennuy, de dueil je me consume,/En tel estat je suis pour trop aimer" (*ibid.*, t. I, p. 76).

8. "C'est la Mort qui console, hélas ! et qui fait vivre ;/C'est le but de la vie, et c'est le seul espoir/Qui, comme un élixir, nous monte et nous enivre,/Et nous donne le coeur de marcher jusqu'au soir ; // A travers la tempête, et la neige, et le givre,/ C'est la clarté vibrante à notre horizon noir ;/C'est l'auberge fameuse inscrite sur le livre,/Où l'on pourra manger, et dormir, et s'asseoir ; // C'est un Ange qui tient dans ses doigts magnétiques/Le sommeil et le don des rêves extatiques,/Et qui refait le lit des gens pauvres et nus ; // C'est la gloire des Dieux, c'est le grenier mystique,/ C'est la bourse du pauvre et sa patrie antique,/C'est le portique ouvert sur les Cieux inconnus !"(Charles Baudelaire, *Oeuvres complètes*, éd. Claude Pichois, Gallimard, coll. Bibliothèque de La Pléiade, 1975, 2 vol., t. I, pp. 126-127)
9. "Je n'ay plus ny tendons ny arteres ny nerfs :/Les feux trop violents qu'en aimant j'ai soufferts,/M'ont tourné tout le corps et toute l'ame en cendre"(Ronsard, *op. cit.*, t. I, p. 220).
10. "Comme une cire aux raiz de la chaleur"(*ibid.*, t. I, p. 106)
11. "Je veux brusler, pour m'en-voler aux cieux,/Tout l'imaprfait de mon escorce humaine,/M'éternisant comme le fils d'Alcméne,/Qui toout en feu s'assit entre les Dieux. // Ja mon esprit desireux de son mieux,/Dedans ma chair, rebelle, se promeine,/Et ja le bois de sa victime ameine/Pour s'immoler aux rayons de tes yeux. // Ô saint brazier, ô flame entretenue/D'un feu divin, avienne que ton chaud/Brusle si bien ma despouille connu, // Que libre et nu je vole d'un plein saut/Outre le ciel, pour adorer là haut/L'autre beauté dont la tienne est venue"(*ibid.*, t. I, p. 115)
12. "Bien après les jours et les saisons, et les êtres et les pays,/Le pavillon en viande saignante sur la soie des mers et des fleurs arctiques ; (elles n'existent pas.)/Remis des vieilles fanfares d'héroïsme - qui nous attaquent encore le cœur et la tête, - loin des anciens assassins -/Oh ! le pavillon en viande saignante sur la soie des mers et des fleurs arctiques ; (elles n'existent pas.)/Douceurs !/Les brasiers, pleuvant aux rafales de givre, - Douceurs ! - les feux à la pluie du vent de diamants jetée par le cœur terrestre éternellement carbonisé pour nous. - O monde ! -/(Loin de vieilles retraites et des vieilles flammes qu'on entend, qu'on sent,)/Les brasiers et les écumes. La musique, virement des gouffres et chocs des glaçons aux astres./O douceurs, ô

monde, ô musique ! Et là, les formes, les sueurs, les chevelures et les yeux, flottant. Et les larmes blanches, bouillantes, - ô douceurs ! - et la voix féminine arrivée au fond des volcans et des grottes arctiques.../Le pavillon..."(Arthur Rimbaud, *Oeuvres complètes*, éd. Antoine Adam, Gallimard, coll. Bibliothèque de La Pléiade, 1972, pp. 144-145)

13. "Plus tost le bal de tant d'astres divers/Sera lassé, plus tost la Mer sans onde,/Et du Soleil la fuite vagabonde/Ne courra plus en tournant de travers : // Plus tost des Cieux les murs seront ouvers,/Plus tost sans forme ira confus le monde,/Que je sois serf d'une maistresse blonde,/Ou que j'adore une femme aux yeux vers. // Ô bel oeil brun, que je sens dedans l'ame,/Tu m'as si bien allumé de ta flame,/ Qu'un autre oeil verd n'en peut estre veinqueur ! //Voire si fort qu'en peau jaune et ridée,/Esprit dissoult, je veux aimer l'idée/Des beaux yeux bruns, les soleils de mon cueur"(Ronsard, *op. cit.*, t. I, pp. 37-38)
14. "Pren ceste rose aimable comme toy,/Qui sers de rose aux roses les plus belles,/Qui sers de fleur aux fleurs les plus nouvelles,/Dont la senteur me ravist tout de moy. // Pren ceste rose, et ensemble reçoy/Dedans ton sein mon coeur qui n'a point d'ailes :/Il est constant, et cent playes cruelles/N'ont empesché qu'il ne gardast sa foy. // La rose et moy differons d'une chose :/Un Soleil voit naistre et mourir la rose,/Mille Soleils ont veu naistre m'amour, // Dont l'action jamais ne se repose./Que pleust à Dieu que telle amour enclose/Comme une fleur, ne m'eust duré qu'un jour"(*ibid.*, t. I, pp. 72-73)
15. "Quand ces beaux yeux jugeront que je meure,/Avant mes jours me bannissant là bas,/Et que Parque aura porté mes pas/À l'autre bord de la rive meilleure : // Antres et prez, et vous forests, à l'heure,/Pleurant mon mal, ne me dédaignez pas :/Ains donnez moy sous l'ombre de vos bras,/Une eternelle et paisible demeure. // Puisse avenir qu'un poëte amoureux,/Ayant pitié de mon sort malheureux,/Dans un cyprés note cet epigramme : // CI DESSOUS GIT UN AMANT VANDOMOIS,/QUE LA DOULEUR TUA DEDANS CE BOIS/POUR AIMER TROP LES BEAUX YEUX DE SA DAME"(*ibid.*, t. I, pp. 55-56)

{제12장}

아그리파 도비녜

세상의 비극을 기억하라

아그리파 도비녜
(1552-1630)

불행으로 점철된 삶

시인은 역사를 어떻게 기록하는가? 그리고 왜 시의 형태를 빌려 역사의 사건들을 담아내려 하는가? 이런 질문에 대한 답을 롱사르는 1563년에 『이 시대의 비참에 대한 논설』(*Discours sur la misère de ce temps*)이라는 제목의 시집과 1572년에 『라 프랑시아드』(*La Franciade*)라는 미완의 서사시를 통해 전하려고 애를 썼다. 그에 따르면 시인은 역사가가 아니며, 사실이 아니라 '진실임직함'(vraisemblance)을 다루는 자이다. '허구'의 속성을 내부에 지닌 진실임직함이라는 개념은 후세에게 과거의 사실을 상기시키는 역사가의 사명을 훌쩍 뛰어넘는다. 진실임직함에 근거한 시인의 묘사와 서술 그리고 그의 목소리는 사실을 역사가보다 훨씬 더 '생생'하게 기록할 수 있으며, 따라서 독자에게서 많은 울림을 자아낼 수 있다. 사실을 다루는 역사가의 글보다 시인의 글을 읽으면서 독자는 과거의 역사가 지닌 의미들을 이미지로 옮겨놓으면서 더 오래 간직할 수 있다는 것이다.

진실임직함에 대한 롱사르의 이런 수장은 허구의 가치, 좀 더 나아가서는 문학의 가치에 대한 강조로 간주될 수 있다. 허구는 인간에게 내재된 상상의 기능을 민활하게 자극하면서 역사의 감춰진 진실을 끄집어내거나 보여줄 수 있는 역량을 지녔다. 따라서 허구는 공허한 것, 비어있는 것, 진공 그 자체가 아니다. 허구의 중심은 비어있을 지라도, 그 주변부에서는 서로 부딪히는 수많은 사건들이 역동성과 힘을 만들어내면서 기억이라는 기능이 보장할 수 있는 어떤 숨겨진 진실을 발견하게 부추기고 자극한다. 이때 진실의 이미지들을 상상에 떠올리게 되는 독자는 도래하지 않은 세계를 앞서 준비하고, 과거의 되새김을 통해 눈앞에 펼쳐진 현실을 가늠하게 된다. 허구로 번역될 수 있는 진실임직함의 '유용성'이 여기에 있다. 만약 인문학이 인간의 삶에 무슨 쓸모가 있겠느냐고 오늘날의 누군가가 힐난한다면, 롱사르의 이런 관점을 내밀어야 할 것이다. 이미 450여 년 전에 한 시대를 풍미했던 르네상스 시인은 종교전쟁(1562-1598)이라는 자기시대의 비극 한복판에서 그 답을 찾아냈던 것이다.

'생생함을 묘사하기' 그리고 '생생하게 기억하게 만들기'. 이것의 가치를 방기하지 않으려고 했던 또 한 명의 시인, 아그리파 도비네(Agrippa d'Aubigné)가 있다. 그가 세상에 내놓은 시집의 제목이 『비극』(*Les Tragiques*)인 것에서도 짐작할 수 있듯이, 그의 삶은 일련의 비극적 장면들로 채워져 있다. 그는 자기가 바라보는 세계가 피와 죽음에 대한 공포로 가득하다는 것을 목격했다. 1552년 2월 8일 그가 세상의 빛을 보기 전에 의사는 그의 부친에게 엄마의 죽음과 아이의 죽음 중 하나를 선택하라고 요구하였다. 결국 어미의 죽음을 대가로 세상에 그는 모습을 드러냈으며, '고통 속에서 태어난'이라는 뜻을 지닌 라틴어 'aegre partus'를 이름으로 얻었다. 만약 그가 『비극』에서 흰 옷을 걸친 차가운 모습의 한 여인이 침대에 누운 자기를 품에 안는 꿈을 반복해서 꾸게 된다면, 그것은 자신의 목숨을 대신한 모친에 대한 그리움이 강하기 때문일 것이다. 또한 이 그리움은 자신을 뜯어먹는 자식들을 저주하고 원망하지 않을 수 없는 비통한 어미의 모습으로도 형상화된다. 태어나는 순간부터 피의 세례를 받은 이 시인에게 죽음과의 조우는 반복되었다.

여섯 살에 프랑스어, 라틴어, 그리스어, 히브리어를 말할 정도로 뛰어난 재능을 지녔던 그가 일곱 살에 번역한 작품이 『크리톤』(*Criton*)이다. 이 짧은 대화편에서 플라톤은 부당하지만 기존의 법이 요구하는 죽음을 받아들이는 소크라테스를 등장시킨다. 기존체제에 대한 복종의 명령을 여기에서 발견할 수 있지만, 이런 순종에는 반항의 기질이 곧바로 덧붙여졌다. 구두수선공 집안출신으로 법관의 자리에 오른 그의 부친 장 도비네(Jean d'Aubigné)는 신교도였다. 종교전쟁을 발발시킨 직접적 계기가 된 앙부아즈 음모(1560), 즉 국왕 프랑수아 2세를 기즈(Les Guise)라는 구교의 권력가문으로부터 벗어나게 만들기 위해 신교도들이 무장봉기한 사건에 그는 직접 참가했다. 비록 실패로 끝나고 말았지만, 이 사건은 1562년에 벌어질 바시(Wassy) 대학살의 예고편이었다. 이때 장은 아들 아그리파를 앙부아즈 성에 데리고 가서 목이 잘려 학살당한 신교도들의 처참한 장면을 보여주었다. 구교에 대한 저항의 의식을 그에게 심어주기 위해서였다. 복종할 것인가, 반항할 것인가? 이 두 갈래 사이에서 아들의 삶은 순탄치 않았다. 신교에 의해 점령된 오를레앙에서 공부를 시작했지만 그는 곧바로 신교도 무장봉기에 자주 참여했으며, 아버지가 구교와의 전투에서 입은 상처로 사망한 이후에는 파리를 벗어나 리옹, 주네브 등 신교가 점령한 도시들을 떠돌았다. 공부는 자주 중단되었고, 심지어 자살을 시도하기도 했다. 그리고 열여섯의 나이에 무기를 들고 신교도의 수장이었던 콩데(Condé) 공의 휘하에 들어갔다.

『마고 여왕』 포스터

그러나 신교를 대변하고 구교의 폭력을 비난하는 작가로서의 삶이 본격적으로 시작된 것은 성 바르톨로메오 대학살 이후부터라고 말할 수 있다. 우리는 이 사건을 이자벨 아자니와 다니엘 오퇴이유가 주연한 「마고 여왕」(La reine Margot, 원제는 여왕 마르고)이라는 영화로 접한 적이 있다. 1994년 칸 영화제에서 심사위원상과 여우주연상을 거머쥔 이 영화는 알렉상드르 뒤마의 동명소설에 기초하여 프랑스 역사상 가장 참혹한 사건 중의 하나인 대학살의 배경과 장면을 다룬다.

1572년의 뜨거웠던 여름, 가톨릭과 완강한 신교도(당시에는 위그노라고 불렸다) 사이의 종교적 갈등을 종식시킨다는 상징적 의미를 지닌 결혼식이 거행되었다. 8월 18일 신교의 수장 가운데 한 명이었으며 후에 앙리 4세로 등극하게 될 앙리 드 나바르(Henri de Navarre)가 카트린 드 메디치(Catherine de Médicis)와 앙리 2세의 딸이며 국왕 샤를 9세의 누이동생인 마르그리트 드 나바르(Marguerite de Navarre, 애칭은 마르고)와 결혼을 하게 된 것이다. 가장 영향력이 있었던 신교의 대변인이

자 왕실 총사령관이며 동시에 가장 가까운 국왕 참사관이었던 가스파르 드 콜리니(Gaspard de Coligny)의 보증을 얻은 신교의 귀족들은 사방에서 이 결혼식에 모여들었다. 그러나 신교에게 지나치게 많은 양보를 했으며, 신교의 귀족들이 자기들에게 보여준 교만에 분개하고 있었던 파리 민중들은 이 결혼이 무기력한 군주제의 증거라고 줄기차게 주장했다. 결혼을 비난하는 여러 광적인 성직자들의 설교로 인해 상황이 뜨겁게 달아올랐다. 혼인식이 거행되고 축제가 이어졌다. 그런데 8월 22일 아침 구교에 의해 고용된 암살자가 총알 두 발로 콜리니에게 부상을 입히고 만다. 이때부터 걷잡을 수 없는 일련의 사건들이 펼쳐졌다. 왕실근위대가 신교도 거주구역을 봉쇄했고, 광적인 소문들이 퍼져나가는 동안 민병대가 무장을 했다. 마침내 섭정 카트린 드 메디치와 국모 참사회는 신교도 수장들의 제거를 결심한다. 콜리니에 대해 많은 애정을 지녔던 국왕도 이에 굴복하여 학살계획을 수용한다. 8월 24일 자정, 카트린 드 메디치는 학살의 경종을 울렸다. 열두 명 정도의 신교도를 대표하는 귀족들만이 살해된 것이 아니었다. 수백 명의 신교도들이 피에 굶주린 도시, 파리에서 살해당했다. 학살과 약탈이 여러 날 계속되었으며, 지방으로도 확산되었다. 역사가들은 이 학살에서 최소 1만 2천 명, 최대 10만 명이 희생되었다고 추정한다.

오비네 역시 이 결혼식에 참여하기로 되어 있었다. 그런데 그가 작성한 회고록 『자식들에게 들려주는 인생이야기』(*Sa vie à ses enfants*)에 따르면 가톨릭 장교에게 부상을 입힌 치상죄 재판에 출석하기위해 그는 8월 21일 파리를 떠나지 않을 수 없었다. 대학살을 면할 수 있었지만, 그는 이 시기를 "죄악의 봄"(un printemps de péchés)이라고 부르게 된다. 이후에도 그는 구교의 치명적 공격을 여러 번 피하면서 목숨을 구할 수 있었다. 구교에 대한 그의 증오심은 커져갔으며, 심지어 자신이 섬겼던 앙리 드 나바르가 개종을 통해 앙리 4세로 등극하자 그의 곁을 떠나 극단적 신교도 무리에 가담하기도 했다. 구교의 국가인 프랑스에 머물 수는 없었다. 1620년에 그는 스위스에 체류했으며, 그리고 이곳에서 지난 1577년부터 1616년까지 작성해왔던 총 9305행으로 구성된 『비극』을 발간한다. 프랑스 내전이 초래한 비극의 전개과정과 이것에 대한 자신의 비전을 제시하려는 목적이 그에게 있었던 것으로 보인다. 1630년 주네브에서 사망했다.

'전사'로서의 시인

'비극', '군주들', '황금궁정', '불', '철', '복수', 그리고 '심판' 등 총 일곱 개의 주제로 구성된 『비극』을 세상에 내놓은 오비녜에게는 자주 '고립된 자'라는 수식어가 딸린다. 나름의 이유가 있다. 우선 볼테르가 언급하기 이전까지 그는 단지 『만국사』(*Histoires universelle*)라는 방대한 작품의 작가로서만 알려져 있었다. 롱사르가 사랑했던 여인 카상드르 살비아티(Cassandre Salviati)의 조카인 디안 드 살비아티에 대한 애정을 노래한 그의 초기 시집 『봄』(*Printemps*)은 1874년이 되기 전까지는 사람들의 기억에서 사라져 있었으며, 『비극』의 운명 역시 다르지 않았다. 1872년에 와서야 이 시집은 주목을 끌게 되었고, 사막과도 같은 황량한 나라에서 작성된 시의 열정적이면서도 빈정거리는 목소리는 위고와 보들레르의 작품에서야 겨우 울림을 이어갈 수 있었다.

그러나 무엇보다도 그의 독창성은 자기 이전이나 이후의 시적 경향과 어울리는 작품을 만들지 않았다는 데 있을 것이다. 종교전쟁의 참혹함을 온몸으로 경험한 그는 고전주의의 세련됨에 어울리지 못했고, 그렇다고 해서 자기 이전에 활동한 플레이아드 시인들의 자유로운 성정을 이어받지도 않았다. 디안에 대한 사랑을 담은 『봄』이 삶에 대한 강렬한 열정을 드러내긴 하지만, 이후에 작성되기 시작한 『비극』은 음울한 죽음을 배경으로 삼는다. 그에게서 르네상스가 꿈꾸었던 황금시대에 대한 낙관적 세계관이 종교전쟁의 파괴적이고 반항적 정신으로 대체되었다고 말할 수 있을 정도이다.

따라서 감미롭고 부드러운 어조를 선호하는 시를 그가 부인하는 것은 당연하다. 명예를 쫓아가는 허영에 가득 찬 아이들에 비유될 수 있는 그런 시인들의 장식으로 가득한 시, 멋을 잔뜩 부린 문체에 그는 진저리친다. 그리고 투박해서 생경한 어휘들을 과감하게 선택한다. 사랑을 노래했지만 사방에서 죽음을 목격하지 않을 수 없었던 그는 시대의 비극이 불러일으킨 분노의 감정을 언어로 표현하고 환기하는 일에 더 주목한다. 게다가 롱사르가 『논설시집』에서 신교도들의 무장봉기를 비난하기 위해 손에 들었던 "불"에 비견될 수 있는 또 다른 "불"로 그는 "새벽"을 밝히겠다고 선언마저 한다.

> 롱사르여, 그대가 온 세상에
> 우정, 감미로움, 우아함, 자부심,
> 호의, 번민, 평온 그리고 잔혹함,
> 그리고 그대와 카상드르의 정숙한 사랑들을 퍼트릴 수 있었을지라도,

경쟁심에 불타서 그녀의 질녀를 위해
그대가 노래했던 것만큼 그것들을 다시 노래하려고 나는 시도하지
[않으리라.
하지만 아름다움과 아름다움을,
내 불과 그대의 불을, 내 잿더미와 그대의 잿더미를 비교하길 원한다.

아주 박식하게 말할 수 없다는 것을 나는 알고 있으며,
나는 지식을 떠나갈 것이고, 우아함은 줄어든,
그러나 표현이 불어난 논거로 맞설 것이다.

바람둥이 고집쟁이 〈대양〉이
추호도 동쪽으로 얼굴을 돌리려 하지 않는 지금,
나는 떠오르는 태양을 섬기지만, 그대는 반항하는 저녁을 섬기고 있
[다.[1]

가톨릭 궁정을 지배하는 현학적 위선을 신랄하게 경멸하고, 허영에 이끌린 귀족들의 저급한 쾌락을 커다란 비극의 원인이라고 기꺼이 지목하는 그는 디안을 노래하기 위해 취했던 기질과 습관을 버리고 다른 영감을 찾아 나선다. 그것은 전사로서의 시인이다.

내가 항상 노래를 지었던 것은 아니다,
나는 군인이었고, 무장한 사람이었으니,
커다란 군마에 올라타고는
마을 전체를 기겁하게 만들었다.[2]

부모와 자식들이 그리고 형제들이 서로의 목숨을 앗아가는 처참한 장면 앞에서 감미롭고 흥겨운 사랑의 말들이 비참에 대한 조롱이 되고 말 것을, 그리고 성 바르톨로메오 대학살 이후에 사랑시의 영감이 더 이상 프랑스에 머무를 수 없게 될 것을 그는 이미 알고 있었던 것이다. 그는 한 편지에서 이렇게 썼다.

> 말들은 멋지고 장황하지만, 아무것도 말하지 않는 수많은 시들에 나는 지긋지긋하다. 그런 말들은 아주 유려해서 맛깔스러움이 곧바로 생겨나오지만 […] 나는 지독한 독주를 진정 좋아한다. 물병 손잡이만을 찾게 만드는 그런 술을 나는 내팽개친다.[3]

이제는 수많은 죽음들을 시 안으로 옮겨놓은 일이 필요했다. 비극을 맞이할 수밖에 없는 시대에는 새로운 문체가 요구된다는 것이다.

> 풍습이 다른 이 세기는 다른 문체를 요구한다,
> 이 세기를 풍요롭게 만드는 저 쓰라린 과일들을 거두라,
> 단연코, 자신의 기질을 숨기는 것이 이젠 더 이상 허락되지 않는다,
> 손은 잠이 들 수 있겠지만, 영혼은 편히 쉴 수가 없으며,
> 동시에 무모한 우리의 어머니가
> 양쪽 허리에 자신의 파멸을 알리는
> 저리도 가혹한 비극을 끼고 있는 것을 보노라면,
> 벌어진 수많은 행동들이 내 손에 무기를 들게 하니, 말하기란 이젠
> [지긋지긋하다.[4]

그리고 그것이 역사와 시를 구분하지 않을 것임을, 피로 넘쳐나는 역사의 현재를 시의 공간이 품을 수 있다는 것을 그는 알고 있었다. 자신이 목격한 비참의 장면들을 시적 언어로 채워가는 그의 시에서 만약 풍요로움을 발견할 수 있다면, 그것은 비극이 초래한 비참한 파편들이 만들어낸 음울함의 무늬들로 가득 채워져 있을 것이다.

잃어버린 르네상스의 꿈

장중한 어조의 12음절로 작성된 『비극』은 프랑스가 경험하게 된 종교전쟁의 공포, 다락한 궁정인들, 신교도들의 영웅적인 투쟁, 가톨릭에 대한 복수 그리고 최후의 심판을 위한 신에 대한 간청을 주요 내용으로 삼는다. 종교적 갈등으로 인해 초래된 참혹함을 노래하는 오비녜에게 있어서 자기 시대는 모든 것들을 지워버리는 비극이 남겨놓은 도살장일 뿐이다. 특히 그가 시집의 제1권 '비참'을 시작하며 다루는 것은 진저리나는 투쟁과 갈등의 충격적 장면이다. 프랑스라는 의인화된 어머니는 더 이상 성화(聖畵)에 등장하는 성모 마리아의 자비로운 자태를 띠고 있지 않다.

> 오, 침통한 프랑스여! 오 피비린내 나는 대지여,
> 대지가 아니라 잿더미여! 오, 어머니여! 만약
> 제 포근한 가슴에 품은 자식들을 배반하고,
> 제 손으로 그네들을 목 졸라 살해하는 그런 어머니여.
> 너는 자식들에게 생명을 주었건만, 네 젖가슴을 두고

고집스런 자식들이 피 흘리는 싸움을 벌인다,
네 하얀 젖통이 위에서 네 종족들은 서로 발버둥치고,
네 허리의 결실, 그네들은 전쟁터를 만들어버린다.
제 품 안에 두 자식을 안고 있는
비통에 빠진 어머니인 프랑스를 나는 그려 보이련다.
가장 큰 놈은, 오만하게, 자기를 키우게 될
두 젖꼭지를 손으로 움켜쥐고 온 힘을 다해
손톱질, 주먹질, 발길질을 해대면서 제 형제에게
자연이 주었던 각자의 몫을 빼앗아간다.[5]

두 아들은 어미의 젖을 빨기 위해 서로를 경계하고 증오하면서 어미의 가슴을 "전쟁터"로 만들어버렸다. 제 욕심을 위해 형제와의 공유를 원하지 않는 이런 갈등에서 시인이 발견하는 것은 "오만"이다. 자연적 질서의 흔적을 상실한 오만은 제 몫을 챙기려는 이기적 행위로 이어지고, 자신들을 먹여 살릴 어머니를 희생자로 만들기에 충분하다.

살을 파먹는 이 도둑, 이 불행한 이사야는
두 아이를 키워낼 달콤한 젖을 더럽히고,
제 형제의 목숨을 빼앗기 위해
그를 경멸하고, 그를 추호도 원치 않는다.
그때 어쩔 수 없이 굶어야만 했던 야곱은
제 마음 속에 극도의 고통을 오랫동안 다스렸으며,
자신을 최소한 지켜나갔지만, 그의 정당한 분노는
형제에게 싸움을 걸고 말았으니, 어미가 싸움터가 되고 말았다.

뜨거운 숨결도, 가련한 외침도,
달아오른 눈물도 그들의 정신을 가라앉히진 못했다,
오히려 격분이 그들을 안내했고, 맹독이 그들을 괴롭혔으니,
노여움이 몰아쳐 그들의 분노를 증폭시켰다,
싸움이 다시 불붙었고, 극도로 격앙되고 말았으니,
처참한 불행에 그들의 눈이 파 먹히고 말았다.
말할 수 없는 고통에 반은 살고 반은 죽은 듯한
비탄에 빠진 이 여인은 고통에 굴복하고 말았고,
그녀의 손과 마음을 서로 찾으려는 폭도들이
살점이 뜯겨나간 채 피범벅이 된 모습을 보게 된다,
모성애에 이끌려 제 품 안에
마땅히 그리고 정당하게 싸움에 임했던 아이를 품으며
그 아이를 구하려 하지만, 지치지도 않는 다른 녀석은
계속 쫓아와서는 안식처 같은 그녀의 품을 망가뜨린다.[6]

물론 어미에게 아이들을 지켜내려는 의지가 없는 것은 아니다. 그러나 "피범벅"으로 서로 싸우는 자식들로 인해 "안식처"였던 그녀의 품은 "망가"지고, "비탄"에 빠지고만 그녀는 모성애가 요구하는 역할을 해내지 못할 정도로 무력해진다. 자식에 대한 사랑에 힘입어 분쟁이 끝나기를 그녀는 기대할 수 없다. 이를 위해 시인은 원문에서 "굴복하다"(succomber)와 "망가뜨리다"(violer)와 같은 동사들을 시행의 앞부분에 위치시키면서 폭력에 희생당한 어미의 상황을 환기시킨다. 이런 동사들이 뒤이을 모든 행동을 이끌기 때문이다. 어떤 구원도 이런 동사들 뒤를 뒤따르지 않는다. 오히려 시인의 시선이 먼저 발견

하는 것은 흘러내리는 "피"뿐이다.

그리하여 젖이, 가슴의 단물이 말라버리고,
다가올 파국에 마지막 외침으로
그녀는 말을 한다, 피 범벅의 반역자들이여, 너희들에게는
너희를 먹여 살리고, 너희를 안아주었던 가슴이 있건만,
이제는 독으로 살아가거라, 피 비린내 나는 후손들이여,
너희에게 줄 것이라곤 피밖에 남은 것이 없다.[7]

어미가 자식들에게 줄 수밖에 없는 것이 독에 감염된 "피"라는 발언은 조롱과 빈정거림 그리고 저주의 형식을 띤다. 자식에게 주는 교훈이 아니라 어긋남과 비껴감을 속성으로 삼는 말은 그녀 역시 비극을 벗어나지 못하고 말 것에 대한 예언이 된다. 질서와 안정이 사라진 빈자리가 모성애의 뜨거움으로 채워지지 않는다. 오히려 어미의 생생한 외침과 절규가 요동치는 공간 안으로 시인은 독자를 인도한다. 독자의 시각을 자극하는 그는 격양된 어미의 발언을 통해 비극의 장면들이 통제되지 못할 것이라는 인상을 독자가 갖게 만든다. 격앙된 말의 세계는 정신과 이성 나아가 자연이 부여한 사랑을 저버린 결과가 되고 마는 것이다.

어미의 발언과 마찬가지로 멈추지 않는 폭력을 다루는 시인의 급박한 어조 역시 비극을 모면할 어떤 방법도 없다는 종말론적 세계관을 담아낸다. 어미만 희생자가 아닌 셈이다. 자식들 역시 비극을 초래한 자이면서도 동시에 희생자이고, 나아가 시인의 말 역시 이런 비극에 희생이 된다. 위의 인용시에서 "네 젖가슴을 두고/고집스런 자식들

이" 혹은 "그의 정당한 분노는/형제에게 싸움을 걸고 말았으니"와 같은 표현법에서 발견되는 시행걸치기(enjambement)는 그의 말을 재촉하여 비극을 향해 달려가게 만든다. 자식을 저주하게 만든 어떤 불가항력의 힘이 그의 펜 끝을 강하게 이끌고 있다는 인상마저 갖게 만든다.

또한 독자는 "나는 그려 보이련다"라는 표현에 담긴 단호한 의지가 "오만하게", "살을 파먹는", "정당한" 등과 같은 어휘들을 동반하는 것에서 모성애의 파괴와 형제간의 다툼이 자연적 질서의 위반이라는 시인의 정의를 읽어낼 수 있게 된다. 그는 단절을 경계한다. 이런 이유로 참혹한 비극을 맞이하게 될 수밖에 없는 운명을 빠른 어조에 실어 묘사하면서도 시인은 파괴된 연계성에 대한 자신의 안타까움을 어떻게든 담아내려고 애를 쓴다. "지기를 키우게 될"로 옮긴 원문의 "nourricer"나 "너희를 먹여 살리고"라는 표현을 위해 "nourrir" 동사가 사용된 것이 그 증거이다. 자연이 부여한 생명의 유지와 관련된 이런 동사들은 지속되지 못하게 된 것들에 대한 그의 절망적 심정을 묻어낸다.

그가 바라보는 현재는 모자간의 자연스러운 애정이 사라진 시간이다. 자연성과 윤리성은 그들을 비껴간다. "어머니에 해당하는 그 무엇도 없으며, 늑대의 영혼 속에서 모든 것이 혼란스럽고 뒤죽박죽"[8]이 되어버린 이 세계 안에서 그들은 질서, 조화, 균형의 통제를 받지 못하게 되고 말았나.

> 연민의 불실과 배고픔의 분노가 오랫동안
> 서로 다투었던 마음을 지닌 어미는
> 제 품 안에 사랑했던 피조물을 건너다보며

자식에게 말을 건다(모성애가 아니라 배가 고파서),
"비참하게 만들어라, 내 너에게 준 육체를 그리 되게 하라,
너의 피는 네가 젖을 빨았던 그곳으로 되돌아 갈 것이다,
너에게 젖을 먹였던 가슴 속으로 자연의 뜻에 반하여 다시 들어가라,
너를 먹여 살린 이 가슴이 너의 무덤이 될 것이다."[9]

이런 점에서 르네상스의 이상이었던 인간적 위엄(dignitas humanis)에 대한 신뢰가 오비네에게는 더 이상 존재하지 않는다고 말할 수 있으리라. 어미를 살해하는 자식의 탐욕과 자식에 대한 어미의 증오는 이들 모두가 자연을 거스르는 인간, 윤리적으로 타락한 인간이라는 것을 드러낸다. 종교전쟁의 내란이 불러온 죽음을 노래하는 이 시인은 도덕과 이성의 파괴마저 고발하는 것이다. 웃음이 고통의 단말마로 변하는 뒤집힌 세상 안에서 미란돌라(Mirandole)와 같은 인문주의자들이 주장한 자유를 기대할 수 없게 되는 것은 지극히 당연하다. 오비네의 현재는 잃어버린 르네상스의 꿈과 다르지 않은 것이다.

이제 시인은 봄날의 사랑을 노래한 예전의 서정시를 다시는 부를 수 없다. 그리고 그럴 의도도 그에게는 없다. 죽음의 위협에 놓인 상황에서 정신의 즐거움을 안겨주는 부드러운 표현들이 더 이상 필요 없게 된 것이다. 그가 노래해야 할 것은 우상의 제단 아래에서 포로가 된 교회의 살해당한 얼굴일 뿐이다. 만약 그가 작품의 마지막 권에 '심판'(Jugement)이라는 제목을 부여한다면, 그것은 시대의 비참함을 고발하고 목격하는 것이 자신에게 부여된 유일한 역할임을 인식하고 있기 때문일 것이다. 예전에 롱사르라는 시인이 『이 시대의 비참에 대한 논설』을 통해 시대의 비극에 대한 교훈을 독자에게 주려고 시도

토머스 모어의 체포와 처형(앙투안 카롱, 1570년경)

했다면, 가르치려고 드는 책들보다는 감동을 불러일으킬 책들을 달라고 외치는 이 시인은 삶에 대한 성찰을 담은 교훈을 주기보다는 기꺼이 독자의 시각과 청각을 처참한 장면들로 자극하려고 한다. 생생한 비극의 이미지들을 나열하면서 시대의 불행을 독자들이 직접 목격하도록 이끌기 위해서이다

불행을 기억하라

이섬에서 자기시대의 현실을 죽음이 연기하는 슬픈 무대로 간주하는 오비녜의 글쓰기는 즉각적인 경험을 따른다고 말할 수 있다. 그가 바라보는 물리적 대상과 그의 펜이 만들어내는 허구는 서로 분리되지 않

는다. 그에게 있어서 시적 허구는 생생한 현실이 만들어낸 결과물에 해당한다. 그는 프랑스를 비극의 무대로 만든 자들이 누구인지를 독자에게 알리기 위해 고통과 복수에 대한 이야기를 멈추지 않는다. 예를 들어, 성 바르톨로메오 대학살의 처절한 장면을 다룬 「철」을 끝맺을 때, "알게 되리라", "보게 되리라"와 같은 표현들을 사용하는 그는 폭력이 행해지는 장면들을 직접 눈으로 바라보는 증인으로 자처한다.

> 신이 엄하지 않다고, 초췌한 자들에게만
> 벼락을 내릴 수 있을 뿐이라고 생각하며 어안이 벙벙해진 그대여,
> 잠시 숨을 내쉬어라, 이 혹독한 재난을,
> 그리고 이 책의 마지막을 따라오면서 한탄했던 그대여.
> 〈철〉이 칼을 뽑고 말았으니, 〈영원〉이 어떻게
> 〈복수〉와 〈심판〉을 마땅히 만드시는지 보러 오라,
> 그대는 알게 되리라, 그의 분노가 언제나 잠들지 않는다는 것을,
> 그대는 보게 되리라, 똑같은 일을 벌이시려고 그가 몸을 일으키는
> [것을,
> 마편으로 벌을 내리고, 아니면 철로 처벌하시는 것을,
> 하늘의 종족 그리고 지옥의 종족들을.[10]

폭력적인 공포에 달아오른 분노한 그의 어조는 자기시대의 비참한 현실을 직접 바라보는 증인으로서의 시인을 소개한다. 기근의 공포를 목격하고 이를 시어로 담아내는 시인을 통해 독자가 놀라움과 공포를 느끼게 만들기 위해서이다.

배고픔이 눈앞에 가고 있으니 그를 따르지 않을 수 없다.
죽어가는 목구멍에 반은 살아 있는 목소리가 내게 남았다,
외침이 나의 안내자가 되니, 반쯤 죽은 사내의
머리가 발버둥치는 모습을 곧장 보게 한다,
문턱 위에 터져버린 골수가 쏟아지고 있다.[11]

그는 불과 칼의 이미지들이 넘쳐나는 폭력의 세계를 의인법, 과장법, 대조법, 모순어법 등의 다양한 방식의 사용을 통해 그려 보이면서, 자신이 바라본 것에 대한 어떤 판단을 전달하기보다는 오히려 독자의 마음을 건드리고 정신을 뒤흔들어놓는다. 그래서 그의 글쓰기 역시 폭력의 형세를 지닌다고 말할 수 있다. 질서의 파괴를 경험한 그의 펜 끝에서 폭력적인 역사는 말의 폭력으로 이어진다. 독자가 충격을 받지 못할 이유가 없다. 게다가 오비녜 자신도 "이 모든 분노들을 분노하지 않고서는 다시 취할 수 없음을 생각하라"[12]고 독자에게 요구한다. 자기 시를 읽을 독자가 관객이 아니라 비극적 무대의 등장인물임을 상기시킬 때, 비로소 독자는 비극에 대한 망각과 무관심으로부터 벗어날 수 있게 될 것이기 때문이다.

따라서 폭력, 공포, 불안과 같은 거친 이름과 거친 진실로 만들어진 그의 글쓰기가 감미롭고 유려하며 화려한 문체에 등을 돌리는 것은 당연한 일이 된다. 오비녜가 보기에 피로 넘쳐나는 역사의 진실은 그렇게 부드럽지 않으며, 안정적인 어조와 의미를 지닌 언어는 비극의 과거에서 고통의 흔적들을 지워버릴 위험이 있다. 꾸며낸 부드러운 글쓰기를 즐기는 시인들은 피로 물들은 자신들의 손을 씻어내는 자, 피로 넘쳐나는 대학살의 장면을 제 기억에서 지워버리는 자들과 다

르지 않을 뿐이다.

오비네는 시의 역할이 기억에 있다는 것을 알고 있으며, 그것에 충실하려고 시도한다. 기억의 여신 므네모시네(Mnémosyne)의 딸들인 뮤즈들의 인도를 받은 시인이라는 자가 과거로 거슬러 올라가 망각을 누리는 현재를 고발하는 자라면, 그는 말의 즉각적 효과를 지향하면서 독자들이 칼을 들고 전투에 참여할 것을 기꺼이 권고한다. 그것이 시인 본연의 역할이라고 판단하기 때문이다. 분노로 가득한 웅변적 어조로 독자의 행동을 이끌어내고, 악덕과 전쟁을 벌이는 문체를 사용하면서 자유롭고 솔직한 진실에 봉사하는 것, 그것이 종교전쟁이 초래한 참혹한 장면을 언어로 옮겨내면서 그가 소개한 시인의 모습이다.

따라서 거칠기 그지없는 그의 글쓰기는 세기말적 세계관을 반영한다고 말할 수 있을 것이다. 그의 시선에 세계는 안정되지 않았으며, 그렇게 되지도 않을 것이다. 피치노(Ficin)와 같은 신플라톤 철학자들이 주장했던 인간이라는 소우주와 대우주의 상응은 실현되지 않을 것이다. 자기 시대를 단지 비극의 역사일 뿐이라고 여기는 그에게서 신의 위대한 조화력은 소멸하고 만다. 세계가 태초의 평화 혹은 지나간 과거의 황금시대로 귀환할 수 있다는 믿음을 그에게서 발견하기는 불가능하다. 유토피아나 에덴 혹은 바벨탑 이전의 세계에 대한 그리움도 찾을 수 없다. 지상의 사물들이 우주의 조화를 반영하는 어떤 속성을 지니고 있을 것이라는 희망이 엿보이지 않는다. 그의 현재는 여전히 비참하고, 다가올 시간 역시 복수와 최후의 심판만을 담보할 뿐이다.

그만큼 오비네가 증언하는 세계는 안정과 질서에 대한 기대를 갖지 못할 정도로 파괴되어버렸다. 이런 세계 속에서 그의 시가 할 수 있는 유일한 일은 세계의 비극을 독자가 확인하게 만들고, 무질서가 지배하는 세계 안에 독자를 위치시키는 것뿐이다.

> 내 펜에 이런 주제들을 주었던 그대들이여,
> 내 모루 위에 분노로 날카로워진
> 저 불타는 벼락을 갖다주었던 그대들이여,
> 읽으라, 그대들이 만든 공포에 그대들은 공포를 느끼리라.[13]

『비극』의 처참한 묘사들이 시대의 아픔에 사람들이 개입하여 분개하게 만들고, 그것이 초래한 불안한 감정들을 새겨야 한다는 의도에 기인한다면, 오비녜가 파악하는 시인은 시대의 아픔을 기억하게 만드는 자일 수밖에 없다. 무릇 시인이란 시대의 비극에 전쟁을 선포하고, 망각의 어리석음에 도전을 선언하는 자이어야 한다고 그가 정의하기 때문일 것이다.

{주} ....

1. "Ronsard si tu as su par tout le monde épandre/L'amitié, la douceur, les grâces, la fierté,/Les faveurs, les ennuis, l'aise et la cruauté,/Et les chastes amours de toi et ta Cassandre, // Je ne veux à l'envi pour sa nièce, entreprendre/D'en rechanter autant comme tu as chanté,/Mais je veux comparer à beauté la beauté,/Et mes feux à tes feux, et ma cendre à ta cendre. // Je sais que je ne puis dire si doctement,/Je quitte de savoir, je brave d'argument,/Qui de l'écrit augmente ou affaiblit la grâce./Je sers l'aube qui naît, toi le soir mutiné,/Lorsque de l'Océan l'adultère obstiné,/Jamais

ne veut tourner à l'Orient sa face."(Agrippa d'Aubigné, *Le Printemps. L'hécatombe à Diane*, éd. Bernard Gagnebin, Droz, 1948, p. 21)

2. "Je n'ay pas tousjours fait des carmes,/J'ay esté soldat, homme d'armes,/Encruché sur un grand courcier/Qui estonnoit tout un village."(Agrippa d'Aubigné, *Le Printemps. Stances et Odes*, éd. Eugénie Droz avec une introdution de Fernand Desonay, Droz, 1973, p. 123)
3. "je suis las de tant de vers qui ne disent rien, en belles et beaucoup de paroles ; ils sont si coulants que le goust en est aussy tost escoulé [...] J"ayme bien les vins qui ont du corps et condamne ceux qui ne cherchent que le coulant à boire de l'eau."(Agrippa d'Aubigné, *Oeuvres*, éd. Henri Weber, Gallimard, coll. Bibliothèque de La Pléiade, 1969, p. 861)
4. "Ce siecle autre en ses moeurs demande un autre style :/Cueillons des fruits amers desquels il est fertile./Non, il n'est plus permis sa veine desguiser :/La main peut s'endormir, non l'ame reposer,/Et voir en mesme temps nostre mere hardie,/Sur ses costez joüer si dure tragedie,/Proche à sa catastrophe, où tant d'actes passez/Me font frapper des mains, et dire c'est assez."(Agrippa d'Aubigné, *Les Tragiques*, éd. Jean-Raymond Fanlo, Champion, 2006, pp. 346-347)
5. "O France desolee ! ô terre sanguinaire :/Non pas terre, mais cendre : ô mere : si c'est mere/Que trahir ses enfants aux douceurs de son sein,/Et quand on les meurtrit les serrer de sa main :/Tu leur donnes la vie et dessous ta mamelle/S'esmeut des obstinez la sanglante querelle :/Sur ton pis blanchissant ta race se debat,/Et le fruict de ton flanc, faict le champ du combat./Je veux peindre la France une mere affligee/Qui est entre ses bras de deux enfants chargée,/Le plus fort orgueilleux empoigne les deux bouts/Des tetins nourriciers, puis à force de coups/D'ongles, de poings, de pieds il brise la partage/Dont nature donnoit à son besson l'usage :"(*ibid.*, pp. 267-268)
6. "Ce voleur acharné : cet Esau malheureux,/Faict degast du doux laict, qui doibt nourrir les deux,/Si que pour arracher à son frer la vie/Il mesprise la sienne et n'en a plus d'envie,/Lors son Jacob pressé d'avoir jeusne meshuy,/Ayant dompté longtemps en son coeur son ennuy,/A la fin se defend et sa juste colere/Rend à l'autre un combat dont le champs est la mere :/Ni les soupirs ardents, les pytoyable cris,/Ni les pleurs reschauffez ne calment leurs esprits :/Mais leur rage les guide, et leur poison les trouble,/Si bien que leur courroux par leurs coups se redouble :/Leur conflit se r'allument, et faict si furieux,/Que d'un gauche malheur ils se crevent les yeux :/

Cette femme esploree en sa douleur plus forte/Succombe à la douleur mi-vivante, mi-morte,/Elle voit les mutins tous deschirez sanglants,/Qui ainsy que du coeur des mains se vont cerchans,/Quand pressant à son sein d'une amour maternelle/Celui qui a le droict et la juste querelle,/Elle veut le sauver, l'autre qui n'est pas las,/Viole en poursuivant l'asyle de ses bras,"(*ibid.*, pp. 268-269)

7. "Adonc se perd le laict, le suc de sa poictrine,/Puis aux derniers aboys de sa proche ruine/Elle dit, vous avez felons ensanglantté/Le sein qui vous nourrit, et qui vous a prté :/Or vivez de venin, sanglante geniture,/Je n'ay plus que du sang pour vostre nourriture."(*ibid.*, p. 269)
8. "Tout est troublé, confus, en l'ame qui se trouve/N'avoir plus rien de mere, et avoir tout de louve"(*ibid.*, p. 291)
9. "La mere ayant long-temps combatu dans son coeur/Le feu de la pitié, de la faim la fureur,/Convoite dans son sein la creature aimee/Et dict à son enfant (moins mere qu'affamee) :/'Rends miserable, rends le corps que je t'ay faict ;/Ton sang retournera où tu as pris le laict,/Au sein qui t'allaictoit r'entre contre nature ;/Ce sein qui t'a nourri sera ta sepultre,"(*ibid.*, p. 291)
10. "Estourdis, qui pensez, que Dieu n'est rigoureux,/Qu'il ne sçait foudroyer que sur les langoureux,/Respirez d'une pause, en souspirant pour suivre/La rude catastrophe, et la fin de ce livre./Les Fers sont mis au vent, venez sçavoir comment/L'Eternel faict à poinct Vengeance, et Jugement :/Vous sçaurez que tousjours son ire ne sommeille,/Vous le verrez debout pour rendre la pareille,/Chastier de vervaine, ou punir par le fer,/Et la race du ciel, et celle de l'enfer."(*ibid.*, p. 662)
11. "La faim va devant moi, force est que je la suive./J'oy d'un gosier mourant une voix demi-vive :/Le cri me sert de guide, et fait voir à l'instant/D'un homme demi-mort le chef se debattant,/Qui sur le sueil d'un huis dissipoit sa cervelle."(*ibid.*, p. 284)
12. "Pensez que l'on ne peut reprendre/Toutes ces fureurs sans fureur."(*ibid.*, p. 255)
13. "Vous qui avez donné ce subject à ma plume,/Vous-mesmes qui avez porté sur mon enclume/Ce foudre rougissant acéré de fureur,/Lisez-le : vous aurez horreur de votre horreur :"(*ibid.*, p. 342)

【 참고문헌 】

{중세편}

제1장 • 트루바두르

작품 및 번역

Anthologie des troubadours XIIe-XIVe siècle, éd. Paul Fabre, Orléans, Paradigme, 2010.

Troubadour Lyrics, ed. Frede Jensen, Peter Lang, 1998.

Anthologie des troubadours, éd. Pierre Bec, Paris, Union Générale d'Éditions, 1979.

Troubadour poems from the south of France, tr. William D. Paden, Cambridge, D. S. Brewer, 2007.

연구

Bec, Pierre, *Ecrits sur les troubadours et la lyrique médievale*, Paradigme, 1992.

Boutière, J. et A. H. Schutz, *Biographies des troubadours*, Paris, A. G. Nizet, 1973.

Marrou, Henri Irenee, *Les troubadours*, Paris, Seuil, 1961.

Zink, Michel, *Les Troubadours. Une histoire poétique*, Paris, Perrin, 2013.

제2장 • 바느질 노래

Faral, Edmond, "Les chansons de toile", *Romania*, 69, 1946-1947, pp. 433-462.

Jonin, Pierre, "Les types féminins dans les chansons de toile", *Romania*, 91, 1970, pp. 433-466.

Zink, Michel, *Belle. Essai sur les chansons de toile*, Paris, Champion, 1978.

제3장 • 장 보델

작품 및 번역

Les congés d'Arras (Jean Bodel, Baude Fastoul, Adam de la Halle), éd. Pierre Ruelle, Bruxelles-Paris, Presses universitaires de France, 1965.

Les vers de la mort par Hélinant, moine de Froidmont, éd. Fr. Wulff et Em. Walberg, Paris, Firmin Didot, 1905.

연구

Brody, S. N., *The Disease of the Soul. Leprosy in Medieval Literature*, Ithaca and London, Cornell University Press, 1974.

Jacob-Hugon, Christine, *L'Œuvre jongleresque de Jean Bodel. L'art de séduire un public*, Paris-Bruxelles, De Boeck, 1998.

Zink, Michel, "Le ladre, de l'exil au royaume. Comparaison entre les Congés de Jean Bodel et ceux de Baude Fastoul", in *Exclus et systèmes d'exclusion dans la littérature et la civilisation médiévale*, Presses universitaires de Provence, 1978, pp. 69-88.

제4장 • 뤼트뵈프

작품 및 번역

Rutebeuf, *Œuvres complètes de Rutebeuf*, éd.Edmond Faral et Julia Bastin, Paris, Picard, 1959-1960.

______, *Poèmes de l'infortune et autres poèmes*, éd. Jean Dufournet, Paris, Gallimard, 1986.

______, *Rutebeuf et les frères mendiants*, éd. Jean Dufournet, Paris, Champion, 1991.

______, *Œuvres complètes*, éd. Michel Zink, Paris, Librairie générale française, 2001.

연구

Clédat, Léon, *Rutebeuf*, Paris, Hachette, 1891.

Dufournet, Jean, *L'univers de Rutebeuf*, Orléans, Paradigme, 2005.

Regalado, Nancy Freeman, *Poetic Patterns in Rutebeuf*, New Haven et London, Yale UP, 1970.

제5장 • 프랑수아 비용

작품 및 번역

송면(宋勉) 역, 『비용詩全集 遺言詩』 문학과지성사, 1980.

송면, 『프랑수아 비용 그 생애와 시 세계』, 동문선, 1995.

프랑수아 비용, 『유언의 노래』, 김준현 옮김, 민음사, 2016.

Le Testament Villon, édité par Jean Rychner et Albert Henry, Genève, Droz, 1974.
Le Lais Villon et les Poèmes Variés, édités par Jean Rychner et Albert Henry, Genève, Droz, 1977.
Poésies complètes, éd. Claude Thiry, Paris, Librairie Générale Française, 1991.
Lais, Testament, Poésies diverses, éd. Jean-Claude Mühlethaler et Eric Hicks, Paris, Champion, 2004.
Œuvres complètes, éd. Jacqueline Cerquiglini-Toulet et Laëtitia Tabard, Paris, Gallimard, 2014.

연구

김준현, 『목 매달린 자의 노래』, 고려대학교출판부, 2012.

제6장 • 죽음의 춤

작품

Götz, Luise, "Martial d'Auvergne: La Dance des Femmes", *Zeitschrift für französische Sprache und Literatur*, 58, 1934, pp. 318-334.
Harrison, Ann Tukey and Sandra L. Hindman (ed.), *The Danse macabre of Women*, Kent, Ohio and London, The Kent State UP, 1994.

연구

Corvisier, André, *Les danses macabres*, Paris, P.U.F., 1998.
Gertsman, Elina, *The Dance of Death in the Middle Ages. Image, Text, Performance*, Turnhout, Brepols, 2010.
Saugnieux, Joël, *Les Danses macabres de France et d'Espagne et leurs prolongements littéraires*, Paris, Les Belles Lettres, 1972.

{르네상스편}

제7장 • 클레망 마로

작품

Blasons anatomiques du corps féminin suivi des "Contreblasons", Avant-propos de Pascal Laîné et commentaire de Pascal Quignard, Gallimard, 1982.

Blasons anatomiques du corps féminin, éd. Julien Goeury, GF Flammarion, 2016.

Marot (Clément), *Oeuvres poétiques*, éd. Gérard Defaux, Classiques Garnier, 1993, 2 vol.

______, *Oeuvres poétiques*, éd. Yves Giraud, Garnier-Flammarion, 1973.

연구

Déjean (Jean-Luc), *Clément Marot*, Fayard, 1990.

Jourda (Pierre), *Marot*, Hatier, 1967.

Mayer (C.A.), *Clément Marot*, Nizet, 1972.

Plattard (Jean), *Marot, sa carrière poétique, son oeuvre,* Boivin, 1938(rééd. Slatkine, 1972).

Preisig (Florian), *Clément Marot et les métamorphoses de l'auteur a l'aube de la Renaissance*, Droz, 2004.

Rigolot (François), *Poésie et Renaissance*, Seuil, 2002.

제8장 • 모리스 세브

작품

Scève (Maurice), *Délie. Object de plus haute vertu*, éd. Gérard Defaux, Droz, 2004, 2 vol.

연구

A Scève Celebration. Délie 1544-1994, éd. J. C. Nash, Stanford French and Italian Studies, Anma Libri, 1994.

Charpentier (F.), *Dix études sur Maurice Scève*, E.N.S.J.F., 1987.

Nash (J. C.), *The Love Aesthetics of Maurice Scève. Poetry and Struggle*, Cambridge University Press, 1991.

Roubichou-Stretz (A.), *Maurice Scève et l'école lyonnaise*, Bordas, 1973.

Saulnier (V. L.), *Maurice Scève*, Klincksieck, 1948, 2 vol.

제9장 • 아마디스 자맹

작품

Jamyn (Amadis), *Les Oeuvres poétiques. Premières poésies et Livre Premier*, éd. Samuel M. Carrington, Droz, 1973.

Jamyn (Amadis), *Les Oeuvres poétiques. Livres II, III et IV (1575)*, éd. Samuel M. Carrington, Droz, 1978.

연구

Champion (Pierre), *Ronsard et Amadis Jamyn*, Champion, 1924.

Dictionnaire des Lettres françaises. Le XVIe siècle, sous la dir. de Michel Simonin, Fayard et Librairie Général Française, 2001.

Graur (Théodosia), *Un disciple de Ronsard, Amadis Jamyn (1540?-1593). Sa vie, son oeuvre, son temps*, Champion, 1929, Slatkine Reprints, 1981.

Raymond (Marcel), *L'influence de Ronsard sur la poésie française (1550-1585)*, Droz, 1927, Slatkine Reprints, 1967.

제10장 • 조아생 뒤 벨레

작품

Du Bellay (Joachim), *Oeuvres poétiques*, éd. D. Aris & F. Joukovsky, Classiques Garnier, 1993, 2 vol.

______, *Les Regrets et autres oeuvres poétiques*, éd. J. Jolliffre et M. Screech, Droz, 1966.

연구

Bellenger (Yvonne), *Du Bellay : ses « Regrets » qu'il fit dans Rome*, Nizet, 1975.

Gadoffre (Gilbert), *Du Bellay et le sacré*, Gallimard, coll. Tel, 1978.

Rieu (Josiane), *L'esthétique de Du Bellay*, Paris, SEDES, 1994.

Roudaut (François), *Sur le sonnet 31 des Regrets, éléments d'histoire des idées à la Renaissance*, Classiques Garnier, 2015.

Du Bellay : actes du Colloque international d'Angers du 26 au 29 mai 1989, Université d'Angers, Centre de recherches en littérature et linguistique de l'Anjou et des Bocages de l'Ouest, textes réunis par Georges Cesbron, Angers, Presses de l'Université d'Angers, 1990.

제11장 • 피에르 드 롱사르

작품

Ronsard (Pierre de), *Oeuvres complètes*, éd. Jean Céard, Daniel Ménager et Michel Simonin, Gallimard, coll. Bibliothèque de La Pléiade, 1993-1994, 2 vol.

롱사르, 『카상드르에 대한 사랑』, 손주경 옮김, 아카넷, 2018.

연구

Bellenger (Yvonne), *La Pléiade. La poésie en France autour de Ronsard*, Nizet, 1988.

Gadoffre (Gilbert), *Ronsard par lui-même*, Seuil, 1994.

Gendre (André), *L'esthétique de Ronsard*, SEDES, 1997.

Simonin (Michel), Pierre de Ronsard, Fayard, 1990.

손주경, 『르네상스 궁정의 시인 롱사르』, 고려대출판부, 2007.

제12장 • 아그리파 도비녜

작품

Aubigné (Agrippa d'), *Le Printemps. L'hécatomne à Diane*, éd. Bernard Gagnebin, Droz, 1948.

______, *Le Printemps. Stances et Odes*, éd. Fernand Desonay, Droz, 1973.

______, *Oeuvres*, éd. Henri Weber, Jacques Bailbé et Marguerite Soulié, Gallimard, coll. Bibliothèque de La Pléiade, 1969.

______, *Les Tragiques*, éd. Jean-Raymond Fanlo, Champion, 2006.

연구

Clément (Michèle), *Une poétique de crise : poètes baroques et mystiques (1570-1660)*, Champion, 1996.

Crouzet (Denis), *La nuit de la Saint-Barthélemy: Un rêve perdu de la Renaissance*, Fayard, 2012.

Lestringant (Frank), *Agrippa d'Aubigné. Les Tragiques*, PUF, 1986.

Raymond (Marcel), *L'influence de Ronsard sur la poésie française (1550-1585)*, Droz, 1927, Slatkine Reprints, 1967.

Rigolot (François), *Poésie et Renaissance*, Seuil, 2002.

낯선 시간의 매혹

프랑스 중세·르네상스 시

초판 발행 1쇄 2019년 1월 30일

지은이 김준현·손주경

펴낸곳 **고려대학교출판문화원**

www.kupress.com

kupress@korea.ac.kr

02841 서울특별시 성북구 안암로 145

02-3290-4230, 4232

Fax 923-6311

찍은곳 네오프린텍(주)

ISBN 978-89-7641-982-8 93860

값 19,000원